AN INDIGENOUS PEOPLES' HISTORY OF THE UNITED STATES

ROXANNE DUNBAR-ORTIZ

ロクサーヌ・ダンバー＝オルティス

森 夏樹 訳

先住民とアメリカ合衆国の近現代史

青土社

先住民とアメリカ合衆国の近現代史

目次

先住民とアメリカ合衆国の近現代史

ハワード・アダムス（一九二一―二〇〇一）、
ヴァイン・デロリア・ジュニア（一九三三―二〇〇五）、
ジャック・フォーブズ（一九三四―二〇一一）に捧げる

序――この国

私たちがここにいるのは、許すためではなく、学ばせるためだ。
私たちは、非難するためではなく、啓蒙するためにここにいる。

――ウィリー・ジョンズ
（フロリダ州ブライトン・セミノール・インディアン保留地）

アメリカ合衆国――「カリフォルニアから…メキシコ湾の海流まで」[1]――の大地の下には、アメリカインディアン（アメリカ先住民）たちの骨、村、畑、聖なるものが埋葬されている。それらは、この国がどのように創建され、どのようにして今日のようになったのか、その記憶を持つ子孫を通じて、自分たちの物語を聞いてほしいと叫んでいた。

今、西半球の偉大な文明、つまり西半球の「痕跡《エビデンス》」そのものがむやみに破壊され、人類の漸進的な進歩は中断されて、貪欲と破壊の道を歩みつつある。それは断じてあってはならないことだし[2]、その選択は、生命そのものの破壊へと続く道を盲進するものだ――現に、私たちは今、しなびてしぼみ、熱にうなされた惑星の上で生き、そして死んでいる。合衆国の歴史を学び知ることは、関係する者すべての祖先や子孫にとって、必要であると同時に責任でもある。

歴史家のデイヴィッド・チャンが、のちにオクラホマ州となった土地について書いていたことは、合衆国全体に当てはまる。「国家や人種や階級が土地に集中した」[3]。合衆国の歴史はすべてが土地に関係している。誰が土地を管理し、耕し、水を汲み、野生生物を維持したのか、誰が土地を侵略し奪ったのか、どのようにして土地が分割され、市場で売買されるような商品（不動産）になったのか。

先住民に対する合衆国の政策や行動は、しばしば「人種差別的」あるいは「差別的」と言われるが、それが帝国主義の典型的な事例であり、植民地主義の特殊な形態の「セトラー・コロニアリズム」（入植者植民地主義）であることはほとんど知られていない。人類学者のパトリック・ウルフは、「集団殺害（ジェノサイド）の問題は、入植者植民地主義の議論から決して分離できない」と書いている。「土地は生命であり、少なくとも、生命には土地が必要である」[4]。

合衆国の歴史は、入植者による植民地主義——白人至上主義、アフリカ人奴隷制度の広範な普及、集団殺害と土地収奪の政策などに基づく国家創設——の歴史である。贖罪と和解の歴史という明るい結末を求める人々は、周囲を見渡しても、より良い社会を目指すユートピア的な夢の中にさえ、そのような結果（明るい結末）が見えてこないことに気づくだろう。

先住民の視点から合衆国の歴史を書くには、あたりまえだと思われている国の物語を再考する必要がある。この物語が間違っていたり、欠陥があるのは、事実や日付やディテールではなく、物語そのものにおいてなのである。私たちが教えられてきた神話は、入植者による植民地主義と大量虐殺を当然のものとして容認している。この神話が続いているのは、言論の自由がないからでも、情報が不足しているからでもなく、むしろ、つくられた起源の物語の核心に異議を申し立てて、それを問いただそうとする動機が欠如しているからだ。合衆国の歴史の現実を認めることが、社会を変えることにどのようにしてつながるのか、それが、本書の追求する中心的な問いである。

アメリカ先住民の歴史を教えるとき、私はいつも簡単な練習から始める。学生たちに、イギリスから独立した当時の合衆国の大まかな地図をさっと描いてもらう。ほとんどの生徒が描くのは、大西洋から太平洋までの現在の合衆国のおおよその形だ――だが、独立後一世紀を経るまで、大陸の領土は完全には確保されていなかった。一七八三年に独立したのは、大西洋岸に位置する一三のイギリス植民地だけである。このことを指摘されると、生徒たちは当惑してどぎまぎする。じつは彼らはそれをよく知っているからだ。私は生徒たちに、狼狽するのは何も彼らにかぎったことではないと言う。これを私はロールシャッハ・テストと呼ぶが、それは合衆国や世界中のほとんどすべての人の心の中に組み込まれている、無意識の「明白なる使命《マニフェスト・デスティニー》」〔合衆国の領土拡大は、神が合衆国国民に与えた使命であるとする考え方〕信仰をあぶり出すテストである。このテストは、合衆国の拡大と権力の必然性とその運命――それは以前、大陸が「テラ・ヌリウス」（無主の地）、つまり人々のいない土地であったことをほのめかしていた――を映し出すものだった。

ウディ・ガスリーの『わが祖国』（This Land Is Your Land）は、土地がみんなのものであることを謳い、私たちが心に抱いて生きている無意識の「明白なる使命」を反映している。合衆国が海から海へと広がるのは、この国の創設者たちの意図であり、計画でもあった。「自由」な土地には、ヨーロッパからの入植者を惹きつける魅力もあった。入植者の多くは奴隷の所有者であり、儲かる換金作物のために無限の土地を求めていた。独立戦争の後、合衆国憲法が制定される前に、大陸議会は「北西部条例」（一七八七）を制定した。これは、合衆国が独立して間もない頃の最初の法律であり、独立を望む人々の動機を明らかにしたものだった。それは、アパラチア山脈とアレゲニー山脈の向こう側の、イギリスが保護しているインディアン領（「オハイオ州」）を奪い取るための青写真でもあった。イギリスは、一七六三年の布告により、この土地への入植を違法としていた。

一八〇一年、ジェファーソン大統領は、新しい入植者国家が水平・垂直方向に大陸を拡大していく意図を的確に表現し、こう述べた。「われわれの現在の所有権が、われわれの範囲内で制限されているとしても、われわれの急速な増加がその範囲を超えて拡大して、同じ言語を話し、同じような形で同じような法律に支配された人々で、南とは言わないまでも、北大陸全体を覆うようになる遠い時代を期待しないわけにはいかない」。この運命共同体のビジョンは、数年後にモンロー・ドクトリンとして形になり、アメリカ大陸と太平洋の旧スペイン植民地を併合または支配する意図を示したが、これは一九世紀中に実践されることになる。

建国起源の物語は、人々の統一されたアイデンティティと、人々を導く価値観の重要な核を形成する。合衆国では、アングロサクソン系アメリカ人入植者の国家創設と国家発展には、神と契約して土地を手に入れたピューリタン入植者の物語が関わっている。その起源のストーリーの大半はコロンブスの神話や「発見の教義《ディスカバリー・ドクトリン》」によって支えられ、強化されてきた。一五世紀後半のローマ教皇による一連の大勅書によると、ヨーロッパ諸国は彼らが「発見」した土地の所有権を獲得し、先住民はヨーロッパ人が到着してその土地を要求した後、その土地に対する自然権を失ったとされている。[5] 法学のロバート・A・ウィリアムズ教授は、この「発見の教義」について次のように述べていた。

> ルネッサンスと異端審問という相反する時代の要請に応えて、西洋の征服に関する最初の近代的な

言説は、人間の理性によってのみ導き出せる法の支配のもとで、すべての人類が統合されるというビジョンを明確に打ち出した。アメリカインディアンにとっては残念なことだが、「国際法」という崇高なビジョンに向けた西洋の最初の暫定的な一歩には、ヨーロッパ由来の正しい行動規範から著しく乖離しているために、征服と改善が必要とされるすべての人々を、ヨーロッパが服従させてよいという指令が含まれていた。[6]

コロンブス神話とは、合衆国独立以降、植民地に住む人々が自分たちを、世界の植民地化システムの一部とみなしていたことを意味する。合衆国建国時から一九世紀にかけて合衆国を表していた詩的なラテン語の名前「コロンビア」は、クリストファー・コロンブスの名前に基づいている。「コロンブスの土地」は、彫刻や絵画に描かれた女性のイメージ、コロンビア大学などの教育機関、そして首都のコロンビア特別区をはじめとする無数の地名によって表現されていて、現在もなおそうである。[7] 一七九八年に作られた讃美歌「コロンビア万歳」は建国初期の国歌であり、現在では合衆国副大統領が公の場に登場する際には必ず流される。また、合衆国が領有を主張する大陸に、コロンブスは足を踏み入れたことがなかったにもかかわらず、コロンブス・デーは現在でも連邦政府の祝日となっている。

従来、合衆国の歴史家は、学界での成功や学校の教科書の執筆を目指して、この起源神話を守ってきた。しかし、一九六〇年代に公民権運動や学生運動などで学界が揺れ動くと、歴史家たちは合衆国史の解釈を見直す際に、客観性と公平性を求めるようになった。彼らは、モラルを重んじることを戒め、冷静で文化的な相対的アプローチを求めた。歴史家のバーナード・シーハンは、影響力のある論文の中で、合衆国初期の先住民とヨーロッパ系アメリカ人の関係を「文化的対立」という観点から理解することを求め、このアプローチは「罪の所在を明らかにする」と書いている。[8] しかし、「バランス」を取るために、歴史家たちは平凡な言葉を並べ立てた。「どちらの側にも良い人もいたし悪い人もいた」。「合衆国の文化はすべての民の集合体である」。「フロンティアとは文化の交流の場であり、単にヨーロッパ人の入植地を前進させることではない」。

その後、流行を追いかけるポストモダニストの研究は、個人や集団へのエンパワーメント（権限委譲）という名目で、先住民の「エージェンシー」（行為主体性）を主張し、植民地主義の犠牲者に自らの死の責任を負わせようとした。さらに最悪なのは、植民地化する側とされる側が「出会い」を経験し、「対話」を行ったと主張する者がいたことである（現在もいる）。これは、現実を正当化と合理化で覆い隠してしまうものであり、要するに一方的な強盗殺人の謝罪である。このような研究は、「文化の変化」や「文化間の対立」に焦点を当てることで、合衆国の成り立ちや現在・未来への影響に関する根本的な疑問を回避している。こうした歴史へのアプローチは、過去によって引き起こされた継続的な被害に対する現在の責任や、賠償、返還、社会の再編成の問題を未解決のまま脇に置いておくことを可能にした。[9]

多文化主義は公民権運動以後、合衆国の歴史修正主義の最先端となった。この構想が機能し、合衆国の歴史的進歩を肯定するためには、先住民のネーション（主権体）やコミュニティは画面から除外されなければならなかった。北米の領土と条約に基づく民族として、彼らは多文化主義のネットワークには適合しなかったが、彼らを抑圧された不定形の人種集団に変えることで、ネットワークに含まれるようになり、植民地化されたメキシコ系アメリカ人とプエルトリコ人は、「ヒスパニック」や「ラティーノ」

と呼ばれる別の同じような集団に分解された。多文化主義へのアプローチは、抑圧されたグループの個人が国の偉大さに「貢献したこと」を強調するものだった。先住民はトウモロコシ、豆、バックスキン、丸太小屋、パーカー、メープルシロップ、カヌー、何百もの地名、感謝祭、さらには民主主義や連邦制の概念までももたらしたとされている。しかし、贈り物をしたインディアンが、合衆国の発展を確立し、豊かにすることに貢献したという考えは、合衆国の存在そのものが、大陸全体とその資源を略奪した結果であるという事実を隠蔽するための陰湿な煙幕だった。先住民の土地、条約、主権といった根本的な未解決の問題は、多文化主義の前提を崩さずにはいられなかったのである。

多文化主義では、「明白なる使命」が勝利した。例えば、一九九四年にプレンティス・ホール社（ピアソン・エデュケーション社の一部）は、新世代の歴史修正主義者四人が執筆した大学レベルの合衆国史の教科書を新たに出版した。この過激な社会史家たちは、いずれも名門大学に籍を置く優秀な学者たちである。本のタイトルには、著者と出版社の意図が反映されている――『多くのものから――アメリカ人の歴史』。多文化とはいえ単一の国家であったはずの国、その起源の物語はそのままだった。表紙のデザインは、「メルティングポット」（坩堝《るつぼ》）に代わるものとして、色とりどりの布地が使われていた。表紙をひらくと、タイトルページと向かい合った見返しには、ベルベットでフォーマルに着飾り、純銀とターコイズの重厚なジュエリーを身につけたナバホの女性の写真が貼られている。女性はナバホの伝統的な住居「ホーガン」を背景に、伝統的な織機の前でひざまずき、完成間近のラグを織っている。ラグのデザインは？　星条旗である。私の反論と私の説明（ナバホの織り手たちは、所望されたデザインの請負仕事で生計を立てている）を聞いた著者たちは、こう答えた。「しかし、これは本物の写真だ」。著者たちの名誉のために言うと、第二版では、表紙の写真を差し替え、見返しのナバホの写真を削除したが、物語の内容は変わらない。

デフォルトポジション（基本姿勢）に対する怠慢や、「明白なる使命」に対する、無意識の神話的信仰の罠を避けるためには、合衆国の歴史記述における入植者―植民地主義者の文脈を認識することが不可欠である。北アメリカの先住民が経験してきた植民地主義の形態は、最初から近代的なものだった。それは、ヨーロッパの企業が軍隊を背景にして外国に進出し、土地や資源を収奪することを意味しており、入植者植民地主義は集団殺害政策だった。先住民のネーションやコミュニティは、基本的な価値観や集団性を維持するために苦闘しながらも、近代的な民族解放運動による武力抵抗や、現在ではテロリズムと呼ばれるものも含めて、防御と攻撃の両方の戦略で近代的な植民地主義に抵抗してきた。いつ、いかなる場合も、彼らは民族として生き残るために戦ってきた。合衆国の植民地主義当局の目的は、無作為の個人としてではなく、民族として彼らの存在を終わらせることだった。これは、絶滅を目的としない前近代の極端な暴力の例とは対照的な、現代のジェノサイドの定義そのものだ。社会経済的、政治的な存在としての合衆国は、何世紀にもわたって続いてきたこの植民地化の結果である。今日の先住民のネーションやコミュニティは、植民地主義への抵抗によって形成された社会であり、彼らはその慣習や歴史を受け継いでいる。彼らが民族として存続していることは、驚くべきことだが、これは奇跡ではない。

合衆国が植民地主義の入植者国家であると言うことは、非難することではなく、むしろ歴史的な現実を直視することであり、それなしには、つまり先住民が抹殺されていないとしてしまったら、米国の歴史の考察はあまり意味をなさない。しかし、先住民は抵抗して生き残り、この歴史の証人となっている。

二〇世紀後半の世界的な脱植民地化の時代には、旧植民地勢力とその知的な擁護者たちは、しばしば新植民地主義と呼ばれる反勢力を展開し、そこから多文化主義とポストモダニズムが生まれた。合衆国の歴史修正主義者の多くは、新植民地主義の戦略（支配を維持するために新しい現実を受け入れようとする試み）を反映しているが、新植民地主義の方法は、植民地化された側の勝利を意味する。このようなアプローチは、長い間固く閉ざされていた蓋を開けるようなものだった。その結果、合衆国の大学には、分析用語を変更する先住民の学者が数多く存在するようになった。植民地主義の文脈で合衆国の歴史を見直そうとする学者たちの主な課題は、情報の不足でもなければ、方法論の問題でもない。確かに、証拠書類の作成の難しさは、他の研究分野と同じように解決しがたいものではない。が、むしろ問題の根源は、合衆国史の研究者が自らの歴史である合衆国史の本質を理解しようとしない、あるいは理解できないことにある。根本的な問題は、植民地の枠組みが欠けていることだ。

ヨーロッパ人やヨーロッパ系アメリカ人の植民地勢力は、先住民の社会に経済的に入り込むことで、経済的な依存関係や貿易の不均衡を生み出し、キリスト教の宣教師やアルコールを不可欠なものとして、先住民のネーションを勢力圏に組み込み、間接的または保護領として支配した。合衆国の入植者植民地主義の場合、土地が第一の商品だった。このように植民地主義が働いている明らかな指標があるにもかかわらず、なぜ合衆国の政治経済の発展に関する多くの解釈が、複雑で不明瞭なものになり、明白なことを避けてしまうのだろうか？　二〇世紀に登場した「アメリカ西部」や「国境地帯」の歴史分野もなお、いくぶん、不完全で欠陥のある入植者植民地主義の枠組みに押し込められてきた。この分野の歴史の父、フレデリック・ジャクソン・ターナーは、一九〇一年にそんなことを告白している。「合衆国の植民地システムは、スペイン戦争（一八九八）から始まったわけではない。共和国の始まりから、合衆国は植民地の歴史と政策を持っていたが、それらは「州をまたいだ移動」や「領土の組織化」という言葉で隠されていた」[10]。

入植者植民地主義は、制度やシステムとして、その目的を達成するために暴力やその脅威を必要とする。人々は戦わずして自分たちの土地、資源、子供、未来を手渡すことはしないので、その戦いには暴力がともなう。拡張主義的な目標を達成するために必要な力を行使することで、植民地化する体制は暴力を制度化する。入植者と先住民の対立は、文化の違いや誤解による必然的な産物であるとか、植民地化された者と植民地化した者が同じように罪を犯したという考え方は、歴史的過程の本質を曖昧にしている。資本主義経済のグローバル化の一環であるヨーロッパ系アメリカ人の植民地主義は、その始まりからジェノサイドの傾向を持っていた。

「ジェノサイド」という言葉はホロコースト以降に作られたもので、その禁止は一九四八年に採択された国連条約「ジェノサイドの犯罪の防止及び処罰に関する国連条約」に明記されている。この条約は遡及しないが、合衆国上院が批准した一九八八年以降、合衆国と先住民の関係に適用された。ジェノサイド条約の条項は、どの時代においても植民地主義の影響を歴史的に分析するための有効なツールでもある。この条約では、「国民的、民族的、人種的、宗教的集団の全部または一部を破壊する意図をもって行われた」場合、五つの行為のいずれかがジェノサイドとみなされる。

集団のメンバーを殺害すること。

集団のメンバーに深刻な身体的・精神的被害を与えること。

集団の全体または一部が、物理的に破壊されるような生活環境を意図的に与えること。

集団内での出産を防ぐための措置を講じたり、集団の子供を強制的に移送したりすること。

集団の子供を強制的に他の集団に移すこと。[11]

一九九〇年代に入ると、「民族浄化」という言葉がジェノサイドの記述用語として使われるようになった。

合衆国の歴史は、受け継がれた先住民のトラウマと同様に、合衆国が先住民に対して行ったジェノサイドを抜きにしては理解できない。植民地時代から合衆国建国、そして二〇世紀に入ってからも、拷問、恐怖、性的虐待、虐殺、組織的な軍事占領、先住民の先祖代々の土地からの追放、先住民の子供たちの、軍隊のような寄宿学校への強制追放などが行われてきた。毎年行われる合衆国の独立記念式典にさえ、わずかな後悔や悲劇の念すらないことは、米国人の意識に深い断絶があることを裏付けている。

入植者植民地主義は、ジェノサイド条約に照らし合わてみると、紛れもないジェノサイドである。イギリスの北米植民地や合衆国では、絶滅や除去だけでなく、先住民の存在を抹消することも行われていて、これは今でも地元の歴史の中で受け継がれている。アニシナアベ（オジブエ）の歴史家ジーン・オブライエンは、先住民の存在を消し去るこの行為を「最初と最後」と呼んでいる。大陸のいたるところで、地元の歴史、記念碑、看板などが、最初の入植者、最初の学校、最初の住居、最初のすべてのものなどの物語を語り、それはあたかも、ヨーロッパ系アメリカ人以前にその場所で繁栄していた居住者がいなかったかのようだ。一方、国の物語では、「最後の」インディアンや最後の部族（トライブ）について語られている。たとえば、「最後のモヒカン」、「最後のインディアン、イシ」。ジェームズ・アール・フレイザーの有名な彫刻には《トレイルの終わり》というタイトルが付けられている。[12]

合衆国政権による集団殺害の記録は、少なくとも四つの時代に分けて確認することができる。ジャクソン時代の強制移動（立ち退き）、北カリフォルニアのゴールドラッシュ、南北戦争後のグレートプレーンズ（大平原）でのいわゆるインディアン戦争、そして一九五〇年代の終結期であり、これらの時期については以下の章で述べる。政策として行われたジェノサイドの事例は、史料や先住民のオーラル・ヒストリー（口述歴史）の中にも見られる。一八七三年の例では、ウィリアム・T・シャーマン将軍が「われわれはスーに対して執念深く行動しなければならず、男女や子供を絶滅させることさえしなければならない。…襲撃の際には、兵士たちは男女の区別はもちろん、年齢の差別をすることもできない[13]」。パトリック・ウルフが指摘しているように、入植者植民地主義の特徴は、入植者に土地を提供するために先住民を排除することを目的としていることだ。そのプロジェクトは、政府の政策にとどまることなく、あらゆる機関、任意の民兵、そして入植者自身によって独自に遂行された。[14]

一九五〇年代の合衆国の管理終結・移転政策を受けて、強力なアフリカ系アメリカ人の公民権運動や、一九六〇年代の広範な社会正義・反戦運動と並行して、汎先住民の運動が起こった。先住民の権利運動は、合衆国の終結政策を覆すことに成功した。そして一九七〇年代後半になると、抑圧、武力攻撃、条約上の権利を無効にしようとする立法行為が再び始まり、国際的な先住民運動が生まれ、合衆国における先住民の主権と領土権の支持を大きく広げることになった。

二一世紀初頭、エネルギー資源の開発が進み、先住民の土地に新たな圧力がかかるようになる。最大手の企業が、地方、州、連邦レベル、さらには一部の先住民政府の政治家と結託して行う搾取は、先住民の土地基盤と資源に最終的な終焉をもたらす可能性がある。先住民の主権と自決権を強化して、そのような結果にならないようにするには、一般の人々の怒りと要求が必要であり、それには入植者や移民の子孫である一般の人々が自分たちの歴史を知り、責任を負うことが必要だ。このような強力な企業勢力への抵抗は、合衆国の社会経済的・政治的発展と将来に大きな影響を与え続けている。

合衆国には、連邦政府に認められた五〇〇以上の先住民のコミュニティやネーションがあり、そこでは三〇〇万人近くの先住民が暮らしている。これらの人々は、一五〇〇〇万人の原住民の子孫であり、その大部分は町に住む農民だった。合衆国がインディアン保留地を設立したのは、イギリスがアメリカ大陸で長く行っていた植民地支配の影響による。独立から一八七一年までの、合衆国の条約締結の時代には、保留地《リザベーション》の概念は、合衆国政府による入植者からの保護や社会サービスの提供と引き換えに、先住民のネーションがより広い土地の中から狭い範囲の土地をリザーブする（取っておく）というものだった。一九世紀後半、先住民の抵抗力が弱まると、保留地の概念は、合衆国の公有地から土地を切り出し、先住民に「贈り物」をしたという慈悲深いものに変わっていった。保留地はインディアンのために「与えられた」、あるいは「作られた」と言われるようにレトリックが変化した。この変化によって、インディアン保留地は、州の境界内にある飛び地と見なされるようになった。政治的・経済的な現実にもかかわらず、多くの人は先住民が公有地にタダ乗りしているという印象を持っていた。

先住民の土地、水、および資源に関する権利は、連邦政府が認めた三一〇の保留地（五五四の先住民グループ）の範囲内の土地基盤を超えて、合衆国の国境内にある連邦政府が認めたすべての先住民コミュニティにまで及んでいる。これは、「合衆国のもともとの領土内か、その後に獲得した領土内か、また州の範囲内か範囲外かに関わらず」であり、アロットメント（割り当て地）やそこに至るまでの通行権も含まれる。[15] 連邦政府に認められている先住民ネーションのすべてが、政府の庁舎以上の土地基盤を持っているわけではなく、ダコタ州やミネソタ州のスーや、ミネソタ州のオジブワなど一部の先住民ネーションの土地は、複数の保留地に区画されているが、オクラホマ州に移された五〇の先住民ネーションの一部は、連邦政府によってすべてが割り振られ、個々の先住民が所有する区画に分割された。弁護士のウォルター・R・エコホークはこう書いている。

一八八一年には、合衆国内のインディアンの土地は一億五六〇〇万エーカーにまで激減していた。一八八七年に制定された「一般土地割り当て法」により、一九三四年には約五〇〇〇万エーカー（アイダホ州とワシントン州の面積に相当）しか残っていなかった。第二次世界大戦中、政府はさらに五〇〇万エーカーを軍事利用のために取得した。一九五〇年代の終結期には、一〇〇以上の部族、バンド（小集団）、ランチェリア（集落）が、議会のさまざまな法に基づいて土地を放棄した。一九五五年には、先住民の土地は元の面積のわずか二・三パーセントにまで減少していた。[16]

連邦政府による土地の売却、接収、割り当ての結果、ほとんどの保留地はひどく分断されている。部族や信託、個人が所有する土地の各区画は、複数の法律や管轄権の下にある独立して孤立した飛び地だった。ディネ（ナバホ）・ネーションは、現在でも先住民の中で最大の地続きの土地基盤を有している。それは一六〇〇万エーカー（約二万五〇〇〇平方マイル）で、ウェストバージニア州の面積に匹敵する広さだ。他の一二の保留地はそれぞれ、約八〇万エーカー（一二〇〇平方マイル）のロードアイランド州よりも広く、他の九つの保留地の面積は、約一五〇万エーカー（約二〇〇〇平方マイル）のデラウェア州よりも広い。その他の保留地の面積は、三万二〇〇〇エーカー（五〇平方マイル）に満たないものもある。[17] 国連に加盟している独立国家の中には、北米の一部の先住民に比べて領土も人口も少ない国が数多くある。

第二次世界大戦後の合衆国は、一九世紀に北アメリカの先住民と戦ったように、世界の多くの国々と戦っていた。これは、敵を無条件に降伏させるか、全滅させるかの全面戦争だった。先の先住民との戦争を認め、否定しなければ、最終的には世界を巻き込む戦争になるのは必然だったのかもしれない。起源の物語によれば、合衆国は抑圧への反抗、すなわち帝国への反抗から生まれたものであり、民族解放のための最初の反植民地革命の産物だった。起源の物語は、その誤った確信から生まれたものだ。民主主義の拡大と深化、南北戦争とそれに続く奴隷制を廃止した「第二の革命」、二〇世紀のヨーロッパを二度にわたってヨーロッパ自身から救う使命、そして最終的には共産主義の脅威との戦いに勝利し、合衆国は世界の秩序を維持するという困難で負担の大きい任務を引き継いだ。それは進歩の物語である。

アフリカ系アメリカ人の解放運動に端を発した一九六〇年代の社会革命は、起源の物語を複雑にしたが、その構造と時代区分はそのまま残されている。一九六〇年代以降、歴史家たちは女性、アフリカ系アメリカ人、移民を共通の利益に貢献する人物として取り込んだ。実際、この物語の改訂により、「移民の国」という枠組みが生まれたが、この枠組みでは、合衆国の植民地化の実践が曖昧なままにされている。それは産業革命期以降、入植者による植民地化と大都市への移民を融合させたものであり、先住民はその範囲に含まれてはいるものの、「ファースト・アメリカン」と呼ばれ、遠い国の移民として扱われた。

合衆国の歴史制作は、地方気質と偏狭な愛国心に基づいているため、効果的な修正を加えることが難しい。先住民や少数の非先住民を問わず、歪みを正そうとする学者は、支持者のレッテルを貼られ、それを理由に研究成果の出版が拒否されてしまう。先住民の学者は、ヨーロッパによって植民地化された世界の他の地域で生まれた研究や考え方を参考にする。合衆国における先住民の歴史的および現在の経験を理解するために、このような思想家や作家は、マルクス主義の史的唯物論、ラテンアメリカの解放の神学、フランツ・ファノンによる、植民地主義が植民地化する側とされる側に及ぼす影響の心理社会的分析、開発理論やポストモダン理論などのアプローチを利用し、創造的に応用している。先住民の学者や活動家たちは、一九世紀の植民地国家の中でも、合衆国の植民地主義が「例外的」であったことから、これらの情報源から得られた洞察を捨て去ることなく、新しいアプローチを模索している。

本書は、先住民の視点から見た合衆国の歴史であると主張しているが、一枚岩のアジア人やヨーロッパ人やアフリカ人の視点がないのと同様に、先住民の集合的な視点というものは存在しない。それはメキシコ湾とカナダの間、大西洋と太平洋の間で繁栄し、生き残ってきた広大な文明とコミュニティの歴史ではない。先住民の視点から見た歴史は、ディネ、ラコタ、モホーク、トリンギト、マスコギー、アニシナアベ、ランビー、イヌイット、カイオワ、チェロキー、ホピなど、植民地ジェノサイドを生き延びた先住民のコミュニティやネーションの歴史家たちによって書かれてきたし、今も書かれている。本書は、合衆国が植民地主義の入植者国家であり、ヨーロッパの植民地主義国家と同様に、現在支配している地域の元来の文明を粉砕し、服従させてきた事実を語ろうとするものである。現在、合衆国と植民地関係にある先住民は、分断された保留地に追いやられ、経済的に衰退するまでは、何千年も前からこの地に居住し、繁栄していた。

これは合衆国の歴史である。

1　トウモロコシを追う

火打ち石やたいまつを持ち、自然とのバランスを取りながら生活していたネイティブ・アメリカン――しかし、彼らは秤に親指を載せていた（こっそりと自分に有利にしていた）。

――チャールズ・C・マン（一四九一年）

ヒューマノイド（ヒトに近い生物）は約四〇〇万年前から地球上に存在した。彼らは狩猟採集生活をしながら小さな共同体を形成し、その移動によってすべての大陸を発見して、そこに居住していた。約二〇万年前、サハラ砂漠以南のアフリカで誕生した人類は、四方八方に移動を始め、その子孫が地球上に居住するようになった。今から一万二〇〇〇年ほど前、一部の人々は定住を始め、農業を発展させた。主に女性が野生の植物を育て、他の植物を栽培するようになった。

農業とそれに続く町や都市の発祥の地であるアメリカ大陸は、「新世界」ではなく「太古から存在した世界」なのである。植物の栽培化は、紀元前八五〇〇年頃、ほぼ同時期に地球上の七つの地域で行われた。そのうちの三つはアメリカ大陸にあり、いずれもトウモロコシをベースにしていた――メキシコ渓谷と中央アメリカ（メソアメリカ）、南アメリカの南中央アンデス、北アメリカ東部。その他初期の農業拠点としては、チグリス・ユーフラテス川やナイル川の流域、サハラ以南のアフリカ、中国北部の黄河、中国南部の揚子江などが挙げられる。この時期、同じ人類社会の多くが動物の飼育を始めていた。ただ、アメリカ大陸だけは、アフリカやアジアで発達した畜産とは異なり、動物を農業と並行して飼うことを避け、野生動物の狩猟管理を行っていた。これら七つの地域では、農業を基盤とした「文明」社会が、周辺の狩猟・漁撈・採集民族と共生しながら発展し、農業に適さない地域を除いて、多くの狩猟・漁撈・採集民族を徐々に自分たちの文明の領域に取り込んでいった。

聖なる食べ物トウモロコシ

アメリカ先住民の農業は、トウモロコシを中心に行われていた。メキシコ中央部では、一万年前にトウモロコシを栽培していた痕跡が確認されている。その一二―一四世紀後には、南米の南端から北米の亜寒帯、太平洋から大西洋まで、温帯・熱帯のアメリカ大陸全体にトウモロコシの生産が広がっていた。トウモロコシのもととなった野生の穀物は、はっきりと特定されていないが、トウモロコシを生活の糧としていた先住民は、トウモロコシが神からの神聖な贈り物であったと信じている。コロンブス以前に他の大陸にトウモロコシが存在した証拠がないため、アメリカ先住の農耕民が独自に開発したものとされた。他の穀物と異なり、トウモロコシは自生ができず、人の手が入らなければ存在することができない。

多品種・多色のトウモロコシに加えて、メソアメリカ人が栽培していたカボチャや豆類は半球全体に広がったが、それは七〇〇〇年以上前からアンデスの農民が栽培していた多品種・多色のジャガイモも同様だった。夏の作物であるトウモロコシは、水のない状態が二〇―三〇日以上続き、高温になると耐えられない。トウモロコシを主食としていた地域の多くは乾燥地や半乾燥地であったため、トウモロコシの栽培には複雑な灌漑設備の設計・建設が必要であり、少なくともヨーロッパ人がアメリカ大陸の存在を知る二〇〇〇年前には灌漑が行われていた。このような農業と文化の普及は、北米、中米、南米の人々が何世紀にもわたって文化的・商業的な交流を行っていたからこそ実現した結果だった。各地の商人たちは種子だけでなく、その他の商品や文化的慣習も運んでいた。

先住民が行っていた穀物生産の広大な範囲と能力は、植民地主義のヨーロッパ人に感銘を与えた。一六六九年に、フランスが占領していた北米を訪れた旅行者は、イロコイの村の周囲に六平方マイルのトウモロコシ畑が広がっていたと報告している。一六八〇年代、新フランス総督はイロコイに武力で侵略をしかけた後で、四つのイロコイの村にあった一〇〇万ブッシェル（四万二〇〇〇トン）以上のトウモロコシを破壊したと報告している。[1] トウモロコシ、豆、カボチャの三種が完全なタンパク質を供給してくれたおかげで、ヨーロッパの君主たちがアメリカ大陸で植民地化計画を始めたときには、アメリカ大陸には人口が密集していた。

一五世紀末のこの地域の総人口は約一億人で、そのうち約五分の二がメキシコを含む北アメリカに集中していた。メキシコ中央部だけでも約三〇〇〇万人の人口を支えていた。一方、ウラル山脈を東方の境としたヨーロッパの人口は約五〇〇〇万人だったという。専門家は、植民地時代以前の合衆国で、このような人口密度が維持できたのは、人々が比較的病気のない楽園を作っていたからだと見ている。[2] 確かに病気や健康上の問題はあったが、植物薬、さらには外科や歯科の診療、そして何よりも衛生的で儀式的な入浴が、病気を遠ざけてくれた。アメリカ大陸の各地で、先住民を観察していた入植者たちは、先住民たちが冬の寒い時期でも頻繁に入浴していることに驚嘆していた。ある人は、先住民が「毎日服を着る前に川に行き、水に浸かって体を洗う」とコメントしている。また、「男も女も子供も、幼い頃から風呂に入る習慣がある」とも書かれていた。儀式的な発汗浴は、もともとメキシコで行われていたものだが、それが北米の先住民たちの間に広まり、共通の慣習となっていった。[3]とりわけ、アメリカ大陸の先住民の大半は、主食のトウモロコシを中心に、たまに野生の魚や家禽、四つ足の動物などを加えた菜食主義の健康的な食生活を送っていた。人々は豊かな儀式やレクリエーションの時間を持ち、元気で長命な暮らしを続けていた。

メキシコから北へ

アメリカ大陸の文明は、他の二つの大陸（ユーラシア大陸とアフリカ大陸）と同様に、特定の人口中心地から生まれ、活発な成長と統合の時期と、衰退と崩壊の時期を繰り返した。ヨーロッパ人が介入した当時、アメリカ大陸には少なくともそのようなセンターが一二カ所機能していた。ここでは北アメリカの中でも、現在の合衆国の歴史を紹介しているが、トウモロコシの起源をたどって、メソアメリカと呼ばれるメキシコ渓谷と、中央アメリカの民族の歴史を簡単に考察することも重要だ。南からの影響は、北（現在の合衆国）の先住民を強力に形作り、メキシコ人は何千年にもわたって移住を続けてきたが、今では一八四六年から四八年にかけて、合衆国がメキシコと戦争して引かれた恣意的な国境を越えて移住している。

トウモロコシを最初に栽培したのは、現在のグアテマラ北部とメキシコのタバスコ州を中心としたマヤである。一〇世紀のマヤは、ユカタン半島にも進出し、ベリーズやホンジュラスの南方にも、チチェン・イッツァ、マヤパン、ウシュマルなどの都市国家を建設した。マヤの村、農場、都市は、熱帯林から高山地帯、沿岸部や内陸部の平野部まで広がっていた。マヤ文明の最盛期である五世紀には、神官と貴族が一体となって統治した。また、明確な商業階級も存在し、都市は単に官僚や宗教の中心地ではなく、そこには人口が密集していた。しかし、都市から遠く離れた地域にあったマヤの村では、基本的には氏族構造や共同体的な社会関係の特徴が残っていた。人々は、貴族の畑を耕し、土地の使用料を支払い、道路や寺院、貴族の家などの建設に労働力や税金を提供した。このような関係が搾取的なものだったのか、協力的なものだったのかは定かではない。しかし貴族は、戦争捕虜、犯罪者、債務者、孤児などから使用人を調達していた。隷属的な身分は世襲ではないが、強制労働をともなうものだった。労働力の搾取や税・貢納の増加に伴い、不平・反乱が起こり、マヤ国家は崩壊して、そこから地方分権化された政体が生まれた。

マヤの文化には誰もが驚き、しばしばギリシャ（アテネ）の文化と比較される。その中心はトウモロコシの栽培であり、宗教もこの重要な食料を中心に形成された。マヤの人々は、芸術、建築、彫刻、絵画を発展させ、様々な素材を用いた。その中には金や銀も含まれているが、彼らはそれらを採掘し、通貨としてではなく、宝石や彫刻として用いた。また、ゴムの木に囲まれていたため、現在のサッカーに似たゴムボールやコートボールの競技を発明した。彼らの功績は、数学と天文学において最も印象深いものがある。紀元前三六年には、ゼロの概念を開発していた。彼らは数億単位の数字を扱い、大規模な年代測定システムを用いて、宇宙の観測と未来への時間の経過を示す独自のカレンダーを作った。現代の天文学者は、マヤの月や惑星の動きを描いた図の正確さに驚嘆し、それをもとに当時の日食などを推測している。マヤの文化や科学、政治や経済は、この地域全体に大きな影響を与えた。

マヤ文明は、メキシコ湾岸地域のオルメカ文明の時代（紀元前二〇〇〇年から紀元二〇〇年）に登場した文明だ。オルメカは都市や村を建設し、後の文明発展のひな形を作った。紀元前二〇〇年頃、メキシコの谷間に位置するテオティワカンは、これらの文化が交錯して生まれた壮大なメトロポリスだった。当時、中国の次に大きく成長したこの都市には、様々な民族が暮らしていた。オアハカの谷もまた、紀元前一〇〇年頃に文明が興った場所で、サポテクやミステクが住んでいた。このような都市国家が生み出した長距離交易は、都市国家間や北の果てとのつながりをもたらした。ナワ語を話すトルテックは、九〇〇年頃に北の砂漠地帯からメキシコ中央部に移住し、中央部の多くの都市を支配して、現在のメキシコシティの北にあるトゥーラに首都を置いた。トルテックは中米にも移住し、そこに住む人々は現在もナワ語を話す者が多い。一三〇〇年代初頭には、極北（現在のユタ州・コロラド州）のアステカがメキシコ中央部に移住し、一三四五年にはテスココ湖の島に首都テノチティトランを築いたが、スペイン人がこれを破壊し、その上に現在のメキシコシティを建設した。(4)

一四二六年、テノチティトランのアステカは、テスココやトラコパンと同盟を結び、テパネクの支配を覆した。同盟国は周辺民族との戦争を進め、最終的にはメキシコの谷を支配することに成功した。アステカは三国同盟の中で優位に立ち、メキシコの全民族を属国化しようとした。これらの出来事は、ローマをはじめとする都市国家がゲルマン民族の侵入によって破壊・占領され、ユーラシア大陸の草原にいたモンゴル人がロシアや中国の大部分を制圧した同時期のヨーロッパやアジアの出来事と類似している。ヨーロッパやアジアと同じように、侵略してきた人々は文明を吸収し、再生させた。

強大なアステカ帝国の経済基盤は、トウモロコシを中心とした水利農業だった。豆類、カボチャ、トマト、カカオなど、多くの食用作物が栄え、大都市に集中した人口を支えていた。アステカではタバコや綿花も栽培されており、綿花はすべての布や衣服の原料となった。織物や金属加工も盛んに行われ、有用な商品や芸術品を生み出した。建築技術では、巨大な石造りのダムや運河、レンガや石でできた要塞のような城が作られた。各都市には入り組んだ市場があり、トルテックが築いたルートを利用して遠くまで貿易網が広がっていた。

アステカの商人は、現在のアメリカ南西部で採掘していたプエブロからターコイズ（トルコ石）を入手し、メキシコ中央部（そこではターコイズが物資中で最も価値のあるものとされた）で販売し、交換手段や貨幣の一形態として利用していた[5]。ニューメキシコ州チャコ・キャニオンの六万五〇〇〇個に及ぶターコイズの遺物は、植民地時代以前、ターコイズが主要な商品として重要な位置にあったことを示す証拠だった。この地域では他の品目も貴重な市場商品であり、塩にはターコイズに近い価値があった。陶磁器の交易品は、メキシコシティからコロラド州メサベルデまで、相互に結びついた市場で取引されていた。北部辺境地の商業の中心地であったカサグランデ（アリゾナ州）の遺跡からは、カリフォルニア湾の貝殻、メキシコ湾岸地域の熱帯性鳥類の羽毛、メキシコ・ドゥランゴの黒曜石、テキサスの火打石などが発見された。貨幣として機能していたターコイズは、宗教的儀式のために熱帯地方から産出されるコンゴウインコやオウムの羽、沿岸部の人々の貝殻、北部平原の皮や肉などを獲得するための取引に使われた。この石は、テキサス、カンザス、ネブラスカの植民地時代以前の遺跡からも発見されており、ウィチタが仲介役となって、ターコイズやその他の物資を東や北へと運んでいた。スペリオル湖地域のクリーや、現在のカナダ・オンタリオ州、ウィスコンシン州のコミュニティは、交易を通じてターコイズを手に入れた[6]。

また、メキシコから来る貿易商は、グレートプレーンズの太陽の踊りのような文化や特徴を伝え、北米東半分のアルゴンキン、チェロキー、マスコギー（クリーク）のトウモロコシ栽培は、中央アメリカから伝えられた。アステカ、チェロキー、チョクトーの口承史や文書史には、これらの関係が記録されている。チェロキーの口伝では、彼らの祖先が南からメキシコを経由して移動してきたことが語られており、マスコギーの歴史でも同様だった。[7]

文化的にも経済的にも繁栄し、軍事的にも政治的にも強かったと思われるアステカだが、スペインの侵入を前に、その支配力は低下していた。激しい暴力で貢ぎ物を迫られた農民が反乱を起こし、メキシコ各地で反乱が起きた。一五〇三年に権力を握ったモンテスマ二世は、体制改革に成功したかに見えたが、その前にスペイン人に倒されてしまった。コルテスによる三年間の大規模な戦争で、メキシコの国家は壊滅し、都市は破壊された。コルテスは、メキシコ全土の抵抗勢力を味方につけて、中央政権打倒の一翼を担った。コルテスと二〇〇人のヨーロッパ人傭兵は、彼が協力し煽動した先住民の反乱がなければ、メキシコの国家を転覆させることなどできなかったにちがいない。コルテスと同盟してアステカの圧政を打倒した抵抗勢力の人々は、金に執着するスペインの植民者たちや、彼らを支援するヨーロッパの国家の目的を知ることはできなかった。

北部

現在のアメリカ南西部は、今日のメキシコのソノラ州、シナロア州、チワワ州とともに、メキシコ渓谷にあったアステカ政権の北側の周辺を形成していた。この地域は、ほとんどが高山地帯、乾燥地帯、半乾燥地帯で河川によって分断されている。降雨量が少なく、干ばつが常態化している脆弱な土地柄だ。しかし、現在のアリゾナ州南部のソノラ砂漠では、紀元前二一〇〇年には集落が農耕文化を実践しており、紀元前一二五〇年には灌漑用水路を掘っていた。この地域で最も古いトウモロコシ栽培の証拠は紀元前二〇〇〇年のもので、南北間の交易や移動によってもたらされたものだ。さらに北上すると、紀元前一五〇〇年頃には、トウモロコシ、豆、カボチャ、綿の栽培が始まった。その子孫であるアキメルオーダム（ピマ）は、彼らの祖先を「フフガム」（「去りし者たち」の意）と呼び、英語圏ではこれを「ホホカム」と表現している。ホホカムは、マヤのような球技場、高層建築物、農耕地などを残した。ホホカムが土地に残した最も印象的な痕跡は、当時の世界で最大規模の灌漑用水路ネットワークである。九〇〇年から一四五〇年にかけて、ホホカムは八〇〇マイル以上の幹線と数百マイルの支線で構成された運河システムを構築し、各地に水を供給した。最長の運河は二〇マイルにも及んだ。最大のものは、幅七五から八五フィート、深さ二〇フィートで、多くは粘土で裏打ちされた水漏れしない運河だった。ある運河は、推定一万エーカーを灌漑するのに十分な水を運んでいた(8)。ホホカムの農民は、輸出用の余剰作物を栽培し、彼らのコミュニティは、メキシコからユタ、太平洋岸からニューメキシコ、そしてグレートプレーンズへと続く貿易ネットワークの交差点となった。一四世紀になると、ホホカムは分散し、小さなコミュニティで生活するようになる。

コロラド高原――アリゾナ州、ニューメキシコ州、コロラド州、ユタ州のフォーコーナー地域（四州が接する地点）にある――のチャコキャニオンに住むプエブロの祖先は、八五〇年から一二五〇年にかけて繁栄を謳歌していた。ニューメキシコ州のプエブロの祖先である彼らは、チャコから放射状に伸びる四〇〇マイル以上の道路を建設した。幅が平均三〇フィート（約一・五メートル）で、丘陵や岩盤などの開発困難な地形でもまっすぐに伸びていて、七五の集落を結んでいた。一三世紀頃、古代プエブロはチャコ地区を放棄して移住し、リオ・グランデ渓谷北部とその支流に沿って、一〇〇近くの小さな農業都市国家を建設した。最北端のタオス・プエブロは、平原の水牛製品、熱帯の鳥製品、メキシコの銅や貝、ニューメキシコの鉱山で産出されるターコイズなどを扱う重要な貿易拠点だった。プエブロの交易は、西は太平洋、東はグレートプレーンズ、南は中央アメリカにまで及んでいた。

この地域の他の主要民族であるナバホ（ディネ）とアパッチは、コロンブスの数世紀前に亜寒帯からこの地域に移住してきたアサバスカンの血を引いている。ディネの大部分は移住せず、故郷であるアラスカやカナダ北西部に残っていた。もともと狩猟と交易を行っていた彼らは、プエブロと交流し結婚したが、水利権をめぐる村同士の争いにも巻き込まれた。ディネとアパッチは川沿いの都市国家のいずれかと同盟を結んでいた。(9)

メキシコ湾やカリブ海の島々に住む人々は、現在のガイアナ、ベネズエラ、コロンビア、パナマ、コスタリカ、ニカラグア、ホンジュラス、グアテマラ、メキシコ、テキサス、ルイジアナ、ミシシッピ、アラバマ、フロリダの人々との文化的、宗教的、経済的な交流に欠かせない存在だった。水は、貿易や文化交流の障害になるどころか、この地域の人々をつなぐ手段となっていた。これらの人々の多くは、コロンブスによる植民地化の最初の犠牲者となった。そして、大西洋の奴隷貿易の出現により、全滅させられたり、奴隷にされたり、国外に追放されたり、後に奴隷となったアフリカの人々と同化したりしたために、植民地化以前のカリブ文化や文化的なつながりについては、ほとんど研究されていない。最もよく知られているのは、カリブ、アラワク、タイノス、それにチブチャ語を話す人たちだ。また、カリブ海の島々や周辺部には、西カリブ海沿岸のガリフナ（「ブラック・カリブ」）のように、奴隷からの解放に成功したマルーン（先住民とアフリカ人の混血）の子孫もいる。[10]

大西洋からミシシッピ川、そして南はメキシコ湾までは、大河が交差する、世界でも有数の肥沃な農業地帯が広がっている。自然に水が供給され、植物や動物が生息し、気候も温暖で、この地域には複数の農業国家が存在した。一二世紀のミシシッピ渓谷には、カホキアという巨大な都市国家と、メキシコにあるような土でできた階段状のピラミッドを持つ、大きな都市国家がいくつか存在していた。カホキアの人口は数万人で、同時期のロンドンの人口よりも多かった。その記念碑は、巨大な鳥、トカゲ、クマ、ワニ、そして長さ一三三〇フィートの大蛇などの形に彫られていた。これらの記念碑的な建造物は、市民や社会組織のレベルの高さを物語っている。ヨーロッパからの入植者に「マウンド・ビルダー」（塚建設者）と呼ばれたこの文明の人々は、ヨーロッパの侵略以前には分散していたが、その文化的影響は交易を通じて、北米大陸の東半分に広がっていた。[11] ヨーロッパの植民者が大陸南東部で目にしたのは、トウモロコシを主食とする農業を中心とした村落ネーションであり、チェロキー、チカソー、チョクトー、マスコギー・クリーク、セミノールの各ネーションと、西部のミシシッピ渓谷地域のナチェズ・ネーションの領域だった。

北部には、セネカ、カユーガ、オノンダガ、オネイダ、モホーク、そして一九世紀初頭からはツカロラで構成された、「イロコイ連邦のシックス・ネーションズ」と呼ばれるハウデノサウニー連邦がある。このシステムには、五大湖とセントローレンス川から大西洋まで、そして南はカロライナとペンシルベニアの内陸部まで、何千もの農村と狩猟場を持つ、広く分散した個性的な六つのネーションが組み込まれていた。ハウデノサウニー連邦の人々は、中央集権を避け、土地の共同管理を基本とした氏族村落の民主主義システムを採用している。主食であるトウモロコシは穀倉に貯蔵され、母系社会の中で、クラン・マザーと呼ばれる大家族の最年長の女性たちによって公平に分配された。現在、合衆国とカナダの国境に囲まれた五大湖周辺には、他にも多くの民族が栄えている。中でも、アニシナアベ（オジブエ、チペワとも呼ばれる）は最大のコミュニティである。

北アメリカ中央部の大草原地帯の人々は、テキサス州西部からミシシッピ川とロッキー山脈の間の亜寒帯までの広い範囲に及んで住みついていた。農業とバッファローに依存する人々の広大な地域には、いくつかの開発拠点が確認されるかもしれない。カナダの大草原にはクリー、ダコタにはラコタ（スー）とダコタ・スー、その西と南にはシャイアンとアラパホがいた。さらに南には、ポンカ、ポーニー、オーセージ、カイオワなどがおり、バッファローの数は六〇〇〇万頭にも上る。領土問題が必然的に発生し、紛争解決のための外交技術や貿易が高度に発達した。

現在のアラスカからサンフランシスコまでの太平洋岸北西部、そして広大な内陸水路と山の壁に沿って、偉大な航海民族と漁撈民族が栄え、文化や共通の儀式、大規模な貿易で結ばれていた。このような人々は、聖なるサケなどの天然資源に恵まれた、かなり裕福な人々だった。彼らは「ポトラッチ」と呼ばれる、蓄積された財を分配したり破壊したりする儀式を考案し、相互扶助の文化を生み出していた。また、巨大な木製のトーテムやマスクを作り、ジャイアントセコイアやレッドウッドでバンガローを建てた。アラスカのトリンギトや、サケを獲るサリッシュ、マカー、フーパ、ポモ、カロック、ユロックなど、多くの言語を話すコミュニティがあった。

西部のシエラ・ネバダ山脈とロッキー山脈に挟まれた地域は、現在グレイト・ベイスンと呼ばれているが、ヨーロッパから植民地化される前は、少数の人口しか住めない（それは今も同様だ）厳しい環境だった。しかし、そこに住むショショーン、バノック、パイユート、ユートは、環境を管理し、永続的な村〔一年を通じて継続的に人が住む集落〕を築いた。

統治

先住民のネーションや都市国家、町は、それぞれ独立した自治権を持つ人々で構成されており、内政に関する最高の権限を持ち、他の民族と対等な立場で接していた。各民族を統合していたのは、言語の他に、共通の信念体系や儀式、複数の町にまたがる大家族の一族などだった。意思決定は、多数決ではなく、コンセンサスに基づいて行われた。このような意思決定は、後に植民地の代理人たち〔北米諸州の利益を代表する権限を持った人々〕を困惑させた。彼らは賄賂や操作の対象となる先住民の役人を見つけることができなかったのである。国際外交の面では、北米西部の先住民は各コミュニティが、それぞれ主権国家だった。スペイン、フランス、イギリスの、そして合衆国の植民者は、これらの先住民の政府と条約を結んだ。

先住民の統治は、その形態が多岐にわたっている。[12] ミシシッピ川の東側では、町や町の連合体は家系によって統治されていた。最も有力な一族の長老男性が指導者となった。この長老の就任と決定には、その町を代表する一族の長老たちによる評議会の承認が必要だった。このようにして、町の内政問題については、町が主権を握っていて、主権を持つ町では、精霊との関係を象徴する聖なる火が燃やされていた。町は、ひとりの指導者の下で他の町と連合することができた。イギリスの植民者たちは、このような町の集まりを「コンフェデラシー」(連合)または「フェデレーション」(連邦)と呼んでいた。現在でも、ハウデノサウニーはこのタイプの政府を完全に機能させている。また、「平和の大法則」と呼ばれるハウデノサウニーの憲法は、合衆国憲法の重要な要素に影響を与えた。[13] その憲法の本質を、オノンダガ・チーフ評議会のメンバーであり、「タートル・クランのフェイスキーパー」の称号を持つオーレン・ライオンズは次のように説明している。「第一の原則は平和。第二の原則は公平、人々のための正義。第三の原則は、善良な心と、心をひとつにする集合的な力、つまり団結力である。そして健康。これらすべてが基本原則に関わっていた。そして議論の過程では、意思決定の方法としては戦争を脇に置き、今度は知性を使うことになる[14]」。

マスコギー(クリーク)やセミノールをはじめとする南東部の人々は、民政、軍事、聖務の三つの行政機関を持っていた。各部門のリーダーはエリートから、その他の役人は有力な一族から選ばれていた。ヨーロッパの植民地化に先立つ数世紀、先住民の間には古くからの外交の伝統があった。大陸東部の社会では、様々なコミュニティの代表者たちが集まる外交会議のために、凝った儀式の仕組みが用意されていた。主権を持つ町の連合体では、主要な町の火が全体を代表し、各加盟町は一—二名の代表者を連合体の評議会に送っていた。このようにして、連合体の全員が政府の意思決定に参加していたのである。こうした会議での合意は、代表者同士だけでなく、それを見守る強力な精霊に対しても神聖な誓いとされた。協定に関与した聖なる力への敬意から、各ネーションは会議で決定した取り決めを固守する傾向にあった。このように、精神世界との関係は、政治の大きな要因となっていた[15]。

北米東部の社会では女性の役割は様々だった。マスコギーをはじめとする南部のネーションでは、女性はほとんど政務に参加していない。一方、ハウデノサウニーやチェロキーの女性は、より強い政治的な権限を持っていた。モホーク、オネイダ、オノンダガ、カユガ、セネカ、ツカロラでは、特定の女系がその一族の男性代表者を統治評議会で選んでいた。男性が代表者となるが、代表者を選んだ女性には議会で発言する権利があり、選ばれた代表者が若すぎたり経験不足だったりして効果を発揮できない場合には、女性のひとりが代表者に代わって議会に参加することもあった。ハウデノサウニーの母親たちは、満足のいかない代表者を罷免する権限を持っていた。『一四九一――先コロンブス期アメリカ大陸をめぐる新発見』の著者であるチャールズ・C・マンは、これを「フェミニストの理想」と呼んでいる[16]。

このような社会では、合意形成や意思決定の原動力となる価値観が、個人の利益よりも共同体の利益を優先させていた。評議会のメンバー全員が自分の意見を述べた後で、決定事項が正しくないと考えるメンバーがいても、彼はコミュニティの結束のためにその決定に従うことになる。それでもなお合意が得られない場合には、反対派のメンバーはコミュニティから脱退し、新たなコミュニティを設立することもある。これは、ニューメキシコ州北部にあった一〇〇近くの自治都市とよく似ていた。

土地の管理人

先住民は、ヨーロッパ人が侵入してくるまでに、アメリカ大陸のあらゆる場所を占領して形成し、大規模な貿易網や道路を確立し、特定の自然環境に適応することで人口を維持していたが、同時に自然を人間の目的に合わせて適応させてもいた。マンは、先住民が火を使って、植民地化以前の北米の風景を形作り、手なずけたことを説明している。北東部では、先住民は常に火打ち石を携帯していた。一六三七年のイギリス人観察者は、彼らが火打ち石を使って、「やって来たすべての土地で火を放った」と述べている。[17]また、夜の狩りにはたいまつを使い、殺したい動物の周りに炎の輪を作っていた。先住民は、皮や肉のために動物を飼うのではなく、ヘラジカやシカ、クマなどの狩猟動物を呼び寄せるための保護区を作った。また、森の下草を燃やして、翌年の春に生えてくる若草やその他の地被植物が、より多くの草食動物とそれを食べる肉食動物を呼び寄せ、それを食べる人々の生活を支えるようにした。マンは『一四九一』の中でこうした森林について次のように述べている。「東部の大森林は、ソローが想像したような、太くて切れ目のない、巨大な木のからまりではなく、庭の区画、ブラックベリーの放牧地、松の原野、栗やヒッコリー、オークの広々とした木立など、生態学的な万華鏡のようなものだった」。現在のロードアイランド州の海岸から数マイル離れた内陸部では、初期のヨーロッパ人探検家が「大規模な軍隊でも侵入できる」ような間隔で木々が生えていることに驚嘆していた。イギリスの傭兵ジョン・スミスは、バージニアの森の中を馬に乗って疾走したと書いている。オハイオ州では、一八世紀半ばに先住民の土地に初めてイギリス人が入り込んだとき、森林地帯がイギリスの公園のように見え、木の間を馬車で走ることができた。

バッファローの群れは、ニューヨークからジョージアまでの東部をうろついていた（ニューヨーク西部の開拓者の町がバッファローと名付けられたのは偶然ではない）。バッファローは、東部ではなく北アメリカの北部と南部の平原に生息していたが、先住民はバッファローが本来の生息地から離れた場所で生きていけるように、森林に火を放って低地に変え、火が作った道に沿って東へと移動させた。歴史学者のウィリアム・クロノンは、ハウデノサウニーがバッファローを狩るとき、「自分たちが意識的に作り出した食材を収穫していた」と書いている。「大アメリカ砂漠」に関しては、アングロサクソン系アメリカ人がグレートプレーンズと呼んだように、そこに住む人々はゲームファーム〔狩猟のために野生動物を飼育する場所〕に変えていった。火を使って巨大な草原を広げ、それを管理維持した。民族学者のデール・ロットは、一八〇四年にルイスとクラークがミズーリ川を遡り始めたとき、彼らが目にしたのは「荒野ではなく、ネイティブ・アメリカンが管理する、ネイティブ・アメリカンのための広大な牧草地だった」と述べている。彼らは、世界最大の庭園と放牧地を作り、そして繁栄した。[18]

先住民は、アメリカ大陸全体でネーションや地域社会を結びつける道路システムを大地に刻み込んだ。学者のデイヴィッド・ウェイド・チェンバースはこう書いている。

初期のネイティブ・アメリカンのトレイル（小道）や道路について、まず注意すべきことは、それらが単に森の中の道ではなく、主に狩猟のために使われた動物の足跡に沿っていたということだ。また、遊牧民が季節的な移動の際に辿ったルートというだけではない。むしろ、トレイルはアメリカ大陸を横断し、短・中・長距離の移動を可能にする広範な道路システムを構成していた。つまり、コロンブス以前のアメリカ大陸には、複雑な道路や小道のシステムが張り巡らされていて、それが初期の入植者が採用した道路となり、最終的には、主要な高速道路へと変化していったのである。[19]

道路は川沿いに整備された。北米の先住民が作った道路の多くは、ミシシッピ川、オハイオ川、ミズーリ川、コロンビア川、コロラド川、リオ・グランデ川などの大河に沿っていた。また、海岸沿いにも道があった。太平洋岸には、アラスカ北部（シベリアまで船で行ける）からメキシコ西部の都市部まで幹線道路が走っていた。その道路の分岐道は、ソノラ砂漠を通り、コロラド高原に至り、古代の町や、リオ・グランデ川北部のホピやプエブロのような後のコミュニティに通じていた。

プエブロの集落から東へ向かう道は、ペコス川の支流に沿って半乾燥の平原へと旅人を運び、現在のニューメキシコ州東部、テキサス州パンハンドル、テキサス州西部の集落へと続いていた。また、リオ・グランデ川北部からカナディアン川やシマロン川を経由してオクラホマ西部の南部平原に至る道もあった。これらの川とその支流に沿った道は、南東部の川に沿った道路システムにつながっていた。またそれは、メキシコ渓谷に向かって南西方向に向かう道ともつながっている。

東の道は、現在のジョージア州とアラバマ州にあるマスコギー（クリーク）の町を結んでいた。マスコギーの町からは、チェロキーの土地やカンバーランド・ギャップ、シェナンド渓谷地方を経て、オハイオ川とサイオト川の合流点まで北上する主要なルートがあった。大陸の北東部からは、オハイオ川に沿ってミシシッピ川まで行って、ミシシッピ川を遡り、ミズーリ川の河口まで行く。そして、ミズーリ川に沿って西に向かってその源流まで行けば、西海岸にたどり着くことができた。そこからロッキー山脈を越え、現在のワイオミング州にあるサウス・パスを通ってコロンビア川へと続く道があった。コロンビア川の道は、太平洋に面した河口の大規模な人口集積地へと達し、太平洋岸の道とつながっていた。

一四九二年の北アメリカは、未開の荒野ではなく、「トウモロコシの民」ともいうべき先住民のネットワークだった。北と南の人々のつながりは、メソアメリカからのトウモロコシの普及に見ることができる。北米の南東部を故国とするマスコギーとチェロキーは、いずれもメキシコから、あるいはメキシコを経由して移動してきた系譜を持っていた。チェロキーの歴史家エメット・スターは次のように書いている。

チェロキーはメキシコから脱出するのに、おそらくマスコギーより数百年先行している。より広い範囲を旋回してミシシッピ川を渡り、塚が示すようにミズーリ川の河口の何マイルも北に位置していた。…マスコギーはおそらく、アステカやトルテック、あるいは九世紀以前の北西部の部族の侵略によってメキシコから追い出されたのだろう。このことは、クリークが長い間保持していた習慣や工夫からもうかがえる。(20)

また、チェロキーの作家であるロバート・コンリーは、チェロキーの起源は南アメリカにあり、その後メキシコを経由して移動したという口伝について語っている。その後、合衆国軍の侵攻やマスコギー、チェロキーの移転に伴い、多くのグループが分裂してメキシコに避難した。キカプーのような圧力を受けたグループも同様である。(21)

「グリーン・コーン・ダンス」は、北米の先住民の農業地域で伝統的に行われてきたが、マスコギーでは最も強く残っていた。この儀礼的な踊りの要素は、メキシコ渓谷のものとよく似ている。このダンスはコミュニティによって様々な形をとっているが、その核となる部分は同じで、トウモロコシを育てた先祖の女性から代々伝えられた、トウモロコシの贈り物を記念したものだ。トウモロコシの民は植民地主義の大地の下でも、大きな一体感を保持していた。

植民地時代以前の北米を簡単に概観することで、全人類が失ったものの大きさを示唆し、放浪する新石器時代の狩猟者という入植者が作った植民地の神話に反論する。先住民の文明は、高度な農業と特徴的な政治に基づいていた。北と南の侵略前の移動と先住民の関係、そしてそれが植民地主義によって、どのように断ち切られたかを理解することは不可欠だが、これから見るように、その関係は再構築されつつある。

2　征服の文化

アメリカでの金銀の発見、原住民の絶滅、奴隷化、鉱山における埋葬、東インド諸島の征服と略奪の開始、アフリカを黒人の営利目的の狩りの戦場に変えたことは、資本主義的生産時代のバラ色の夜明けを告げるものだった。これらの牧歌的な事態の推移は、先行する蓄積の重要な瞬間である。

――カール・マルクス『資本論』「産業資本家の創世記」

始まりは？

人類学者の故エドワード・H・スパイサーは、アメリカ大陸の植民地化に参加した最初のヨーロッパ人は、スペイン、フランス、オランダ、イギリスなど、それぞれの出身地の豊かで古い文化、社会関係、習慣を受け継いでいたと書いている。アメリカ大陸に渡り、先住民と出会うことで、彼らはヨーロッパの社会関係のしがらみをほとんど放棄した。彼らが実際に参加したのは、暴力、収奪、破壊、非人間化といった征服の文化だった[1]。

スパイサーの観察は事実だが、征服の文化はヨーロッパ人が大西洋を渡ったときに始まったわけではない。ヨーロッパの制度や、征服と植民地主義の世界観は、その数世紀前から形成されていた。一一世紀から一三世紀にかけて、ヨーロッパ人は北アフリカや中東を征服するために十字軍を派遣し、少数の人々が空前の富を手にすることになった。この利益追求型の宗教は、ヨーロッパの商人や入植者がアメリカ大陸に持ち込んだ致命的な要素だった。植民者は、個人的な富を求めるだけでなく、植民地主義を正当化するのにキリスト教的な熱意を示した。それに加えて、西ヨーロッパでは十字軍（Crusades は文字通り「十字架を運ぶこと」）で培われた軍国主義の伝統があった。十字軍は、ウルバヌス二世をはじめとするローマ教皇の呼びかけで結成されたが、その軍隊は傭兵部隊であり、兵士たちはイスラム教徒の町や都市を略奪する権利を約束され、故郷で富と名声を得ることができた。一三世紀末になると、ローマ教皇庁はこのような傭兵に、国内の「敵」を潰すように指示するようになった。つまり、一般の異教徒や平民、特に女性（表向きは魔女）や異端者を潰すようになったのである。このようにして、騎士や貴族は土地を奪い、その土地に住む平民を隷属させることができた。歴史学者のピーター・リネボーは、反イスラムの十字軍が、極東への利益の大きいイスラムの貿易ルートを支配しようとしたのに対して、国内の異端者や平民に対する十字軍は、貧しい人々を恐怖に陥れると同時に、利益が大きく冒険的でありながら聖なる企てに、彼らを参加させるために行われたと指摘している。「十字軍はこのように、貴族と平民を宗教戦争の釜の中に一緒に入れることで矛盾を解決するための殺人的な仕掛けだった[2]」。

営利目的で強制的に組織化された最初の人々は、海外での搾取が可能になる前に、労働力を搾取されたヨーロッパの農民たちであった。土地を追われた彼らには、食べるものも売るものもなく、手もとに残ったのは労働力だけだった。また、スコットランド、ウェールズ、アイルランド、ボヘミア、バスク、カタルーニャなどは、国全体が植民地化され、様々な君主の支配下に置かれた。ムーア人やセファルディ系ユダヤ人は、カスティーリャ／アラゴン王家によって征服され、イベリア半島から追放された――それは、コロンブスが合衆国に航海した一四九二年に始まった集団追放で頂点に達した、長期にわたるプロジェクトだった。

一五世紀末には、植民地主義の制度や移転・国外追放・土地収用の方法は、完成していないにしても、すでに実践されていたのである。[3] 西ヨーロッパにおける近代国家の台頭は、人間の労働力を搾取し、何百万人もの自給自足の生産者をその土地から追い出すことによって得た富の蓄積に基づいていた。このような活動を行った軍隊は、技術革新により、より効果的な死と破壊のための武器を開発することができた。こうした国家がさらに多くの資源、土地、労働力を得るために海外に進出したとき、彼らは新たに出発していたわけではなかった。すでに西アフリカ、カリブ海、メソアメリカ、アンデスの人々が最初の海外の被害者となっていた。続いて南アフリカ、北米、南アメリカの国々。さらにそれはアフリカ全域、太平洋、アジアへと続いた。

一五世紀後半から一六世紀前半にかけて、ヨーロッパの探検家や商人が行った航海は、彼らが初めて切り開いたものではなく、アラブ世界から長距離航海の技術を借りたものだった。アラブ人がインド洋に進出する以前に、イヌイット（エスキモー）は何世紀にもわたってカヤックで北極圏を航海し、多くの民族と交流していたし、北欧、南アジア、中国、日本、ペルー、太平洋のメラネシア・ポリネシアの漁民も同様であった。エジプト人やギリシャ人の海に関する知識は、おそらく地中海を越えて大西洋やインド洋にまで及んでいただろう。西欧の海商と彼らを支えた君主は、植民地支配と植民地での労働力搾取の基盤を構築して、何百万人ものアフリカ人を捕らえて奴隷にし、合衆国の植民地に輸送したという点でのみ、他の人々と異なっていた。

私有財産としての土地

ヨーロッパの船の荷物、特に後のイギリスの植民地化事業の船荷とともに、私有財産としての土地の概念が生まれた。ロシアの土地所有権史の専門家であるエスター・キングストン＝マンは、一六世紀のイギリスにおいて、私有財産としての土地が「神聖な地位」にまで高められたことを推測している。[4] イギリス人は、共有地を私有化することを「エンクロージャー」（囲い込み）という言葉で表現した。この時期、人口の大多数を占める農民たちは、昔からの共有地から追い出されたのである。何世紀にもわたって、共有地は、乳牛や羊の放牧地であり、水、燃料や建築用の木材、食用や薬用の野生植物の供給源だった。これらの資源がなければ、彼らは農民として生きていけなかったし、共有地へのアクセスを失った後は、農民として生きることが難しかった。一六世紀から一七世紀にかけて、共有地は私有化されただけでなく、羊を商業的に生産するための放牧地に変えられ、羊毛は国内および輸出の主要商品となり、一部の人には富を、多くの人には貧困をもたらした。農村で自給自足していた農民やその子供たちは、かつての共有地へのアクセスを断たれ、新しくできた毛織物工場の悲惨な環境の中で働くしかなかった――つまり、失業率が高かったために、このような仕事しか見つけることができなかったのである。雇用されていてもいなくても、この離散した人々は、北米のイギリス植民地に土地を約束された年季奉公人として、その多くが入植することができた。年季奉公の期間を終えた彼らは、自由に先住民の土地に腰を下ろして再び農民になった。このようにして余剰労働力は、毛織物メーカーに低い人件費と大きな利益をもたらしただけでなく、植民地への入植者の供給を可能にした。これは困窮し、搾取された人々の反乱を招きかねない本国にとっての「逃げ道」でもあった。先住民の農民から奪った土地や、家畜としてのアフリカ人という神聖な財産の状況は、イギリスから来たアングロサクソン系アメリカ人の独立と、合衆国の建国の原動力となったのである。

土地の私有化には、抵抗する平民を暴力的で愚かで怠惰な者として描くというイデオロギーが伴っていた。イギリス議会は、後進性対策という名目で、かつての共有地の権利を刑法により違法とした。フェミニストの理論家シルビア・フェデリーチが主張するように、共有地の私有化に付随して促進されたのが、魔女と名付けることによる女性の抑圧だった。魔女として告発されたのは貧しい農民の女性で、多くは未亡人である。一方、告発者は裕福な人が多く、地主や雇い主など、地域の組織を支配する人や国の政府と関係のある人だ。近所の人たちはお互いに告発し合うことが奨励された[5]。特に魔女狩りのピーク時(一五五〇年から一六五〇年)には、魔女の罪に問われ、裁判にかけられ、有罪判決を受けて処刑された人の八〇パーセント以上が女性だったことから、魔女は主に女性の犯罪だと考えられていた。イングランドでは、魔女として告発された者のほとんどが年配の女性で、乞食であったり、労働者の妻であったりしたが、たいていは未亡人だった。魔女の仕業とされた行為や地元で起きた出来事には、家賃の不払い、公的扶助の要求、にらまれると災難がくるという「邪眼」の投げかけ、馬などの家畜の死、子供の謎の死などがあった。また、助産や避妊に関する行為も見られた。女性が貧しい人々のために行った治療行為は、かつてヨーロッパで主流だった、キリスト教以前の母系制の名残のひとつでもあった。農民の経済的基盤である共有地の囲い込みや女性の自治に対して、最も抵抗を示したのが、こうした共同体的な慣習を保持し永続させてきた人々だったのは当然のことである[6]。

土地を追われて、心の傷ついた人々やその子孫が、土地を求めて広大な海を渡り、土地と紳士階級の地位を約束された入植者となっていった。イギリス人入植者は、バージニア州のジェームズタウンやマサチューセッツ州のセーラムに魔女狩りを持ち込んだ。魔女を断罪するために使われたと思われる言葉で、彼らはすぐに先住民をもともとがサタンの子であり、殺されるに値する「悪魔のしもべ」だと見なした。[7] 後にセーラム当局は、イギリス人入植者が悪魔に支配された土地に住んでいたと主張して、魔女裁判を正当化した。

白人至上主義と階級

また、キリスト教の植民者たちは、白人至上主義を信じていた。一八七八年のアメリカプロテスタント福音派の賛美歌にあるように――「あなたの衣服は汚れていないか？／雪のように白いか？／それは小羊の血で洗われているのか？」肌の色は合衆国の人種差別の重要な要素であり続けているが、イデオロギーとしての白は肌の色以上のものだ。白人至上主義は、キリスト教の十字軍がイスラム教徒の支配地域を植民地化したことや、プロテスタントがアイルランドを植民地化したことにまで遡ることができる。アメリカ大陸の植民地化の予行演習として、これらのプロジェクトは、合衆国社会の地政学的、社会文化的な構成において、融合する二本の柱を形成している。

イベリア半島（現在のスペインとポルトガル）における十字軍の戦いと、ユダヤ人やイスラム教徒の追放は、現代の植民地主義の中核となるイデオロギー「白人至上主義」と、その正当化によるジェノサイドを生み出すプロセスの一部だった。十字軍は、ローマ教皇が制定した「血の純化」という法律を生み、その調査と判定のために教会は異端審問所を設立した。それ以前のキリスト教圏では、「血」に基づく生物学的人種の概念は、法律としてもタブーとしても存在していなかったことが知られている。[8] キリスト教国であるスペインでは、数世紀にわたってコンベルソス（キリスト教に改宗したユダヤ人）やモリスコ（キリスト教に改宗したイスラム教徒）に対するスケープゴート（罪を負わせること）や疑惑が強まったため、「血の純化」という教義が広まった。これは、富裕層、貧困層を問わず、「旧キリスト教徒」に心理的、法的な特権を与えるもので、土地を持つ貴族と、土地を持たない農民や羊飼いとの階級差を曖昧にするものであった。経済的な地位にかかわらず、「旧キリスト教徒」のスペイン人は貴族と同一視することができた。あるスペインの歴史家が言うように、「庶民は上を見て、登りたいと願い、騎士道的な理想、すなわち名誉、威厳、栄光、高貴な生活に誘惑された」。[9] セルバンテスと同時代の一六世紀に活躍したロペ・デ・ベガは、「私は男だ、身分は低いが、血がきれいで、ユダヤ人やムーア人の血が混じっていない」と書いている。

このような階級を超えた考え方は、北アメリカのイギリス植民地時代の入植者の子孫の姿勢にも見られる。これは、合衆国やアフリカでの植民地事業の本質的なイデオロギーである白人至上主義の起源となった、想像上の人種的同一性に基づく階級の平準化の、最初の例である。エリー・ヴィーゼルの有名な言葉にあるように、アウシュビッツへの道は、キリスト教の初期の時代に舗装されていた。歴史学者のデビッド・スタナードは、『アメリカン・ホロコースト』の中で、同じ道が合衆国の中心部をまっすぐに通っていたと付け加えている。[10] 白人至上主義のイデオロギーは、土地所有者と土地を持たない者の階級的対立を中和し、イベリア半島のムーア人やユダヤ人、アルスター地方のアイルランド人、アメリカ先住民やアフリカ人などから没収した土地や財産を分配するのに最も重要であった。

スペインから一世紀後に、海外の植民地を持つ宗主国となったイギリスは、スペインの人種的カースト制度の側面を吸収して、植民地主義を正当化した。特にアフリカの奴隷制度については、選ばれた人々が新しいエルサレムを建設して大きくすることを夢見るというプロテスタントの文脈で吸収したのである。しかしイギリス人は、スペインの植民地化の習慣や経験をそのまま取り入れただけではなかった。彼らには、海外帝国主義を構成するような経験があった。一七世紀初頭、イギリス人はアイルランドを征服し、北部の五〇万エーカーの土地を入植に開放することを宣言した。初期の入植者植民地主義に貢献した入植者たちは、主にスコットランド西部からやってきた。イングランドは、それまでにもウェールズやスコットランドを征服していたが、アイルランドのように、これほど多くの先住民を追い出し、その代わりに入植者を植え付けようとしたことはなかった。古代アイルランドの社会制度は組織的に攻撃され、伝統的な歌や音楽は禁止された。また一族全体が駆逐され、残った者は残虐な扱いを受けた。「野生のアイルランド人」の保留地も試みられた。アルスターの「入植地」は、アイルランドで何世紀にもわたって断続的に行われてきた戦争の集大成であると同時に、出発点でもあった。一六世紀、アイルランドのマンスター州の責任者であるハンフリー・ギルバート卿は、次のように命じた。

その日に殺されたすべての者（その種類は問わない）の首は、体から切り離されて、彼（ギルバート）が夜営していた場所に運ばれた。そこで首は彼の天幕に通じる道の両側の地面に並べられ、いかなる理由であれ、誰も彼の天幕に入ることができないようにした。だがふだんは、威嚇する目的で作った首の道を彼は通らなければならない。……人々は、自分の父親、兄弟、子供、親戚、友人の首を見て、大変な恐怖を感じた。[11]

イギリス政府は、アイルランド人の首に報奨金を支払った。後には頭皮や耳だけが求められるようになった。一世紀後の北米では、同じようにインディアンの首や頭皮が懸賞金として持ち込まれた。アイルランド人はイギリス人と同様に「白人」であったが、彼らを異質な他者として駆除すべき存在に変えてしまったことは、それが同じように北米の先住民やアフリカ人に適用されて、人種主義として認識されるようになるきっかけとなった。

この時期、イスラム教徒に対するキリスト教の十字軍も、イギリスのアイルランド侵略も、宗教戦争から植民地主義のジェノサイドへと移行していることが明らかだ。イギリスの植民地支配下にあったアイルランド人は、二〇世紀に入っても、生物学的に劣っているとみなされ続けた。一九世紀半ば、社会ダーウィン主義の影響を受けたイギリス人科学者たちは、アイルランド人（およびすべての有色人種）は猿の子孫であり、イギリス人は神が「自分に似せて」創った「人間」の子孫であるという説を唱えた。つまり、イギリス人は「天使」であり、アイルランド人（およびその他の植民地の人々）は下等な種族であり、今日、合衆国の「クリスチャン・アイデンティティ」〔北欧の祖先を持つ人々のみが古代イスラエル人の子孫であるという考えを持つ、キリスト教の白人至上主義運動〕の白人至上主義者は、彼らを進化の過程の劣った産物である「マッドピープル」と呼んでいる。[12] アルスターの植民地化を担当していたハンフリー・ギルバート卿は、一五八三年の夏、ニューファンドランドに北米初のイギリス植民地を建設した。

合衆国成立に至るまで、プロテスタントは政治的・宗教的イデオロギーの一環として白人至上主義を独自に洗練させていった。

終末の物語

歴史家の間では現在、一四九二年以降のアメリカ大陸で起きた、先住民からヨーロッパ系アメリカ人への土地の大規模な移動は、ヨーロッパ人の侵略、戦争、物質的な獲得欲というよりも、侵略者が知らず知らずのうちに持ち込んだ細菌によるものだと考えられている。歴史学者のコリン・キャロウェイはこの説の支持者のひとりで、「ヨーロッパからの侵略者が持ち込んだものであれ、ネイティブ・アメリカンの商人が持ち帰ったものであれ、伝染病はアメリカ大陸で大規模な過疎化を引き起こしただろう」と書いている。[13] このような絶対主義的な主張は、先住民にとって他の運命があり得ないことを意味する。キャロウェイ教授は、慎重で広く尊敬されている北米先住民の歴史家であるが、彼の結論はデフォルト（既定）の仮定を明確にしている。この仮定の背後にある考え方は、ヨーロッパ自身が中世のパンデミックで人口の三分の一から二分の一を感染症で失ったという点から見ても、非歴史的であり、非論理的なものである。コンセンサスの見解が間違っており、非歴史的である最大の理由は、スペインの「レコンキスタ」（再征服）やイギリスによるスコットランド、アイルランド、ウェールズの征服を前身とする入植者植民地主義の影響を消していることだ。スペイン、ポルトガル、イギリスがアメリカ大陸を植民地化した頃には、民族を根絶やしにしたり、従属や隷属を強要する方法が定着し、合理的で効果的なものになっていた。病気で済むのなら、なぜヨーロッパの植民者たちが合衆国で、先住民から奪った土地を少しでも多く手に入れるために、先住民との絶え間ない戦争を行う必要があったのかが明らかではない――約三〇〇年に及ぶ植民地戦争の後、東半球の独立共和国諸国は続けて戦争を行った。

植民地化以前の先住民の人口規模については意見が分かれているが、一六世紀から一七世紀にかけて急激な人口減少が起こったことは誰も疑っていない。減少した時期は、征服と植民地化が始まった時期によって地域ごとに異なる。植民地化事業の開始後、アメリカ大陸のほぼすべての人口地区が九〇パーセント減少し、対象となるアメリカ大陸の先住民の人口は一億人から一〇〇〇万人にまで減少した。人類史上最も過酷な自然災害と言われ、ジェノサイドと呼ばれることは少なかったにもかかわらず、二〇世紀半ばに先住民の運動が高まるにつれて、疑問視されるようになった。

合衆国の学者ベンジャミン・キーンは、歴史家たちが「インディアンの人口減少について、「伝染病と獲得免疫の欠如」という宿命論的な説明を無批判に受け入れており、わずかな感染症にもかかりやすい社会経済的要因に十分な注意を払っていない」と認めている。[14] 他の学者も同じ意見だ。地理学者のウィリアム・M・デネヴァンは、蔓延した伝染病の存在を無視するわけではないが、病気の致命的な影響を強めた戦争の役割を強調している。ヨーロッパの国々と先住民の間で直接行われた戦争もあったが、アイルランド、アフリカ、アジアの人々を植民地化したときのように、ヨーロッパの権力者が先住民のネーション内で派閥同士を戦わせ、ヨーロッパの同盟国が一方または両方を支援するというケースも多くあった。デネヴァンは、鉱山での過労、頻繁に行われる虐殺、先住民の交易網の崩壊による栄養失調と飢餓、自給自足の食糧生産と土地の喪失、生きる意欲や生殖能力の喪失（そのための自殺、中絶、嬰児殺し）、国外追放と奴隷化なども死因として挙げている。[15] 人類学者のヘンリー・ドビンスは、先住民の交易網が途絶えたことを指摘している。植民地化した勢力が先住民の交易路を奪うと、食料品をはじめとする深刻な食糧不足に陥り、住民は弱体化し、先住民の製品に代わってヨーロッパの製品が使われるようになり、植民地化に依存せざるを得なくなった。ドビンスは、すべての先住民グループが四年に一年の割合で、深刻な食糧不足に陥っていたと推定している。このような状況下で行われた、アルコールの導入と促進は、依存性と致死性をもたらし、社会秩序と責任感の崩壊に拍車をかけた。[16] これらの現実は、アルコールを含めて「免疫力がない」という神話を致命的なものにしている。

歴史学者のウッドロー・ウィルソン・ボラは、太平洋諸島、オーストラリア、中米西部、西アフリカでも過疎化をもたらしたヨーロッパの植民地化というさらに広い分野に注目した。[17] シャーバーン・クックは、ボラとともに修正主義的と言われていたバークレー校に所属し、カリフォルニア・インディアンの殺害計画を研究した。クックは、一八世紀末のスペイン人との武力衝突で、北カリフォルニアのウィントゥ、マイドゥ、ミワク、オモ、ワッポ、ヨクツの人々が二二四五人死亡して、約五〇〇〇人が病死し、さらに四〇〇〇人が布教本部に移されたと推定している。一九世紀後半には、そこで、合衆国軍が四〇〇〇人を殺し、さらに六〇〇〇人が病気で亡くなった。一八五二年から一八六七年の間に、合衆国市民はカリフォルニアで、これらのグループから四〇〇〇人のインディアンの子供を誘拐した。このような状況下で先住民の社会構造が崩壊し、経済的に困窮すると、多くの女性が金鉱キャンプで売春をせざるを得なくなり、母系社会に残っていた家族生活の痕跡がさらに失われていった。[18]

既定の仮定の支持者は、同じような致命的な原因があったにもかかわらず、病気による消耗を強調している。そうすることで、合衆国の植民地化が、単に病気に対する免疫を持たない集団の悲劇的な運命ではなく、計画的なジェノサイドであったことを認めようとしないのである。ユダヤ人のホロコーストの場合、ナチスの監禁下で飢餓、過労、病気で死んだユダヤ人の数が、ガス室で死んだ数よりも多いことを否定する人はいないが、そのような死をもたらした状況を作り出し、維持した行為は明らかにジェノサイドである。

人類学者のマイケル・V・ウィルコックスは、「もし考古学者が、コロンブスから五〇〇年後に、子孫のコミュニティの消滅や周縁化ではなく、存在し続けていることの説明を求められたらどうだろうか?」と問いかける。コックスは、彼が「ターミナル・ナラティブ」(終末の物語)と呼ぶもの、つまり「インディアンの歴史について、インディアンの人々の不在、文化的死、消滅を説明する説明」を積極的に解体することを呼びかけている。(19)

ゴールド・フィーバー(金鉱熱)

金を求めて、コロンブスはカリブ海の多くの島々に到達し、地図を作成した。まもなく、十数人の兵士=商人が北マリタイムから南アメリカの先端までの大西洋沿岸を地図にした。イベリア半島からは、商人、傭兵、犯罪者、農民などがやってきた。彼らは、先住民の土地や財産を奪い、その地域をスペインとポルトガルの国家の延長線上にあると宣言した。こうした行為は君主国によって追認され、ローマ・カトリック教会の教皇の権威によって承認された。一四九四年のトルデシリャス条約では、グリーンランドから南へ、現在のブラジルを通る線で、スペインとポルトガルが「新世界」を分割した。この条約は「発見の教義」と呼ばれ、この線より西の世界はスペインが、東の世界はポルトガルが征服することができるとされた。

この間の話はよく知られている。一四九二年、コロンブスはアラゴン王フェルディナンドとカスティーリャ王妃イサベルの要請を受けて、三隻の船で最初の航海に出た。一四六九年にフェルディナンドとイサベルが結婚したことで、両王国は合併し、後のスペイン国家の中核となった。コロンブスは「エスパニョーラ」(現在のドミニカ共和国とハイチ)に四〇人の部下による植民地を作り、先住民の奴隷と金を手にしてスペインに戻った。一四九三年、コロンブスは一七隻の船と一〇〇〇人以上の人員、それに物資を携えてカリブ海に帰ってきた。コロンブスは、最初の旅で残した部下が、その後、先住民に殺されていたことを知った。コロンブスは別の集落を作った後で、アラワクの奴隷四〇〇人を連れてスペインに戻った。一四九八年、コロンブスは七隻の船で再びカリブ海に帰り、現在のベネズエラに到達した。一五〇二年には四回目の最後の航海を行い、今度は中米のカリブ海沿岸を訪れた。一五一三年にはバスコ・ヌニェス・デ・バルボアがパナマ地峡を横断し、アメリカ大陸の太平洋岸の地図を作成した。一五一三年、フアン・ポンセ・デ・レオンがフロリダ半島をスペイン領だと主張した。一五二一年には、三年間にわたるアステカの大虐殺と国家の転覆を経て、エルナンド・コルテスがメキシコを「ニュースペイン」として宣言した。メキシコの抵抗勢力の壊滅と並行して、フェルディナンド・マゼランによる南米大陸の大西洋岸の探検と地図の作成が行われ、その後、スペインはアンデスのインカとの戦争に突入した。メキシコでもペルーでも、コンキスタドール(新大陸征服者)は金や銀で作られた精巧な美術品や彫像を没収し、それを溶かして貨幣に使用した。同時期、ポルトガル人は現在のブラジルを荒廃させ、奴隷となった何百万人ものアフリカ人を南米に送り込み、利益の上がる大西洋の奴隷貿易を開始した。

このような財産の蓄積の影響は、ヨーロッパやイギリスの小作農に破滅的な事態をもたらした。小作農は貧困に陥り、依存心の強い労働者は都市のスラム街に押し込められた。人類史上初めて、ヨーロッパの大多数の人々が少数の富裕層に生活を依存するようになり、この現象は資本主義に基づく植民地主義によって世界中に広まっていった。その象徴が金であり、通貨だった。金の熱は、最初は金の原石を求めて組織され、植民地化のための冒険的事業を動かした。その後、金の追求はより洗練されたものとなり、入植者や商人たちは、できるだけ多くの金を蓄えるために必要な条件を整えていった。このようにして、現実には役に立たないにもかかわらず、金には固有の価値があると信じるイデオロギーが生まれた。投資家や君主、国会議員たちは、富の蓄積とそれに伴う権力で人々を支配する方法を考案したが、ゴールド・フィーバーの背景にあるイデオロギーは入植者たちを動員し、未知の運命へ向かって彼らに大西洋を渡らせた。社会や文明を征服し、ネーション全体を奴隷化し、村単位で人々を虐殺することは、決して高い代償ではなく、非人道的なことでもなかった。植民地化のシステムは近代的で合理的だった。だが、その思想的基盤は狂気だった。

3　契約のカルト

あなたが見ているすべての土地を、私はあなたとあなたの子孫に永久に与えるであろう。

――『創世記』（一三―一五）

私は、あなたとあなたの子孫との間に永遠の契約を結び、あなたとあなたの子孫の神となろう。

――『創世記』（一七―七）

原始的な荒野の神話

北米で植民地主義が始まると、土地の支配権は先住民から奪い取られ、森林が密生したため、後にヨーロッパからやってきた入植者は、かつては土地が耕作され、景観が整えられて手入れが施されていたことに気づかなかった。放置されたトウモロコシ畑は、雑草や茂みが生えていた。ニューイングランドでは、入植者たちが木を切り倒し、ほとんど何もない風景になってしまった。(1) ある地理学者は、「逆説的に見えるかもしれないが、一八五〇年には一六五〇年よりもはるかに多くの「原生林」があったことは間違いない」と指摘している。(2) ネイティブの生息地管理を目の当たりにしたアングロサクソン系アメリカ人は、彼らが見たものを誤解していた。一八五〇年代に大草原を旅したキャプテン・ジョン・パリサーは、インディアンが「最もつまらない、役に立たない理由で大草原に火をつけるという悲惨な習慣」を訴えた。一九三七年、ハーバード大学の博物学者ヒュー・ラウプは、昔から書かれていた「公園のように開けた森」は「太古の昔から北アメリカの広大な地域に特徴的なもの」であり、人間が管理した結果ではないと主張した。[3]

合衆国の建国神話では、植民地の人々は、広大な土地を、ほとんどそれを利用していなかった無知な人々――それはピューリタンの労働倫理に対する許しがたい冒涜だ――から手に入れたとされている。しかし歴史的な記録によれば、ヨーロッパの植民者たちが、政府、商業、芸術、科学、農業、技術、神学、哲学、制度が複雑に発達した大小のネーションの大きなネットワークを押しのけたことは明らかだ――ネーションはお互いに、そして彼らを支える環境と、洗練された関係を維持していた。ヨーロッパから来たイギリス人が北米に入植し始めた一七世紀初頭には、ウィリアム・デネヴァンが言うように、先住民の人口は多く、「ほとんどすべての場所で人間化された風景」がすでにできあがっていた。[4] 先住民たちは、町並み、農場、記念碑的な土塁、道路網などを作り、世界でも有数の複雑さを誇るさまざまな政府を構築した。彼らは洗練された政府の哲学、外交の伝統、国際関係の政策を発展させた。彼らは、アメリカ大陸の陸地と水路を横断する道を使って貿易を行った。ヨーロッパ人がやってくる前の北米は、まさに「村の大陸」であり、同時に「ネーションの大陸」、「ネーションの連合体」でもあった。[5]

多くの人が、北米が未開発で道路もなく、未開の荒野であったならば、ヨーロッパ人の入植者たちは生き残れなかっただろうと指摘している。彼らは、先住民の文明がすでに作ったものを流用した。すでに耕作されていた農地や、何世紀にもわたって栽培化されてきたトウモロコシ、野菜、タバコなどの作物を盗み、先住民のコミュニティが整備してきた鹿の公園を支配し、征服のために軍隊を移動させる既存の道路や水のルートを利用し、水や牡蠣の養殖場、薬草の場所を特定するために捕らえた先住民に頼った。歴史学者のフランシス・ジェニングスは、「アメリカは未開の地、すなわち荒野であり、野蛮人と呼ばれる非人間が住んでいた」という神話に立ち向かっていた。

ヨーロッパの探検家や侵略者は、人が住んでいる土地を発見した。なぜなら、一六世紀から一七世紀にかけてのヨーロッパの技術や社会組織には、自国から何千キロも離れた前哨植民地を、自国の資源で維持するだけの能力がなかったからである。真の荒野を征服することはできなかったが、ヨーロッパ人は他人を征服する技術には長けており、それを実行した。彼らは未開の地を開拓したわけではない。住民を侵略し、追い出したのである。

これはあまりにも単純な事実であり、自明のことのように思われる。(6)

カルヴァン主義者の起源物語

現代の国民国家はすべて、愛国心や国家への忠誠心の根拠となる、ある種の合理化された起源の物語を主張している。近代国家の国民と人類学者や歴史学者が「原始的」と思われる社会を見るとき、彼らはそこに自分たちの「起源神話」を見つける。それは古風で愛らしい、しかし空想的で「現実」に根ざしていない物語だ。それなのに、合衆国の学者の多くは、自国の建国物語を同じように客観的に検証することができない(あるいはしたくない)ようである。合衆国は、起源神話を作っている国家の中で特別な存在ではないが、国民の多くは国民国家の中で例外的な存在であると信じており、この例外主義的な考え方が、大陸を占領し、世界の他の地域を支配することを正当化するために用いられてきた。また、ヘブライ語で書かれたトーラーの契約（キリスト教では旧約聖書に含まれる）に基づいて設立された数少ない国家のひとつである。他の契約国家は、イスラエルと、今はそうではないアパルトヘイト国家の南アフリカで、いずれも一九四八年に設立されている。[7] これらの三つの契約国家の起源は、ユダヤ・キリスト教の聖典に基づいているが、神政国家として設立されたわけではない。神話によれば、忠実な市民が自らの意志で集まり、互いに神に誓って神的な社会を形成し、それを支えることを誓い、神は約束の地での繁栄を保証するというものである。

聖典の影響は、北米にある最初のイギリス植民地の創設者たちが参考にした西洋の社会的・政治的思想家の多くに浸透していた。歴史学者のドナルド・ハーマン・エイケンソンは、「ある社会が、その発展のある時代に」、聖典に指針を求めてきたことを指摘し、それを「人間の遺伝子コードが生理的に作用する」ことになぞらえている。「つまり、この偉大なコードは、ある程度、人々が何を信じ、いつ考え、何をするかを直接的に決定してきた[8]」。両親が移民である南アフリカ共和国の市民ダン・ジェイコブソンは、次のように観察している。

イスラエル人やニューイングランドのカルヴァン派の仲間たちのように、［ボーア人は］自分たちが神に召されて荒野をさまよい、異教徒と出会って打ち破り、神に代わって約束の地を占領すると信じていた。…歴史上避けられない義務を果たすために、神の命令によって召集されたという感覚は、ボーア人から決して離れることはなく、彼らの強さと弱さの両方に貢献してきた。[9]

北米の最初の植民地を建設し、そして後に合衆国を建国した人々も、歴史を作るための天与の機会があることを同様に感じていた。実際、エイケンソンが指摘するように、「西欧社会が歴史的に考える方法を学んだのは聖典からである」。聖約イデオロギーによれば、歴史の重要な瞬間は、「異質な、実際には邪悪な力から「土地」を勝ち取ることにある」[10]。

ヘブライ語の聖典と契約の思想をヨーロッパのキリスト教徒に伝えた主な人物は、フランスの宗教改革者であるジョン・カルヴァンである。彼の教えは、ヨーロッパによるアメリカ大陸への侵略と植民地化の到来に重なっていた。ピューリタン（清教徒）はマサチューセッツ湾植民地の設立にカルヴァン派の思想を取り入れ、同じ時期に、喜望峰に入植したオランダのカルヴァン派の人々は、やはり南アフリカの植民地の設立にカルヴァン派の思想を導入した。カルヴァン主義は、プロテスタントのキリスト教運動であると同時に、分離独立の政治的要素を強く持っていた。カルヴァンは、宿命の教義に基づき、人間の自由意志は存在しないと説いて、ある特定の人は神に「召され」、「選ばれた人」であるとした。したがって、救いは個人の行動とは無関係であり、人は神の意志によって選ばれた者として生まれてくるか、そうでないかが決まっている。自分が選ばれているかどうかはわからないが、外見上の幸運、特に物質的な豊かさは、選ばれていることの表れであると考えられていた。逆に、不運や貧困、そして黒い肌は、天罰の証拠とされた。「侵略してきた植民地の人々にとって、このような教義が魅力的であることは明らかだ」とエイケンソンは述べている。「なぜなら、原住民は永遠に不敬で呪われた存在であり、自分自身は美徳の宿命を帯びていると容易に定義できるからだ[11]」。

秩序ある社会の法律を守ることができるかどうかも義認〔神によって人が義と認められること〕の証し

であることから、カルヴァンは市民が合法的な権威に従う義務を説いた。実際、その権威が劣った指導者に宿っていたとしても、市民はそうすべきであると説いたのである（「正しかろうと間違っていようとわが国」のもととなるものの一つ）。カルヴァンは、ユグノーの信奉者たちを率いて国境を越えてジュネーヴに入り、一五四一年にジュネーヴの政治を掌握して共和国を樹立した。カルヴァン派の国家は、生活のあらゆる面で詳細な法律を制定し、それを執行する役人を任命した。カルヴァンによる旧約聖書の解釈を反映したもので、反対者は共和国を追放され、拷問や処刑を受ける者もいたという。

合衆国憲法は、多くの合衆国市民にとって神との契約を意味しているが、合衆国の起源物語は、一六二〇年一一月に百数十人の乗客を現在のマサチューセッツ州ケープコッドに運んだメイフラワー号にちなんで名付けられた、プリマス植民地の最初の統治文書である「メイフラワー誓約」に遡る。「巡礼者《ピルグリム》」のうち四一人（全員男性）がこの誓約書を書き、これに署名した。神の名を唱え、国王の忠実な臣民であることを宣言した署名者たちは、イギリス人が北米の東海岸を「バージニア」と呼んでいたが、その北部に「最初の植民地を築くため」に旅をしてきたことを宣言し、「植民地の一般的な利益のため」に制定された「公正かつ平等な法律」によって統治されるために、「市民的な政治体として互いに結合することを誓い、そのためにあらゆる正当な服従と従順を約束する」と述べた。一六三〇年に設立されたマサチューセッツ湾植民地の最初の入植者たちは、渡航前にイギリスでデザインされた公印を採用した。中央の画像には、裸に近い先住民が無害でお粗末な弓矢を持っている様子が描かれており、そこには「私たちを助けに来てください」と書かれていた。[12] その約三〇〇年後、「米西戦争」（プエルトリコ、キューバ、フィリピンへの侵攻と占領）の米軍退役軍人の公印には、米軍の戦艦を背景に、武装した米兵と水兵の前に跪く裸の女性が描かれている。このような利他的なテーマは、二一世紀初頭になっても、合衆国が救助を名目に各国に侵攻する際に繰り返されている。

他の近代的な立憲主義国家では、憲法は生まれては消えていくものであり、愛国心の強い合衆国市民が憲法を崇拝するように神聖視されることはない。イギリスには文書による憲法はない。マグナ・カルタ（大憲章）がそれに近いかもしれないが、それは契約を反映したものではない。合衆国市民は、イギリス人から憲法に対するカルト的な信奉を受け継いだわけではない。ピルグリムから合衆国の建国者、そして現在に至るまで、契約の概念が文化的に存続し、合衆国の愛国心の基盤となっていることは、国民のアイデンティティの発展におけるメインコースから逸脱している。一九四八年のイスラエルの誕生も、南アフリカの国民党支配の到来も、合衆国の建国を模倣したものだと言えるだろう。確かに多くの米国人は、アフリカーナ政権下の南アフリカのように、イスラエルという国を身近に感じている。愛国心の強い合衆国の政治家や市民は、「例外主義」を誇りにしていた。歴史家や法理論者は、合衆国の国家運営や帝国を、特定の階級や利益集団に支配されたものではなく、「法の国」として特徴づけており、ある種の神聖さを示唆している。

合衆国憲法、メイフラワー誓約、独立宣言、「建国の父」たちの著作、リンカーンのゲティスバーグ演説、〔米国民の米国に対する〕忠誠の誓い、さらにはキング牧師の「私には夢がある」の演説などが、合衆国の国教を表す神聖な文書として契約に結び付けられている。二一世紀初頭に顕著に見られたのは、憲法修正第二条の神聖性に基づいて急成長した「銃ロビー」（銃規制反対団体）である。このような憲法修正第二条の信奉者の先頭に立っているのは、昔の入植者の子孫たちだ。彼らは、自分たちは「人民」

を代表しており、神から与えられた契約に従わない政府を打倒するために武器を持つ権利があると言う。

政治家、ジャーナリスト、教師、そして専門の歴史家までもが、合衆国は「移民の国」であることをマントラのように唱えている。合衆国は建国当初から、先住民を「浄化」した征服地に再び人を住まわせるために、移民を歓迎し、しばしば勧誘し、賄賂を贈ってきた。一九世紀半ばには、鉱山労働者、森林伐採者、運河や鉄道の建設者、労働搾取の工場や製造所、商業用農地での労働者として移民が募集された。二〇世紀後半になると、技術者や医療従事者が募集される。彼らが正式な市民権を得るための条件は単純で、市民権の誓いを立てて神聖な契約を遵守することだった。そして国旗への忠誠を誓い、契約外の人々を、自分たちを受け入れてくれた例外的な国〔合衆国〕の敵、または潜在的な敵と見なすことだった。合衆国が人々を受け入れるのは、多くの場合、飢餓や戦争、抑圧から逃れた後だったが、それを引き起こしたのは、他ならぬ合衆国の軍国主義や経済制裁であることが多い。しかし、移民がどれほど努力して、もともとの入植者の子孫と同じように勤勉で愛国心があることを証明しても、また、「多くから作られたひとつ」〔多数の植民地が集まってひとつの国家になったことを表す〕のレトリックにもかかわらず、彼らは疑われる。おそらくより重要なこととして、彼らが劣っていると判断する側の人々には、イギリスからの一五年間の独立戦争で戦った人々だけでなく、独立の前後に、この土地を獲得するために戦い、〔インディアンの〕血を流した人々が含まれている。彼らは、イギリス人のピルグリム、スコットランド人、スコットランド系アイルランド人、ユグノーのフランス人など、カルヴァン派の人々の子孫であり、独立した合衆国が誕生する前に、神聖な契約で自分たちに与えられた土地を手に入れたのである。アパラチア山脈を越えて、肥沃なオハイオ渓谷に戦いを挑んだ入植者たちであり、彼らこそが国のために血の犠牲を要求した者たちだった。移民が受け入れられるためには、この契約とそれが支持するものへの忠誠を証明しなければならない。

入植者植民地主義とアルスター・スコット

開拓地の入植者の中心となったのは、アルスター・スコットと呼ばれるスコットランド系アイルランド人、つまり、彼らが自称しているように「スコッチ・アイリッシュ」だった。[13] 通常、これらのスコットランド系アイルランド人の子孫は、彼らの祖先がアイルランドからイギリスの植民地に来たと言うが、彼らの旅はもっと遠回りであった。スコットランド系アイルランド人とは、スコットランド出身のプロテスタントで、北アイルランドのアルスター州の六つの郡に、イギリスが入植者として採用した人たちだ。イギリスは、一七世紀初頭にアイルランドからこの五〇万エーカーの土地を接収し、先住民であるアイルランド人農民を追い出して、イギリスの保護下で入植者に開放した。これは、イギリスが北アメリカの大西洋岸に二つの植民地を作り、入植者による植民地主義が始まった時期と重なる。初期の入植者たちは、主にスコットランドの低地から来ていた。スコットランドでは、ウェールズとともに、イングランド拡大の手始めとしてアイルランドの植民地化が進められていた。イギリスが北米の先住民の土地を植民地化したのは、北アイルランドを植民地化したことがその伏線になっていた。一六三〇年までにアルスターに入植した二万一〇〇〇人のイギリス人（一部ウェールズ人を含む）と一五万人の低地スコットランド人は、当時の北米全体のイギリス人入植者よりも多かった。一六四一年には、先住民であるアイルランド人が反乱を起こし、入植者一万人が殺害されたが、その後も、プロテスタントのスコットランド人入植者は続々と流入した。以前アイルランドだった地域では、彼らが人口の過半数を占めるようになった。入植者たちは、スコットランド人のジョン・ノックスが提唱したカルヴァン主義の契約思想を持ち込んだ。その後、同じくスコットランド人のジョン・ロックは、契約の考え方を世俗化して、個人が同意によってのみ自由を犠牲にするという「契約」、すなわち社会契約を制定した。知らぬ間に効果を発揮していた例である合衆国の経済システムは、ロックの理論に基づいている。[14]

つまり、アルスター・スコットは、一八世紀初頭に北米のイギリス植民地へ流れ込んできた入植者たちの隊列に加わる前から、すでに熟練した入植者として植民地主義者であり、その多くは年季奉公人だった。アメリカ先住民と出会う前に、アルスターの入植者たちは、先住民であるアイルランド人を犠牲にして、報奨金目当ての頭皮狩りの方法を完成させていた。この章と次の章で示すように、スコットランド系アイルランド人はイギリス帝国建設の歩兵であり、彼らとその子孫は、北米における「西進運動」、つまりアメリカ大陸帝国の拡大とその住民の植民地化の突撃部隊を形成していた。彼らはカルヴァン主義者（主に長老派）として、それまでのピューリタン入植者のカルヴァン主義に加わるとともに、それを合衆国入植者層の独自のイデオロギーに変換した。[15]

歴史上の大移動のひとつとして、一七一七年から一七七五年の間に、二五万人近いスコットランド系アイルランド人がアルスターからイギリス領北アメリカへと旅立った。宗教上の理由で出発した人もいたが、大半はイギリスのアイルランド政策をめぐる争い——その結果、アイルランドの羊毛と麻の産業は壊滅的な打撃を受けた——に敗れた人たちで、さらに干ばつが続いたため、入植者たちはやむなく土地を離れて大西洋を渡った。これは、ヨーロッパの入植者による植民地支配のモノポリーゲーム（サイコロを振って土地に見立てた盤上のマスを「独占」するゲーム」で、移民の大半が土地のない敗者になってしまう、北米での入植者の旅で何度も繰り返されたストーリーである。

アルスター・スコットの入植者の大半は現金がなく、北米への渡航費を工面するために年季奉公しなければならなかった。入植後、彼らはおおむね兵士入植者となった。大半はペンシルベニア州に上陸したが、すぐに多くの人々が南部の植民地やイギリス植民地の西の境界線である奥地に移住し、先住民の未許可の土地に不法占拠した。開拓地の入植者の中には、イギリス系やドイツ系の入植者に混じって、スコットランド系アイルランド人が多く含まれていた。大半は土地を持たず貧しいままだったが、一部の人々は商人や奴隷を使ったプランテーションのオーナーになり、政治的にも力を持つようになった。民主党の創設者であるアンドリュー・ジャクソンから、ロナルド・レーガン、ブッシュ父子、ビル・クリントン、そしてバラク・オバマの母方まで、一七人の合衆国大統領がアルスター・スコットの血を引いている。セオドア・ルーズベルトは、スコットランド系アイルランド人の祖先を「厳格で、男らしく、大胆で、頑強な人々で、西に向かって前進するわが民族の先駆者であるアメリカ人の核を形成した」と評している。[16] スコットランド系アイルランド人たちは、大統領、教育者、ビジネスマンであることと同様に、個人主義の強い価値観（戦争における栄光の神聖さを含む）を育んだ。彼らは正規軍の将校や兵士を構成していたが、中には先住民の農民を駆逐し、彼らの町を破壊することで入植地を開拓した辺境の民兵もいた。

イギリスとフランスの間で起こった七年戦争（一七五四―六三）は、ヨーロッパと北米の両方で戦われたが、イギリスの植民地では、主にイギリスがフランスと同盟を結んだ一部の先住民と戦ったことから、「フレンチ・インディアン戦争」と呼ばれた。イギリス植民地の民兵は、スコットランド系アイルランド人の開拓者たちが中心で、彼らは、オハイオ渓谷の先住民の農地を手に入れようとしていた。合衆国の独立時には、アルスター・スコットは一三植民地の人口の一五パーセントを占め、そのほとんどが奥地に住んでいた。イギリスからの独立戦争では、スコットランドから直接移住してきた入植者の多くは、イギリス王室に忠誠を誓いイギリス側で戦った。一方、スコットランド系アイルランド人は独立闘争の先頭に立ち、ワシントンの戦闘部隊のバックボーンとなった。バレーフォージ〔アメリカ独立戦争中の一七七七年から一七七八年の冬、ジョージ・ワシントン将軍麾下の大陸軍が宿営地とした場所〕では、兵士の名前のほとんどがスコットランド系アイルランド人だった。彼らは自分たちを、そしてその子孫たちを、独立を確保し、先住民の土地を獲得するために血の川を流し、大陸中に血の足跡を残しながら、後者に対する血の権利を獲得した真の愛国者だと考えている。[17]

一八世紀最後の二〇年間、スコットランド系アイルランド人の一世と二世は、オハイオ渓谷、ウェスト・バージニア、ケンタッキー、テネシーへと西に向かって流入し続けた。彼らは西方への移住者の中で最大の民族であり、スコットランド系アイルランドのやり方の多くを維持していた。彼らは三、四回の移住を繰り返し、土地を獲得したり失ったりしながら、少なくとも永続的に定住する傾向があった。スコットランド系アイルランド人の入植者は、探検家や毛皮商人ではなく、圧倒的に農民だった。彼らは、森を切り開き、丸太小屋を建て、インディアンを殺し、新生合衆国のために人間の壁を形成し、戦時にはその戦闘能力を有効に活用した。歴史家のカール・デグラーは、「このような頑健で信心深いカルヴァン主義者たちは、自らを植民地文明の人間の盾とした[18]」と書いている。次の章では、彼らが完成させた対反乱作戦が、二一世紀に入ってから、合衆国軍国主義の基礎となったことを考察する。

スコットランド系アイルランド人のカルヴァン派宗教である長老派は、ニューイングランドの会衆派教会に次ぐ信仰者数を誇っていた。しかし開拓地では、スコットランド系アイルランド人の正統な長老派教会への信仰は薄れていった。福音主義〔教会ではなく聖書に権威を認めるルターのプロテスタント運動〕の新芽がカルヴァン主義の教義を再構築し、長老派のヒエラルキーを分散させて排除したのである。スコットランド系アイルランド人は、自分たちを神に選ばれた契約の民であり、新しいイスラエルを建設するために荒野に行くことを命じられたと考え続けていたが、彼らの子孫が考えるように、自分たちを本当に正真正銘の愛国者であり、血の犠牲によって土地を手に入れる権利があるとも考えていた。

神聖な土地が不動産に

北米で血を流して獲得した土地は、必ずしも世代を超えて受け継がれていく農場のための、特定の区画として考えられていたわけではない。土地のために戦った入植者の多くは、ほぼ世代ごとに移動していった。南部では、多くの人が土地会社に所有権を奪われ、その土地会社は、奴隷が働くプランテーションの規模を拡大しようとするプランター（大農場主）に土地を売った。アフリカ人の奴隷による無報酬の強制労働がなければ、換金作物を栽培する農家は市場で競争することができなかった。入植者の手に渡ると、土地そのものは、先住民にとってのように神聖なものではなくなった。それどころか、土地は私有財産であり、手に入れたり売ったりする商品で、誰もが王様になれたし、少なくとも富裕層になれる可能性があった。その後、アングロサクソン系アメリカ人が大陸を占領し、その多くを都市化したとき、土地の探求と私有財産のすばらしさは、家が建っている土地に限定され、「土地」は、国歌の「自由の地」やウディ・ガスリーの「この国《ランド》はあなたの国」のように、国、国旗、軍隊を意味するようになった。外国の戦争で戦って死んだ人たちは、昔の入植者が血を流して手に入れた「この土地」を守るために、自分の命を犠牲にしたのだと言われた。しかし血を流したのは、ほとんどが先住民だった。

このような人々は、国家の神話のベースとなっている入植者であり、最終的には土地や大陸を奪うための使い捨ての大砲のような存在で、帝国の歩兵であって、トーマス・ジェファーソンが理想化した「ヨーマン・ファーマー〔独立自営農民〕」だった。彼らは支配階級ではなかったが、何人かはそれをすり抜け、後に支配階級に引き抜かれて、選挙で選ばれた議員や軍人となり、それによって階級のない社会と民主的な帝国の体面を保っていた。帝国の創設者は、イギリスの貴族、奴隷所有者、大地主、あるいは奴隷貿易や、奴隷となったアフリカ人が生産した輸出品や財産売却に依存して成功したビジネスマンだった。入植者層の子孫は、圧倒的に長老派やその他のカルヴァン派プロテスタントが多く、支配者層に受け入れられると、たいていは米国聖公会員となり、国教であるイギリス教会に連なるエリート教会のメンバーとなった。このように、入植者が土地を獲得・維持するために行った血なまぐさい行為を見ていくと、社会階級の背景が欠かせない要素になってくる。

4 血塗られた足跡

軍隊が誕生してから最初の二〇〇年間、アメリカ人は、現代の職業軍人が嫌うと思われる戦争術に頼っていた。敵の村や野原を破壊し、敵の女性や子供を殺し、集落を襲撃して捕虜を獲得し、敵の非戦闘員を威圧して残忍に扱い、敵の指導者を暗殺する。……一六〇七年から一八一四年までの辺境戦争で、アメリカ人は無制限戦争と非正規戦という二つの要素を最初の戦争方法に組み込んだ。

——ジョン・グルニエ『最初の戦争方法』

二〇一一年五月二日のオサマ・ビンラディン暗殺の数日後、作戦を実行した海軍特殊部隊が、標的にジェロニモというコードネームを使っていたことが明らかになった。[1] 五月四日付の『ニューヨーク・デイリーニュース』紙は、「オサマ・ビンラディンの死体の未公開写真や、パキスタンが何を知っていたのかという疑問とともに、アルカイダのボスを「ジェロニモ」と呼んだ情報当局の理由は、ブラック・オプス（秘密工作）作戦の最大の謎のひとつである」とコメントしている。このコードネームの選択は、軍にとっては謎ではなかった。軍は、「インディアン・カントリー」という言葉を敵の領域を示す際にも使い、UH-1B／Cイロコイ、OH-58Dカイオワ、OV-1モホーク、OH-6カイユース、AH-64アパッチ、S-58／H-34チョクトー、UH-60ブラック・ホーク、サンダーバード、ローリングサンダーなどの名称で殺戮マシンや作戦を識別している。最後のローリングサンダーは、一九六〇年代半ばにベトナムの農民を執拗に絨毯爆撃した際の作戦名である。この他にも、北米先住民の国や地域社会との戦争を背景にした軍隊の中心には、植民地主義的、帝国主義的な感覚が根強く残っていることを示す現在の、中でも最近の例は数多くある。

一九九一年二月一九日、サウジアラビアのリヤドで記者団に説明したリチャード・ニール准将は、米軍は「インディアン・カントリー」に陸軍を投入するからには、迅速な勝利を確実にしたいと考えていたと述べた。翌日、アメリカン・インディアン国民議会は、ペルシャ湾で一万五〇〇〇人のネイティブ・アメリカンが戦闘部隊として従軍していることを指摘し、抗議の声明を発表した。ニールも他の軍事当局も、この発言について謝罪はしなかった。このような場合の「インディアン・カントリー」という言葉は、単に敵を指して無味乾燥に使われる無神経な人種的中傷ではない。むしろ、「〔軍事行動による一般市民の〕巻き添え被害」や「軍需品」などと同様に、軍事訓練マニュアルに出てくる軍事技術用語で、「敵陣の背後」という意味でよく使われる。「イン・カントリー」と略されることも多い。この使い方は、米軍の起源と発展、そして植民地主義プロジェクトとしての合衆国の政治的・社会的歴史の本質を想起させる。さらに、「インディアン・カントリー」は、合衆国の植民地法に基づく先住民の管轄権を示す法律用語であると同時に、先住民が脱植民地化の過程で、自らの土地基盤を維持・拡大するための重要なツールでもある。法律用語である「インディアン・カントリー」には、連邦政府に認められた保留地だけでなく、非公式の保留地、従属する先住民の地域社会や土地の割り当て、特別に指定された土地などが含まれている。[2]

ジェノサイドのルーツ

軍事史家ジョン・グルニエは、『最初の戦争方法―フロンティアにおけるアメリカの戦争遂行、一六〇七―一八一四』において、イギリスが領有した北米地域の先住民に対する植民地主義的な戦争について、無視できない分析を行っている。入植者が主に考案し実施した戦争方法は、独立した合衆国の建国思想と植民地主義的軍事戦略の基礎を形成し、この戦争方法は二一世紀になっても有効とされている[3]。グルニエは、合衆国による（ルールを無視した）無制限の戦争（総力戦）の歴史的ルーツを辿ることを目的に研究を始めたと書いている。無制限の戦争とは、敵国の人々の意志や抵抗力を破壊することを目的とし、必要な手段を用いて、主に民間人とその食料供給などの支援システムを攻撃するものである。今日では「特殊作戦」や「低強度紛争」と呼ばれるこの種の戦争は、バージニア州やマサチューセッツ州の植民地民兵が先住民に対して初めて使用したものだ。入植者で構成されたこれらの非正規軍は、あらゆる面での抵抗を妨害するとともに、偵察や捕虜の獲得によって情報を得ようとした。先住民の村や畑を破壊したり、敵の非戦闘員を威嚇したり虐殺したりすることで、それを実現した[4]。

グルニエは、一六〇七年から一八一四年までの合衆国の戦争方法の発展を分析し、その間に合衆国の軍隊が形成され、現在に至るまで再生産され、発展してきたとしている。合衆国の歴史家バーナード・ベイリンは、この時代を「野蛮」で「文明の衝突」と呼んでいるが、ベイリンは先住民の文明を、ヨーロッパからの入植者が排除すべき「略奪者」と表現している[5]。グルニエは、合衆国の戦争方法の形成期から、その問題点、ひいては合衆国の文明の特徴が生まれたと主張しているが、この点を理解している歴史家はほとんどいない。

当初、イギリス人入植者は非正規部隊を組織し、非武装の先住民の女性や子供、老人を容赦なく暴力で攻撃し、破滅させていた。約二世紀にわたるイギリスの植民地化の間に、何世代にもわたって、主に農民である入植者たちは、組織された軍事機関の外で「インディアン・ファイター」としての経験を積んだ。一八世紀の北米におけるヨーロッパの植民地化の要因は、英仏の対立が支配的だったように見えるかもしれないが、ヨーロッパでは大規模な正規軍が地政学的な目標をめぐって戦っていたのに対し、北米に入植したアングロサクソン系の人々は、先住民のコミュニティに対して致命的な非正規戦を繰り広げていた。一五年間にわたる入植者の独立戦争の間、特にオハイオ渓谷やニューヨーク西部で行われた戦闘の多くは、イギリスの遠隔地にある政府とは対照的に、独立政府を持つ入植者という身近な敵がいることは自分たちの利益にならないと気づいた先住民の抵抗者たちに向けられたものだった。また、一七九〇年代のできたばかりの米国軍は、当時ヨーロッパで起きていた国家中心の戦争に見られる、典型的な作戦を行っていたわけではない。一八一〇年代に職業としての米国軍が創設された後も、合衆国がオハイオ渓谷やミシシッピ渓谷を征服する際には、非正規戦が用いられた。それ以来、非正規戦は正規軍の作戦と並行して行われるようになったとグルニエは指摘している。

非正規戦の最大の特徴は、民間人に対する極端な暴力であり、この場合は先住民の完全な絶滅を求める傾向があった。グルニエは、「大まかなパワーバランスが存在し、一九世紀の最初の一〇年までのほぼすべての辺境戦争がそうであったように、インディアンが優位に立っているように見えた場合には、「入植者である」アメリカ人はすぐに行き過ぎた暴力に走った」と観察している。[6]

植民地時代の例外的な一方的暴力を認める歴史家の多くは、その原因を人種差別に求めている。グルニエは、人種差別が暴力につながったのではなく、逆に、無制限の戦争という極端な暴力の勢いが人種憎悪を煽ったと主張する。「兵士のみならず民間人も含めた歴代のアメリカ人は、インディアンの男女や子供を殺すことを最初の軍事的伝統の決定的な要素とし、それによってアメリカ人としてのアイデンティティを共有していた。実際、一七世紀から一八世紀初頭のアメリカ人が、最初の戦争方法を白人のアメリカ人であるための重要な要素とした後で、アンドリュー・ジャクソンのような「インディアン嫌い」の世代が、インディアン戦争を人種戦争に変えたのである」。その頃には、先住民の村、農地、町、そしてネーション全体が、入植者が土地と富を獲得する完全な自由を妨げる唯一の障壁となっていた。植民地主義者たちは、再び自分たちで征服の手段を選んだ。そのような兵士は、しばしば勇敢なヒーローとして見られる。しかし、丸腰の女性や子供、老人を殺し、家や畑を焼いた行為は、勇気でも犠牲でもなかった。

イギリスが北米に最初の植民地を作ったときもそうだった。このような事業の最初のリーダーの中には、イギリスの帝国主義的な反イスラム十字軍での戦争経験を持った軍人（傭兵）がいた。バージニア州のジョン・スミス、プリマス州のマイルス・スタンディッシュ、コネチカット州のジョン・メイソン、マサチューセッツ州のジョン・アンダーヒルなど、最初の植民地軍を編成して指揮した者たちには、最初の入植の頃にヨーロッパで進行していた、苦しく、残酷で、血なまぐさい宗教戦争を戦った経験があった。彼らは、町や野原を焼き、丸腰の弱者を殺すことを長年実践していた。「東海岸のインディアンにとって悲劇的なことに、傭兵は初期のバージニアとニューイングランドで同様の戦争方法をとった」

とグルニエは述べている。(7)

入植者＝パラサイトがバージニア植民地を創る

ジェームズタウンの入植者たちは、補給線を持たず、自分たちで作物を育てたり、狩りをしたりすることができない、もしくはしたくもなかった。そこで彼らは、ポウハタン同盟（約三〇のネーションからなる）の農民たちに食料を提供させることにした。ジェームズタウンの軍事指導者であるジョン・スミスは、ポウハタン同盟のリーダーたちが入植者に衣食住を提供し、土地と労働力を提供しなければ、女子供をみんな殺しにすると脅した。同盟のリーダーであるポウハタンのワフンソナコックは、侵略者たちに懇願した。

なぜ、愛で得られるものを力で奪う必要があるのか？　食物を与えたわれわれをなぜ破壊しなければならないのか？　戦争で何が手に入るというのだ。…あなた方の嫉妬の原因は何ですか？　敵を侵略するように剣や銃を持って来るのではなく、友好的な態度で来てくれるなら、私たちは丸腰で、あなた方の必要なものを提供する用意があるのはお分かりでしょう。(8)

スミスの脅迫は実行され、一六〇九年八月にポウハタンとの戦争が始まり、ポウハタンの破壊は日常化した。戦争は一年ほど続いたが、イギリス総督のトマス・ゲージは、オランダで戦った傭兵ジョージ・パーシーが動員した部隊に、「復讐」し先住民を壊滅するように命じた。パーシーは襲撃後の報告書で、子供たちをみな殺しにしたという陰惨な内容を誇らしげに語っている。入植者たちの威嚇戦術にもかかわらず、ポウハタンの入植者たちを植民地時代の要塞内に避難させることができた。[9] 一方、ポウハタンは穀物貯蔵庫を守り、ジェームズタウンの入植者たちを植民地時代の要塞内に避難させることができた。一六二二年、ポウハタンはジェームズ川沿いのイギリス人入植地をすべて襲撃し、入植者の三分の一にあたる三五〇人を殺害する。武力で先住民を排除することができなかった入植者たちは、グルニエが言うところの「フィードファイト」、つまり先住民の農業資源をすべて組織的に破壊することにした。[10] その十数年後、さらに大きな紛争が勃発する。タイドウォーター戦争（一六四四―四六）である。戦争というよりも、先住民を飢えさせて追い出すことを目的に、入植者が先住民の村や畑を継続的に襲撃したものだ。その後三〇年間は平和が続いた。このことから、入植者たちは全面戦争と先住民の追放がうまくいったと推察した。バージニア州東部に残っていた少数の先住民は、イギリス人の絶対的な支配下に置かれていた。グルニエが指摘するように、「イングランド人は、基本的にインディアンたちを見たり聞いたりしないことを条件に、自分たちの入植地の中や近くにインディアンがいることを容認していた」のは明らかだった。[11] 先住民の食料や労働力がないため、植民地の人々は、奴隷にしたアフリカ人やヨーロッパ人の年季奉公人を連れてきては仕事をさせた。

一六七六年には、バージニア州の入植者が急増し、イギリス人のタバコ栽培者たちはサスケハノックの土地へ侵入しはじめた。サスケハノックが抵抗すると、戦争が勃発し、イギリスにとって不利な状況になった。一六七六年、バージニア州議会は一二五人の騎兵隊を編成し、先住民の村々を一網打尽にしてサスケハノックの抵抗を抑えようとした。[12] これが、合衆国のポピュリスト歴史家や、イギリス植民地における人種的隷属の始まりを探る人々に愛されている「ベーコンの反乱」の背景だった。この反乱は、イギリス人入植者と土地を持たない年季奉公人（イギリス人とアフリカ人の両方）が、土地を奪うために、先住民の農民の虐殺を自らの手で行ったことにより起こった。植民地を支配していたプランテーションのオーナーたちは、この反乱の人種を超えた側面に悩まされていた。その直後、バージニア州の法律は、年季奉公人と奴隷を区別し、アフリカ人の奴隷としての地位を恒久的に確立した。[13] この点は重要なポイントだが、そこにはさらに大きな問題がある。ベーコンの反乱は、先住民を対象とした虐殺政策の展開に影響を与えた――すなわちそれは、植民地で土地を所有することが富の創出に結びつくことと、土地を持たない、あるいは土地をわずかしかもたない入植者農民を、入植地のフロンティアをより深く先住民の領土に移動させるための歩兵として利用することにつながった。[14] この反乱のリーダーであるナサニエル・ベーコンが裕福なプランターであったことは、裕福な土地所有者である入植者と、より貧しく、しばしば土地を持たない入植者との関係を明らかにしている。歴史家のエリック・フォナーは、ベーコンの財政的支援者に、バージニア州知事ウィリアム・バークレーに反対する他の裕福なプランターたちが含まれていたことから、この反乱はバークレーとそのプランターの同盟者に対する、ベーコンの権力闘争であったと正しく結論づけている。[15]

神の名において

ニューイングランド植民地の設立と成長において、海岸沿いで起こったことは、少なくとも最初は違っていた。一六二〇年にメイフラワー号が上陸する直前に、天然痘が沿岸のイギリスの貿易船から陸地のピクォートの漁村や農村に広がり、プリマス植民地が占めることになる地域の人口が大幅に減少した。ジェームズ王は、この流行を神の「われわれに対する大きな善意と恩恵」のおかげだと考えた。[16] そのため、先住民のコミュニティに生き残った人々は、入植者による土地や資源の収奪に即座に抵抗する手段を持ち合わせていなかった。しかし、一六年後には先住民の村は復興し、入植者がコネチカット州のピクォートの領域に進出する際の障壁となっていた。ある暴力的な事件がきっかけで、ピューリタンとピクォートの戦いが始まり、植民地の年譜やその後の歴史書で「ピクォート戦争」と呼ばれる壊滅的な戦争が起こった。

ピューリタンの入植者たちは、先住民の村に入って女性や子供を殺したり、人質にしたりする、醜悪な殲滅戦にまるで本能のようにすぐさま飛び込んだ。ピクォートはこれに対抗して、コネチカット州のセイブルック砦をはじめとするイギリス人入植地を攻撃した。コネチカット州政府は、傭兵のジョン・メイソンに、同州とマサチューセッツ州の兵士を率いて、ミスティック川にある二つのピクォートの砦のうちのひとつに向かうようにと命じた。片方の砦にはピクォートの兵士がいたが、もう片方の砦には女、子供、老人しかいなかった。ジョン・メイソンが狙ったのは後者の砦だった。殺戮が始まった。兵士たちは、ピクォートの砦を守る者のほとんどを殺した後、砦に火をつけ、残った住民を生きたまま焼いた。[17]

このような戦争は先住民にとっては異質なものだった。[18] 彼らの戦争方法によれば、集団間の関係が崩れて紛争が発生した場合、戦争は非常に儀式的で、個人の栄誉を求めて行われ、死者はほとんど出なかった。植民地時代の戦争は、必然的に他の先住民のコミュニティをどちらかの側に引き込むことになる。

ピクォート戦争では、近隣のナラガンセットの村々は、捕虜や戦利品、栄誉などの大きな収穫を期待してピューリタンと同盟した。しかし、殺戮が終わると、ナラガンセットの人々は、イギリス人は「激しすぎる」、「殺しすぎだ」と言って、嫌気がさしてピューリタンの側から離れていった。ピクォートを敵に回すと、入植者たちは破壊の最終段階に入った。開戦時には二〇〇〇人いたピクォートのうち、生き残り飢えに苦しむ者は二〇〇人にも満たなかった。ピクォートは戦いをやめて防衛手段を失っていたにもかかわらず、入植者たちは彼らへの新たな攻撃を開始した。植民地側は傭兵のメイソンと四〇人の殺人集団に依頼して、わずかに残った家や畑を焼き払った。[19] ピューリタンのウィリアム・ブラッドフォードは当時、『プリマス・プランテーションの歴史』の中でこう書いている。

火を逃れた者は剣で殺され、ある者は皮を剥がされ、ある者はレイピア〔細身で両刃の刀〕を投げられて、すぐに退治された。逃げおおせた者はほとんどいなかった。このとき、約四〇〇人が殺害されたと考えられている。ピクォートがこのように火で焼かれ、血の流れが火を消すのを見るのは恐ろしい光景だった。そこで目にした刺し傷や死は恐ろしいものだったが、勝利は甘美な犠牲のようであり、彼ら（入植者たち）はその祈りを、自分たちのために素晴らしい働きをしてくれた神に捧げた。神は自分たちの敵をその手に包み込み、高慢で無礼な敵に対してこれほど早い勝利を与えてくれた。[20]

この地域にいた他の先住民は、自分たちに何が待ち受けているのかを見極め、植民地当局の下で貢ぎ物を差し出す立場を受け入れた。

一七世紀後半、ニューイングランドのアングロサクソン系の入植者たちは、頭皮狩りを日常的に行い、グルニエが「レンジング」と呼ぶ、入植者レンジャー部隊を使った活動を開始した。その頃、北米のイギリス植民地における非先住民の人口は六倍の一五万人を超えていたため、入植者は先住民の土地に侵入する機会が増えていた。先住民の抵抗は、入植者が「フィリップ王戦争」と呼んだ戦いへと続いていった。[21] ワンパノアグとその仲間たちは、入植者たちの孤立した農場を攻撃し、攻撃と退却時のスピードと慎重さを重視したゲリラ戦を展開した。入植者たちはこのような抵抗を「こそこそ動き回る」と言って軽蔑し、先住民の村を破壊することで対抗して、再び絶滅させた。しかし、先住民のゲリラ的な攻撃は続いていたため、プリマスの民兵隊長ベンジャミン・チャーチは、より効果的な先制攻撃を行うために先住民の戦術を研究した。チャーチは植民地の総督に、六〇人から七〇人の入植者を選んで、彼が言うところの「荒野の戦い」のための斥候として使う許可を請うた。そして一六七六年七月、入植者が組織した初のレンジャー部隊が誕生した。チャーチの言葉を借りれば、六〇人の入植者と一四〇人の植民地化された先住民が、敵を「発見し、追跡し、戦い、奇襲し、破壊し、制圧する」ことになっていた。先住民の兵士を植民地側に加えることは、それ以来、入植者による植民地主義と外国人による占領を特徴づけるものとなった。[22] 入植者であるレンジャーたちは、先住民の側近から学ぶことができ、その後彼らを捨てた。その後の二〇年間で、チャーチは進化した殲滅方法を完成させた。

「レッドスキン」

先住民は集落を燃やしたり、入植者を殺したり捕らえたりして抵抗を続けた。植民地当局は、兵士を集めるための動機付けとして、頭皮狩りのプログラムを導入し、それにより先住民に対する入植者の戦争が恒久的かつ長期的に続けられることとなった。[23] ピクォート戦争の際、コネチカット州とマサチューセッツ州の植民地役人は、最初は殺害された先住民の首に、後には大量に持ち運びが便利な頭皮だけに報奨金を出していた。しかし、頭皮狩りが日常的に行われるようになったのは、一六七〇年代半ばにマサチューセッツ植民地の北部辺境で起きた事件がきっかけだった。それが本格的に始まったのは一六九七年、入植者のハンナ・ダスティンが、夜逃げをして捕らえられたアベナキの一〇人を殺害し、その一〇人分の頭皮をマサチューセッツ州議会に提出したところ、男性二人、女性二人、子供六人分の報奨金が支払われた時だ。[24]

ダスティンはすぐにニューイングランドの入植者の間で国民的英雄となり、頭皮狩りは金の儲かる商売になった。入植者当局は、報酬を得るために、入植者が単独で、あるいは数人で、手当たり次第に頭皮を集めることを奨励する方法を思いついたのである。ジョン・グルニエは「その過程で当局は、アメリカの辺境社会における戦争の大規模な私有地を確立した」と指摘している。[25] 植民地政府はやがて、成人男性の頭皮の懸賞金を上げ、成人女性の懸賞金を下げ、一〇歳以下の先住民の子供の懸賞金をなくしたが、犠牲者の年齢や性別は頭皮で簡単に区別できるものではなく、慎重に確認することもできなかった。さらに、頭皮を狩る人は、子供を捕らえて奴隷として売ることもできた。これらの行為は、先住民の戦闘員と非戦闘員の区別をなくし、先住民の奴隷市場を生み出した。先住民の頭皮に対する報奨金は、戦争が起きていなくても支払われた。頭皮と先住民の子供は交換手段、通貨となり、これが闇市場を生み出したとも考えられる。頭皮狩りは利益を生む事業であるだけでなく、アングロサクソン系アメリカ人の、大西洋岸に住む先住民を根絶やしにしたり、服従させたりする手段でもあった。[26] 入植者たちは頭皮狩りの後に残され、切り刻まれた血まみれの死体に「レッドスキン」という名前をつけた。

植民地化された最初の一世紀に鍛えられたこの戦争方法（先住民の村や畑を破壊し、民間人を殺し、範囲を広げ、頭皮を狩る）は、一九世紀後半まで大陸全土で行われた、先住民に対する戦争の基礎となった。[27]

植民地拡大

ニューイングランドからカロライナにかけて、沿岸地域の多くから先住民を追い出した後で、別の入植者たちが、同じような戦法で一七三二年にジョージアの植民地を設立した。正確には、スペインが占領していたフロリダのグアレと呼ばれる地域だった。ジョージアの先住民の土地に最初の入植者が住み着いたときから、レンジャーたちは民族浄化の最前線に立ち、イギリス人の入植のためにこの地域を開拓した。ジョージア植民地の総司令官であるジェームズ・オグルソープ准将は、自分の小さな正規軍をレンジャー部隊にしようとしたが失敗したため、ヒュー・マッカイ・ジュニアに正規軍をハイランド・レンジャー部隊に編成するよう依頼した。ジョージア植民地の入植者係官であるマッカイは、元イギリス陸軍将校でスコットランドの高地人《ハイランダー》だった。高地人は、タフで恐れを知らない兵士、つまり残忍な殺し屋だと言われていた。当時、地元の民兵を陸軍の指揮官にするのは珍しいことだった。[28]

ジョージア州の先住民は、主にチェロキーで構成されていた。植民者たちは、イギリスのスペイン領グアレへの侵入をめぐってイギリスとスペインの間で戦争が起これば、チェロキーにジョージアの入植者を受け入れたり、守ったりするよう説得することは不可能だと考えた。カロライナから来た商人は、天然痘とラム酒をチェロキーに持ち込んでいたが、それによって村人の多くが死に、イギリス人を疑うようになっていた。オグルソープ自身もチェロキーの町を訪れたが、拒絶された。一方、スペイン当局もまた、チェロキーを味方につけてイギリスと戦わせようとしていた。一七三九年の秋、戦争の危機に瀕したオグルソープは、チェロキーのいくつかの村から、トウモロコシと引き換えに協力の約束を取り付けたが、チェロキーは他の先住民と同じように、自分たちの利益のために植民地勢力と対立する可能性が高く、いつでもどちらかに寝返る可能性があることを知っていた。一二月、イングランドはスペイン領内への侵攻を開始した。アングロサクソン系アメリカ人とスコットランド人のレンジャー部隊、それに同盟者の先住民は、スペインの農園を破壊し、地元の先住民の家族とイギリス植民地から逃亡したアフリカ人奴隷（マルーン）で構成されたフロリダ北部のマルーン・コミュニティを威嚇した。レンジャーたちは破壊し、焼き払い、略奪を繰り返し、スペインと同盟をした先住民や逃亡奴隷の頭皮を狩った。この作戦は一カ月近く続き、スペイン人がほとんど抵抗しなかったこともあって、フロリダは荒廃した。一七四〇年代、イギリス陸軍省と議会は、植民地のレンジャー部隊として二個中隊を任命し、ジョージア州のハイランド・レンジャー部隊には、一〇〇人以上をフルタイムで勤務させることを許可した[29]。射撃、略奪、そして頭皮狩りなどの行為が続いた。

流れを変える戦争

ヨーロッパでは七年戦争として知られるフレンチ・インディアン戦争（一七五四―六三）が勃発するまでの一〇〇年間は、英仏の境界線であるニューイングランド、ニューヨーク、ノバスコシアで紛争が起きていたが、これらの地域には様々なネーションの先住民の村があり、アカディア人と呼ばれるフランス人入植者も多く住んでいた。[30]現在のカナダ沿海州の地域では、イギリス人入植者、先住民、アカディア人の間で利害が対立し、四年間に及ぶ紛争が発生し、イギリスはこの紛争を「ジョージ王戦争」と呼んだ。イギリスはノバスコシア州を名目上所有していたが、アカディア人の集団や、アカディア人とミクマクやマリシートとの婚姻による混合コミュニティを支配することはできなかった。アカディア人と先住民の村々は、英仏間の紛争に対して中立を主張し、強力なハウデノサウニー連合もそれを支持した。しかし、イギリスの帝国主義者たちは土地を欲しがり、アングロサクソン系アメリカ人入植者たちに、銃撃や頭皮狩りなどの戦闘で活躍することを許可した。戦争末期には、入植者がノバスコシア州のイギリス軍を支配するようになり、イギリスの支配に対するアカディア人と先住民の持続的な抵抗を引き起こした。[31]

フレンチ・インディアン戦争が勃発すると、イギリスの正規軍と海軍がマリタイム地方（沿海州）のフランスの陣地を重点的に攻撃する一方で、入植者の民兵部隊はアカディア人と先住民の村々に対して範囲を広げて攻撃を続けたため、今日では「大艱難」として知られることもあるアカディア人の追放が行われた。イギリス陸軍と植民地民兵は、数週間のうちに四〇〇〇人の非戦闘員をノバスコシア州から強制的に追放し、少なくともその半数がアカディア人で、離散状態となり死亡した。八〇〇〇人ほどは森の中に逃げ込んで強制送還を免れた。アカディア人は、強制的に追放された北米史上最大のヨーロッパ系入植者集団となった。この戦果は、殺戮、脅迫、略奪によって達成された。この頃になると、アングロサクソン系の入植者たちは、年齢を問わず丸腰の民間人に対して暴力をふるうことに躊躇しなくなっていた。

アマースト（マサチューセッツ州）の名前の由来となったジェフリー・アマースト少将は、七年戦争の北米地域でイギリス軍を指揮していた。一七五九年、アマーストは、ニューイングランドの「ロジャーズ・レンジャーズ」の熟練したリーダーであり、辺境の伝説の中で最も有名で尊敬されているレンジャーであるロバート・ロジャーズ少佐を、入植者レンジャー、イギリス人志願兵、同盟のストックブリッジ〔マサチューセッツ州西部の町〕先住民の偵察隊たちのリーダーに任命した。アマーストは彼らに、セントローレンス川流域の抵抗勢力であるアベナキの村を攻撃するよう命じた。アマーストはロジャーズに女性や子供を拷問したり殺したりしないように命じたが、司令官は、先住民の村への血生臭い襲撃では誰ひとり容赦しないという、レンジャーの評判を知っていたはずである。アマーストはロジャーズを任命することで、入植者とレンジャーによる対反乱戦を事実上承認した。チェロキー戦争、その後のフレンチ・インディアン戦争、そして一七六三年のポンティアックの反乱を鎮圧するための活動（この戦いでアマーストは、先住民に対する細菌戦を支持したことで知られている）など、イギリス軍は入植者の汚い戦争を容認するだけでなく、利用したのである。[32] アマーストは部下の大佐に宛てて、「不満を持つインディアンの部族に天然痘を送り込むことはできないだろうか？　この際、彼らを減らすためにあらゆる策を講じなければならない」と書き送った。これに対して、大佐は全力を尽くすことを約束した。[33] そしてアマーストは、「わが国から一〇〇〇マイル以内にインディアンの居住地がなくなるまで、彼ら（ポンティアック軍とその同盟者）を完全に服従させるように」という命令を下した。[34]

フレンチ・インディアン戦争が起こっていた南部では、一七六〇年にイギリスが、チェロキーに戦力を圧倒されることになった。そこで、ここでも頼りにしたのはレンジャーだった。春、チェロキーがイギリスの権威に挑戦してきたとき、アマーストはアーチボルド・モンゴメリー大佐の指揮のもと、チャールストンに正規軍を急行させ、できるだけ早くチェロキーを懲らしめ、兵士たちが北に戻って、差し迫ったモントリオールへの攻撃に参加できるようにすることを命じた。それまでの対先住民戦争では、イギリスの司令官たちはレンジャー・グループに特定の任務を与えていたが、チェロキー戦争では、正規軍を含むイギリス軍は非戦闘員を対象とするようになる。その数カ月前、ノースカロライナ州知事は、次のような作戦が採用されることを思い描いていた。

戦争が宣言された場合には、バージニアと両カロライナの南部三州は、その全軍を投入して、われわれと交戦中のチェロキーの町に入って破壊し、彼らの妻や子供——一〇歳以上なら——を「西インド」諸島に送って、必要なだけ奴隷にすること。…そして、各州で捕らえられた捕虜の引き渡しについては、引き渡しごとに一〇ポンドを代価として与えること。(35)

この作戦が採用された。モンゴメリー司令官は、軍隊が非正規戦をもってしても、自国軍だけではチェロキーに勝つことはできないこと、偵察や案内をする入植者や先住民の味方が必要であることをよく理解していた。彼は、三〇〇人の入植者レンジャー、四〇人の地元民兵、五〇人のカトーバの同盟者を兵力に加えた。チェロキー・ネーションは、マスコギーやチカソーとの連合が成立していなかったので、彼らの村は脆弱だった。最初に狙われたのは、チェロキーの自治都市であるエスタトエで、約二〇〇戸、二〇〇〇人の人々が住んでいた。モンゴメリー軍は、すべての家や建物に火をつけ、逃げようとする者を狙い撃ちし、中に隠れていた者は生きたまま焼かれた。次々と町が燃やされていったが、チェロキーは組織的な抵抗を展開して、攻撃する者を追い出した。イギリスは、チェロキーの抵抗を鎮圧したと言っていたが、実際にはそうではなく、チェロキーはイギリスの砦を包囲した。一年後、イギリス軍は再び、今度はさらに激しく攻撃し、チェロキーの首都エコーイーでチェロキーを圧倒し破壊した。イギリス軍は、チェロキーの他の町に移動してそれも焼き払った。一カ月に及ぶ一方的な殲滅戦で、イギリスは一五の町を破壊し、一四〇〇エーカーのトウモロコシを焼いた。五〇〇〇人のチェロキーが家のない難民となり、死者の数は数えきれないほどだった(36)。

もうひとつの戦争の武器は、一八世紀に入ってから加速したアルコールである。一七五四年、イギリス人入植者からキング・ハグラーと呼ばれていたカトーバのリーダーが、ノースカロライナ州当局に嘆願した。

兄弟たちよ、ここにあなた方自身が大いに非難されるべきことがひとつあります。それは、あなた方が桶の中で穀物を腐らせ、その中から強い酒を取り出したことです。

あなた方はそれをわれわれの若者に売って、何度も与えています。彼らはそれでひどく酔っぱらってしまい、それが原因で彼らは、しばしばあなたやわれわれにとって不快な犯罪を犯しました。すべてはその酒の影響によるものです。それはまた、われわれの仲間にとっても非常に悪いものです。彼らの内臓を腐らせ、われわれの仲間をひどい病気にさせ、最近では多くの仲間がその強い酒の影響で死んでいます。そして、どんな理由があっても、あなたの部下たちが、彼らに強い酒を売ったり与えたりしないように、何とかしてほしいと切に願っています。そうすれば、われわれの若者が犯している犯罪で、われわれが非難されることはなくなるでしょうし、強い酒の影響で彼らが行っている、多くの虐待を防ぐことができるでしょう。[37]

キング・ハグラーは何年もかけて酒類の禁止を嘆願し続けたが、成功しなかった。

一七六三年のフレンチ・インディアン戦争の末にイギリスが勝利したことで、イギリスは一世紀半にわたって世界貿易、海上権力《シーパワー》、そして植民地を支配することになった。[38] パリ条約（一七六三）で、フランスはカナダとミシシッピ川以東のすべての領有権をイギリスに譲渡した。戦争の過程で、イギリス人入植者は、イギリスが占領した植民地のすぐ外側で、先住民に対して数的にも安全の面でも強さを増していた。そこでも、かなりの数の入植者が、植民地とされる境界を越えて、オハイオ渓谷にまで及ぶ先住民の土地を不法占拠している。入植者たちを落胆させたのは、パリ条約が締結された直後、ジョージ三世が布告を出して、アレゲニー・アパラチア山脈の壁の西側へ、イギリス人が入植することを禁止し、そこに入植していた人々に権利を放棄して、境界線の東側に戻るように命じたことだった。しかし、イギリス政府はこの命令を効果的に実施するための十分な兵力を辺境に投入しなかった。その結果、何千人もの入植者が山を越えて先住民の土地に住み着いてしまった。

一七七〇年代初頭になると、すべての植民地で先住民に対するアングロサクソン系入植者の恐怖心が高まり、西部の土地への投機が盛んになった。特に南部の植民地では、大規模で効率的な奴隷労働のプランテーションとの競争に敗れて土地を失った農民たちが、西部の土地を求めて殺到した。これらの入植農民は、グルニエが書いているように、「次の世紀に向けて、合衆国が大陸全土の先住民を併合し、植民地化するパターンを予見した。慣れた「インディアン・ファイター」に率いられた農民や入植者の先駆者たちが、最初はイギリス植民地の当局／民兵、後には合衆国政府／軍隊に入植地を守るよう要請し、合衆国の「民主主義」の中核となる原動力を形成したのである[39]」。

このフレンチ・インディアン戦争は、後に入植者たちの独立のきっかけとなり、そこからはっきりと「アメリカ人の」ネーションが生まれたと考えられている。この神話は、一八二六年に出版された小説『モヒカン族の最後―一七五七年の物語』で表現されている。この小説では、著者で土地投機家のジェームズ・フェニモア・クーパーが、入植者による植民地の歴史を読みやすく描いている。小説は一九三二年と一九九二年に、ハリウッドで映画化されて大ヒットし、この神話はさらに強固なものになった。しかし、ベストセラー小説ケネス・ロバーツの『北西航路』を基にした一九四〇年の映画『北西への道』（原タイトル『北西航路』）は、古典的な作品として知られ、テレビで繰り返し放映されているために今でも人気があるが、血に飢えた傭兵であるロジャーズ・レンジャーズを、アベナキスの村を全滅させた英雄として描き出している[40]。

オハイオ州

イギリスからの独立を目指した入植者たちの戦争は、一〇年間にわたる「インディアン戦争」（一七七四―一八三）と平行して行われた。いずれも入植者であるレンジャーたちが、先住民の非戦闘員を完全に服従させるか追放することを目的に、過激な暴力を行使したものだった。イギリスのバージニア州知事である第四代ダンモア伯爵ジョン・マレーは、オハイオ州の土地を求めるイギリス人入植者の味方をしていた（彼自身が土地投機家だったこともある）。彼の考えでは、入植者が先住民の土地を奪うことを王室の政策で防ぐことはできなかった。一七七四年初頭、オハイオ渓谷のショーニーは、農地や狩猟場への入植者の侵入に対抗して、不正な入植者を襲撃したり、土地調査員を追い出したりしていた。入植者たちは、このような悪質な報復の口実を待っていたかのようである。ダンモアは、一五〇〇人のバージニア州の入植者レンジャーにショーニーの町を破壊するように命じた。そして彼自身は、バージニア州の民兵を動員してオハイオ渓谷に侵入し、「彼らの町に直行して、可能であれば町や火薬庫を破壊し、可能な限り他のあらゆる方法で彼らを苦しめる」ことにした[41]。

「ダンモア卿の戦争」の間、ショーニーをはじめとするアングロサクソン分離主義者が北西準州と呼ぶ地域の先住民は、自分たちの国を破壊して地球上から消し去ろうとする、裕福な土地投機家に率いられた入植者たちの殺人集団と、今まさに生死をかけた戦いをしていることを悟った。このことは、ヨーロッパの植民地支配を加速させるもうひとつの要因となった。屈辱的な和平合意を受け入れたショーニー・ネーションの中に、融和派が現れたのである。ダンモアは、後に合衆国独立後にケンタッキー州となる地域のショーニーの狩猟場をすべて要求した[42]。ダンモアが要求した土地をバージニアがすべて手に入れることはできなかったが、ダンモアの戦争は、ショーニーとその同盟ネーションに対する三〇年に及ぶ戦争の始まりに過ぎなかった。同盟ネーションを率いていたのは、一七六八年に生まれた偉大な指導者のテカムセである。テカムセは、自国民に対する容赦ない戦争の中で成長し、弟のテンスクワタワ

（預言者としても知られ、抵抗運動の精神的指導者）とともに、その抵抗を指揮していた。[43]
　ダンモアの戦争により、ショーニーは一七七七年にイギリスと同盟を結び、分離主義者に対抗した。先住民の戦士たちは、アッパー・オハイオ渓谷に散在する不法占拠者の集落を攻撃し、ショーニーの領土から何百人もの入植者を追い出した。しかし、イギリスと分離主義者間の戦争の流れが変わり、大陸議会はオハイオ州に焦点を当て、ショーニーを殲滅するための組織的な攻勢を行うことが可能となった。民兵と正規軍を合わせた五〇〇〇人の分離主義者たちが、大量殺戮を行った。戦闘員、非戦闘員を問わず、レンジャー部隊は中立を保つデラウェアの町を襲い、女性や子供を拷問して殺した。特にひどい事件は、ひとりで鳥狩りをしていたデラウェアの少年を入植者の軍隊が虐殺したことである。その殺害の「名誉」を誰が受けるべきかをめぐって、軍隊内では暴動に近い事態が起こった。大陸議会は、「彼（ラクラン・マッキントッシュ准将）の裁量で、野蛮人を最も効果的に懲らしめ、恐怖を与え、辺境での破壊を防ぐと思われるインディアンの敵対部族の町を、遅滞なく破壊せよ」という命令とともに、さらに一〇〇〇人の兵士を送り込んだ。ショーニーは攻撃を避けるために襲撃者の目のつかないところに移動したが、殺戮は止むことなく続けられた。[44]
　入植者たちがオハイオ州で行った過激な暴力行為は、おそらく最も非道な戦争犯罪につながり、先住民がキリスト教に改宗して平和主義を貫いても、ジェノサイドから逃れられないことを示した。独立戦争が始まる前の数十年間に、ペンシルベニア州の荒廃したデラウェアのコミュニティでモラヴィア派〔ルター派のプロテスタント集団〕が布教活動を行い、三つのモラヴィア派インディアンの村が生まれた。そのうちのひとつ、オハイオ州東部のグナーデンヒュッテンという集落の住民は、この地域での戦闘中にイギリス軍に追い出されたが、トウモロコシを収穫するために戻ってくることができた。その直後の一七八二年三月、デイヴィッド・ウィリアムソン率いるペンシルベニアの入植者民兵が現れ、デラウェアを一網打尽に捕らえて、身の安全のために彼らに逃げるようにと告げた。デラウェアの中には、男四二人、女二〇人、子供三四人がいた。民兵たちは持ち物を調べて、武器になりそうなものはすべて没収し、「白人を殺したデラウェアを逃げさせた」と糾弾して、全員を殺すと宣言した。また、彼らが持っていた家具や道具は、白人だけがもつべきもので、それを盗んだにちがいないと訴えた。死刑判決を受けたデラウェアたちは、一晩中祈りを捧げ、賛美歌を歌って過ごした。朝になると、ウィリアムソンの部下は九〇人以上の人々を二人一組で二軒の家に行進させ、手際よく虐殺していった。ある殺人者は、自分自身が一四人の犠牲者を樽職人の木槌で撲殺し、それを共犯者に渡したと自慢した。「腕がもたない。仕事を続けてくれ」と彼は言ったといわれている[45]。この行為が暴力の新たな基準となり、その後の残虐行為は日常的に行われ、前の残虐行為を上回るものとなった[46]。

その一年前、デラウェアのリーダーであるバコンゲアヘラスは、キリスト教を信仰するデラウェアのグループを前にして、「自分は良い白人を知っているが、良い白人は少数である」と語っていた。

> 彼らは自分の好きなことをする。私たちを創ったのと同じ大いなる霊によって創られたにもかかわらず、彼らは自分たちの色ではない者を奴隷にする。できることなら私たちを奴隷にしたいが、それができないので私たちを殺すのだ。彼らの言葉には何の信憑性もない。彼らはインディアンとは違う。インディアンは戦争中だけ敵であり、平和時には友人だ。彼らはインディアンに言うだろう。「私の

友人、私の兄弟」。彼らはインディアンの手を取り、同時にインディアンを滅ぼす。そして、あなた方もやがては彼らに処理されるだろう。私が今日、このような友人には気をつけろと警告したことを忘れないでほしい。私は長いナイフ（殺し屋）を知っている。彼らは信用できない。(47)

入植者はいかにして独立を勝ち取ったか

イギリス人も入植者分離主義者も、一三植民地の南の辺境で勝利を勝ち取るためには、チェロキーとの同盟が重要であることに気づいていた。絶えず村や作物を襲われ、難民や病気に悩まされながらも、巨大なチェロキー・ネーションは、政府もしっかりと機能していた。チェロキーを味方につけるために、イギリス当局はチェロキーの町に武器と資金を提供し、分離派の代表は町を完全に破壊すると脅して、中立を保つようにと説得した。中立は入植者が望める精一杯のことだった。先住民に対する入植者の悪質な行為のせいで、チェロキーの中にも入植者を軽蔑し、入植者に反発する者が出ていた。入植者の攻撃を受けたチェロキーの町は、これに対抗して、一七七六年に南北カロライナでいくつかの入植地を破壊した。このような攻撃を受けた分離派は、すぐにチェロキー・ネーションを破壊する決意を表明した。大陸議会のノースカロライナ州代表は、「彼ら（チェロキー）が犯した罪は、地獄のような背信行為であり、慈悲の対象から締め出される。そして、南方植民地の政策は、火と剣を彼らのネーションの腹中に運び込み、二度と立ち上がって近隣の平和を乱すことができないように、彼らを沈めることである」と宣言した。(48)

一七七六年の夏から秋にかけて、バージニア州、ジョージア州、南北カロライナ州から五〇〇〇人以上の入植者レンジャーがチェロキーの領土に押し寄せた[49]。チャールストンのアングロサクソン分離主義者のリーダーであるウィリアム・ヘンリー・ドレイトンは、一七七五年にチェロキーと会っている。一七七六年の分離派の焦土作戦のきっかけとなったチェロキーの攻撃の後、彼は「ネーションを消滅させ、その土地を公共の財産とする」と勧告した。「私としては、チェロキーが山の向こうに追い出される以外の条件で、チェロキーと和平を結ぶことに、決して同意しない[50]」。チェロキーが町や畑を捨てて逃げ惑う中、兵士たちは女性や子供を捕らえ、殺し、頭の皮を剥いだが、捕虜にはしなかった[51]。

一七八〇年半ば、バージニア州の分離派の入植者レンジャー八〇人がオハイオ州南部のショーニーを襲い、一カ月かけて彼らの町や畑を破壊し、略奪した。同じ頃、チェロキー・ネーションは抵抗の勢いを取り戻し、領内の不法占拠者の集落を襲撃した。その報復として、ノースカロライナ州は五〇〇人の騎兵を派遣してチェロキーの町を焼き、「あのネーションを懲らしめて従わせろ」と命令した。一七八〇年から八一年にかけての冬、分離派のバージニア州民兵七〇〇人は、再びチェロキー・ネーションに破壊をもたらした。クリスマスの日、民兵の司令官は、大陸議会のバージニア州代表だったトーマス・ジェファーソンに、分隊が「インディアンの一団を奇襲し、頭の皮一枚と、衣服や皮、家の調度品を積んだ一七頭の馬を奪った」と書いたが、これは、この一団が非戦闘員である難民で、逃げようとしていたことを示している。隊長の報告によると、これまでにチェロキーの主要な町であるチョテ、シティゴ、チホウィー・トーグ、ミクリクワ、カイアティー、サットーゴ、テリコ、ヒワシー、チストウィーを破壊し、小さな村もいくつかを破壊したという。合わせて一〇〇〇軒以上の家が荒らされ、約五万ブッシェルのトウモロコシやその他の食料が燃やされたり、略奪された[52]。このとき、バージニア州とノースカロライナ州の分離派当局は、人力と資材を結集して部隊を編成し、チェロキーの町を大規模に破壊し、住民を現在のテネシー州中部とアラバマ州北部に追いやり、先住民の家族を絶滅させて、その地域の町も焼き払った。

分離派の入植者と君主制勢力との戦争期間中、武装した入植者が先住民に対して総力戦を展開し、その目的はほぼ達成された。チェロキーは属国化を余儀なくされたが、なお攻撃は続いた。チェロキーを南部から強制的に追放するには、合衆国独立後、半世紀近くを要したが、その攻撃は容赦なかった。ジョージ三世の一七六三年の布告線を挟んで、先住民の土地に居座っている入植者たちにとって、独立戦争で入植者たちが行った戦争は、彼らの祖先などが一七世紀初頭から行ってきた戦争の延長線上にあるものだった。歴史家の中には、この時期の先住民の抵抗を組織したのはイギリス人であると説明する人もいる。一七七六年に独立宣言を作成した分離派の植民地寡頭勢力は、確かにそのように考えていた。しかし、グルニエが指摘するように、先住民は遠く離れた帝国と交渉する方が、絶滅を志向する入植者の政府と交渉するよりも、はるかに良い結果が得られることをよく理解していたのである[53]。

ハウデノサウニー

ニューヨーク植民地の西端では、南の植民地と同様に、一七七〇年代半ばまでにハウデノサウニー（六つのネーションからなるイロコイ連邦）の領土に入植者が侵入して不法占拠していた。チェロキーと同様に、イギリスと分離派は、ハウデノサウニーが戦争の重要な要因になることを知っていたので、両者はハウデノサウニーの評議会に代表者を送り、彼らの支持を訴えた。連邦の各加盟ネーションには、それぞれ固有の関心事があった。それは、これまでの一世紀半の間にイギリスとフランスが侵入してきた際の経験が、それぞれ異なっていたからである。フレンチ・インディアン戦争の多くは、それぞれのネーションの領土内で戦われ、双方の戦いのほとんどを先住民が担っていた。一七七五年、モホークはイギリスと同盟し、分離派の入植者に対抗した。セネカは早くからイギリスを難敵と考えていたが、分離独立戦争が迫ってくると入植者を恐れるようになり、モホークに続いてイギリスと同盟を結んだ。カユーガ、ツカロラ、オノンダガはどちらにもつかなかった。キリスト教を信仰するオネイダだけは、分離派の入植者を支持することを認めた。

イロコイ連邦の五つのネーションの決定を受けて、ジョージ・ワシントン将軍は、ジョン・サリバン少将に、ハウデノサウニーに対して指示を出した。「周辺の居住地をすべて荒らす……ネーションを単に「蹂躙する」のではなく、「破壊せよ」。……彼らの居住地が完全に破壊される前には、いかなる和平の申し出にも耳を貸してはならない。……われわれの将来の安全は、彼らがわれわれに危害を加えることができないことと、彼らが受ける懲罰の厳しさが、彼らをあおり立てる恐怖にある」。サリバンは、「インディアンは、われわれの心の中に、彼らの支援に貢献するすべてのものを破壊するだけの悪意があることを知るだろう」と答えた。(54)

一七七九年、大陸議会はセネカから始めることを決定した。三つの軍隊が招集され、ニューヨークを縦断して、現在のペンシルベニア州北部にあるセネカの主要な町ティオガに集結した。彼らの命令は、セネカと入植者の分離計画に反対する他の先住民を一掃することだった。すべての村を焼き払い、略奪し、食糧を破壊し、住民を宿なしにした。ニューヨーク州とペンシルベニア州の分離主義政府は、このプロジェクトにレンジャーを提供し、ペンシルベニア州議会は入隊の動機付けとして、性別や年齢に関係なくセネカの頭皮を剥ぐことを許可した。大陸軍の正規軍、入植者レンジャー、商業的な頭皮狩りが組み合わされ、セネカの領土のほとんどが破壊された。

イロコイ連邦が戦争については分裂していたため、大陸軍は事実上、勝利と命がけの行進を妨げられることはなかった。ヨーロッパや英米の植民地主義、新植民地主義に起因するもうひとつの典型的なシナリオは、イロコイ連邦内で内戦が勃発し、モホークがオネイダの村を破壊したことである。オネイダは、分離派の味方に情報を与えることができなくなった。グルニエは「一七八一年には、三シーズンにわたるインディアン戦争の後、ニューヨークの辺境は無人地帯と化していた」と述べている。[55]

5　ネーションの誕生

私たちの国は、ジェノサイドの中で生まれた。…国の政策として先住民を絶滅させようとした国は、おそらくわが国だけであろう。しかも、その悲惨な経験を崇高な聖戦にまで高めてしまった。実際、今日においても、私たちは、自分たち自身がこの恥ずべきエピソードを否定したり、後悔したりすることを許していない。

――マーティン・ルーサー・キング・ジュニア

イギリスは一七八三年、一三の植民地を維持する戦いから撤退し、南アジアの征服に資源を振り向けることにした。イギリス東インド会社は、一六〇〇年以来、北米大西洋岸の植民地化と並行して亜大陸で事業を展開していた。イギリスがオハイオ州の領有権を合衆国に譲渡したことは、ミシシッピ川以東のすべての先住民にとって悪夢のような災難をもたらした。一七八三年のイギリス撤退は、先住民に対する軍事行動を終わらせるものではなく、むしろ大陸を無制限に暴力的に植民地化するための前哨戦であった。戦争終結のための交渉において、イギリスは入植者の分離独立戦争に抵抗した先住民への配慮を主張しなかった。その結果、一七八三年のパリ条約で、イギリスは五大湖の南、ミシシッピ川から大西洋まで、そしてスペインが占領したフロリダより北の全領土の所有権を合衆国に譲渡した。マスコギ・クリークのリーダー、アレクサンダー・マクギリブレイは、先住民の一般的な見解を述べている。「自分たちとこの国が敵に裏切られ、スペイン人とアメリカ人の間で分断されることは、残酷で卑劣なことだ[1]」。

新秩序

戦争はさらに一世紀にわたって絶え間なく続き、大陸を横断する行軍では、ますます強力になった火力により大地を焦がし殲滅するという同じ戦略と戦術が用いられた。「ジェノサイド」という言葉では表現しきれないほどの出来事であったが、米国人の多くはそれを恐怖ではなく、自国の「明白なる使命」と考えていた。

一七九〇年にアメリカ合衆国が新しい国家として成立すると、先住民の各ネーションは、自分たちを滅ぼそうとする忌まわしい入植者に対抗して、競合するヨーロッパ帝国と同盟を交渉する機会が大幅に減った。それにもかかわらず、先住民は独立した合衆国の建国に抗して生き延び、抵抗の文化という遺産を生み出した。アメリカ共和国が誕生した頃、現在の米本土の先住民は、二世紀にわたってヨーロッパの植民地化に抵抗していた。植民地化側の思惑からしても、先住民には選択の余地がなかった――完全に抹殺されるか、生き残るか。植民地化以前の先住民の社会は、適応力を備えたダイナミックな社会システムだった。生き残りをかけた戦いでも、文化を放棄する必要はなかった。それどころか彼らの文化は、外交力や機動力といった既存の強みを活かして、ほぼ絶え間ない危機の中で生きていくために必要な、新しいメカニズムを開発していったのである。その過程では常にハードコアな抵抗があったが、抵抗の文化には、キリスト教を既存の宗教習慣に吸収したり、植民者の言語を使用したり、入植者や、さらに重要なことには、脱走したアフリカ人奴隷など他の抑圧されたグループとの婚姻など、植民地化する社会秩序への適応も含まれている。抵抗の文化がなければ、合衆国の植民地化の下で生き残った先住民は、個々の同化によって排除されていただろう。

アングロサクソン系合衆国の独立した法体系には、条約締結という新たな要素が加わった。合衆国憲法では、先住民について具体的に言及しているのは、第一条第八節の「(議会は)外国との交易、複数の州間の交易、およびインディアン部族との交易を規制する権限を有する」という一文だけだが、これは重要な意味を持っている。連邦政府に特別に留保されていない権限はすべて州に与えられるという連邦制度において、先住民との関係は紛れもなく連邦の問題である。

明らかに言及はされていないが、憲法修正第二条には先住民が暗示されている。これまで植民地では、男性入植者は南部植民地も含めて、先住民のコミュニティを襲撃して荒らすために生きているあいだじゅう民兵に所属することが義務付けられていて、後の各州の民兵は「奴隷のパトロール」として使われていた。一七九一年に批准された憲法修正第二条は、これらの非正規軍を法律に明記した。「自由な国家の安全保障のためには、統制された民兵が必要であり、国民が武器を持ち続ける権利を侵害してはならない」。権利章典に明記されたこの「自由」の意義は、合衆国の植民地主義文化の根源を示すものであり、現在でも神聖な権利として存続している。[2]

合衆国による先住民に対する虐殺戦争は、一七九〇年代になっても止むことはなく続き、新しい国民国家の構造そのものに織り込まれていった。先住民の領土の境界線上にいるアングロサクソン系アメリカ人の入植者たちの恐怖、願望、強欲がこの戦争を永続させ、北米の植民地時代の民兵を形成したように、奥地の入植者たちの要求と行動が米軍の形成に影響を与えたのである。奴隷を使った大規模なプランテーションの所有者は、自分の土地を拡大しようとしていた。一方、プランテーションに太刀打ちできずに土地を追われた小規模農家の所有者は、家族を養うために安い土地を必死に探していた。両入植者グループの利益は、ワシントンの軍隊を基盤とした新しい専門的な軍隊を構築しようとしていた国家・軍当局の利益と必ずしも一致していなかった。しかし、合衆国政府とその軍隊が形成されつつある頃、先住民のネーションの周辺にある多くの入植地が、分離の危機にさらされたため、軍隊は先住民の領土への急速な拡大を最優先事項とした。残忍な対反乱戦は、合衆国独立後の最初の四半世紀の間に、オハイオ州をはじめとする、当時北西部と呼ばれていた地域の先住民の文明を軍が破壊する手段となったのである。(3)

オハイオでの総力戦が舞台

第一次ワシントン政権は、主権を主張していたオハイオ州を早期に征服し、植民地化できなかったことによる危機感を抱いていた。(4) 合衆国憲法が制定される前のコンフェデレーション(連邦制)時代には、この地域の先住民はイギリスの武器を常時入手しており、一七八〇年代にモホークのリーダー、ジョセフ・ブラントが築いたものを筆頭に、効果的な政治的・軍事的同盟を結んでいた。ワシントン政権は、先住民の同盟関係を解消するには、外交ではなく戦争しかないと判断した。陸軍長官ヘンリー・ノックスは、フォート・ワシントン(ワシントン砦。現在のシンシナティの市街地にあった)の陸軍司令官に次のように伝えた。「これほど広大な辺境で単独の、あるいは小集団の進取的な野蛮人に対して、防御的かつ効率的な守備を施すことは、まったく不可能と思われる。可能であれば、このような山賊は完全に駆逐する以外に解決策はない」[5]。この命令は、通常の戦争をしている軍隊では遂行できないものだった。軍隊を指揮していたのは連邦軍の将校だったが、戦闘員のほとんどはケンタッキー州からの不法入植者を中心とした民兵であった。彼らは軍隊の規律に慣れていなかったが、恐れを知らず、土地を奪うために、あるいは頭の皮を剥いだ賞金のために、殺すことを厭わなかった。

陸軍は、攻撃を予定していたマイアミ・ネーションの村がすでに砂漠化していたため、村のひとつに基地を設けてマイアミの襲撃を待った。しかし、突撃は来なかった。司令官がマイアミを見つけるために小部隊を送り出すと、この捜索と破壊の命を受けた部隊は、リトルタートル（メシェキンノクワ）とブルージャケット（ウェヤピエセンワ）の指揮下にあるマイアミとショーニーの連合軍に待ち伏せをされて、逃走を余儀なくされた。荒れ果てた町は、侵略者を待ち伏せするための餌だったのだ。司令官は陸軍省に、自軍は三〇〇棟の建物を焼き、二万ブッシェルのトウモロコシを破壊したと報告した。それは事実であろうが、先住民の政治的・軍事的組織を崩壊させたという彼の主張は正確ではない。ノックスは、抵抗を鎮めるためには、食料や財産の破壊だけでは不十分だと考えていたようだ。彼は司令官たちに、ケンタッキー州の屈強な騎兵五〇〇人を募り、ウォバッシュ川沿いのマイアミの町や畑を焼いて略奪するように命じた。そして、女性や子供を人質として捕らえ、降伏の条件とすることにした。

この命令を実行するにあたり、襲撃者であるレンジャーたちは、非戦闘員に対する配慮や敬意を全く欠いた、徹底した暴力によってはたして何ができるのかを示した。彼らはマイアミの二つの大きな町を破壊し、四一人の女性と子供を捕らえ、他の町にも無条件降伏しなければ同じ目に遭《あ》うと警告した。「あなた方の戦士は虐殺され、あなた方の町や村は略奪されて破壊され、あなた方の妻や子供たちは捕虜にされるだろう。われわれの強力な司令官の怒りから逃れた者は、大きな湖のこちら側に安住の地を見出すことはできないだろう」。しかし、オハイオ州のインディアンは、このような結果になることを十分承知の上で戦い続けていた。セネカのリーダー、コーンプランターは、入植者を「町の破壊者」と呼んだ。彼は、軍隊が西のイロコイに与えた破壊と苦しみの中で、セネカの「女性たちは後ろを見て青ざめ、子供たちは母親の首にしがみついていた」と述べている。(6)

ワシントン大統領は入植者の民兵を主に使っていたが、新政府はヨーロッパ諸国から見て、合衆国の威信を高めるようなプロの軍隊を開発しなければならないと主張していた。また、正規軍の四倍のコストがかかる傭兵を使うのは高すぎると考えた。しかし、正規軍がオハイオ州に派遣されるたびに、先住民の抵抗者たちは彼らを追い出したため、やむなくワシントンは、凶悪な殺人者を使って地域を恐怖に陥れ、それによって、入植者に売ることができる土地を併合するようにして、没収された土地の売却は、新政府の主要な収入源となった。

一七九一年末、陸軍省はオハイオ州の不法占拠者たちに、レンジャーを招集して攻勢に出るよう通達した。「マッド」・アンソニー・ウェイン少将は、自分の指揮下にある軍の部隊の再編成を任されていた。部隊を非正規軍として機能させるためだ。ウェインが頼りにならず、アルコール依存症であることは、ワシントンをはじめとする政府関係者も承知していたが、そうした特性がこれからの汚い戦争に役立つかもしれないと考えたのである。一七九二年から一七九四年にかけて、ウェインは正規軍と経験豊富なレンジャーの大部隊を統合した。ウェインは、食料品の破壊や民間人の殺害など、対反乱の戦術を積極的に取り入れた。

最初の作戦に参加した一五〇〇人の騎兵の中には、才能豊かなウィリアム・ウェルズがレンジャーのグループと一緒にいた。ウェルズは一三歳のときにマイアミに捕らえられ、その後九年間マイアミと暮らし、リトルタートルの娘と結婚した。義父の指揮のもと、ウェルズは侵入してきた入植者や合衆国軍とも戦った。一七九二年、ウェルズはマイアミの代表として合衆国との交渉役に選ばれたが、交渉の場に到着すると、一〇年間離ればなれになっていた家族の兄弟に出会った。彼は説得されてケンタッキーに戻り、合衆国軍のレンジャーとして活躍した。[7]

ウェイン軍とレンジャーはオハイオ州に入り、リトルタートル率いる先住民の同盟の中心地にフォート・ディファイアンス（オハイオ州北西部）と呼ばれる基地を設立した。[8] ウェインはショーニーに最後通牒を突きつけた。「罪のない女子供を哀れむのなら、これ以上の血の流出を防ぐために出頭するように」。ショーニーのリーダー、ブルージャケットは服従を拒否したので、米軍はショーニーの村や畑を破壊し、女、子供、老人を殺害し始めた。そして一七九四年八月二〇日、フォーレン・ティンバーズでショーニーの主力部隊は制圧された。この勝利の後も、レンジャーは三日間にわたってショーニーの家やトウモロコシ畑を破壊し続け、五〇マイルに及ぶ壊滅的な被害をもたらした後、フォート・ディファイアンスに戻っていった。フォーレン・ティンバーズでの敗北は、オハイオ州の先住民に大きな打撃を与えたが、彼らはその後の一〇年間で抵抗の態勢を再構築することになる。

合衆国によるオハイオ州南部の征服は、一七九五年のグリーンビル条約で正式に決定された。が、これは、悪質な非正規戦による勝利だった。この地域のネーションは、もはやイギリス人やフランス人、入植者を相手にしていたのではなく、独立した共和国という帝国主義が断固として押し進んでくる力に直面していたのである。共和国が入植者を従軍させるためには、入植者を大事にしなければならなかった。[9]

テカムセ

その後の一〇年間で、さらに多くの入植者がアパラチア山脈に押し寄せ、先住民の土地に不法占拠し、さらには町を作り、米軍や土地投機家、民間の機関が後に続くことを期待していた。

オハイオ州では、一九世紀初頭にショーニーのテカムセとテンスクワタワの兄弟が、共同で先住民の抵抗運動を始めた。テンスクワタワとその仲間たちは、一八〇七年に設立された組織の中心地「プロフェッツタウン」(予言者の町)からショーニーの町を巡り、アングロサクソン系アメリカ人の習慣や貿易品への同化、特にアルコールの流入によって侵食された彼らの文化的ルーツへの回帰を訴えた。[10] アルコール(および薬物)の乱用は、植民地化などの支配を受けた地域、特に混雑した悲惨な避難状況下では病気のように流行している。これは、北米の先住民に限らず、世界各地で見られる現象だった。アルコールは植民地主義者の道具立てのひとつであり、彼らはそれを安価で容易に入手できるようにした。キリスト教の宣教師は、このような機能不全の状態を利用して、食べ物や住居だけでなくアルコールを避けるための規律を提供することで、キリスト教へ改宗させることがよくあった。しかし、これは植民地への服従の一形態だった。

テカムセは、その構想をオハイオ州内にとどまらず、西はミシシッピ州、北は五大湖、南はメキシコ湾に至るまで、すべての人々の組織化を考えていた。また、他の先住民のネーションを訪問し、彼らの土地に不法占拠している者たちには反抗をして、各ネーションが団結するようにと呼びかけた。そして、先住民の土地を入植者に売却することをやめるプログラムを提示した。そうすれば、安い土地を求めてやってくる入植者の移動が止まり、西部での合衆国の支配を阻止することができる。そうなれば、すべての先住民のネーションが連合して、先住民の土地を管理することができる。彼のプログラム、戦略、哲学は、アングロサクソン系アメリカ人によって植民地化した北米における、汎先住民運動の始まりであり、後の抵抗のモデルとなった。ジョセフ・ブラントとポンティアックは一七八〇年代にこの戦略を考案したが、テカムセとテンスクワタワは、それぞれのネーションの固有の宗教や言語を尊重しつつ、先住民の精神性と政治性を融合させることで、より強力な汎先住民的な枠組みを構築した。[11] 先住民の同盟関係の発展は、アパラチア山脈を越えた地域でのアングロサクソン系アメリカ人の不法占拠や、土地の投機・買収の継続に重大な障害をもたらした。リトルタートルやブルージャケットが率いたような、過去の先住民の抵抗運動では、合衆国の破滅的な殲滅戦争後の和平交渉で、派閥のリーダーが「組織のチーフ」となり、ネーション代表と称する人々の同意なしに土地売却に同意していた。植民地化されたコミュニティは、貿易品や連邦政府からの年金に経済的に依存するようになり、借金を重ねて、手元に残った土地を没収されてしまった。新興の若い世代は、このようなチーフを、自分たちの仲間を売っていると考え、軽蔑していた。アングロサクソン系アメリカ人の入植者や投機家たちは、圧力を強め、壊滅させるという新たな脅しをかけたが、それは先住民たちの怒りと報復の声を招いただけではなく、新たな反骨精神を招くことにもなった。

一八一〇年、合衆国と英国間の戦争（第二次米英戦争）が迫っていた時期に、インディアナ準州とイリノイ準州では、新たな先住民の同盟が不法占拠の入植者に挑んできた。合衆国の帝国主義的な大陸支配を阻止するために、イギリスが先住民の連合体と団結することを恐れた入植者たちは、ジェームズ・マディソン大統領へ提出する嘆願書を作成し、政府が先制的に行動することを要求した。「この辺境の人々と財産の安全は、ウォバッシュ川のショーニーの予言者〔テンスクワタワ〕によって形成された同盟を破壊する以外に、効果的に確保することはできません」[12]。

一八〇九年、インディアン準州の知事であるウィリアム・ヘンリー・ハリソンは、数人の貧しいデラウェア、マイアミ、ポタワトミの人々を脅して買収し、フォート・ウェイン条約に署名させた。条約によると、現在のインディアナ州南部にある土地を、年一回の年金と引き換えに引き渡さなくてはならない。テカムセは、この条約と、仲間の承認を得ずに条約に署名した人々を非難した。ハリソンは、一八一〇年にビンセンズで、ショーニー、キッカプー、ワイアンドット、ペオリア、オジブエ、ポタワトミ、ウィネバゴなどのネーション代表者とともに、テカムセと会った。ショーニーのリーダー（テカムセ）はハリソンに、マスコギー、チョクトー、チカソーを同盟に加えるために南部に出発すると伝えた。ハリソンは、テカムセの弟である予言者テンスクワタワが、先住民の反乱を再び引き起こした元凶であると確信し、予言者の町を破壊すれば抵抗勢力が壊滅すると考えた。そうなれば、好戦的な指導者たちを支持する多くの先住民に、「合衆国に土地を譲りお金と貿易品を手に入れるか、それともさらなる破壊を受けるか」という明確な選択を迫ることができる。ハリソンは、テカムセの不在時に攻撃することを決めた。彼は、フォーレン・ティンバーズ事件でウェイン将軍の副官を務めた経験から、正規軍が待ち伏せされないようにする方法を知っていた。そして、インディアンを殺した経験のあるインディアナ州とケンタッキー州のレンジャーと、合衆国陸軍の正規軍を集めた。兵士たちは、現在のインディアナ州テレホートの地（ショーニーの土地）にハリソン砦を建設し、永久にそこへ留まる意思の象徴とした。プロフェッツタウンの人々は、軍の進撃を知っていたが、テカムセは、同盟がまだ戦争の準備ができていないので、戦いに巻き込まれないようにと彼らに警告をしていた。テンスクワタワは偵察隊を送り、敵の動きを観察した。一八一一年一一月六日の明け方、合衆国軍はプロフェッツタウンの端に到着した。テンスクワタワは、兄の指示を覆すしかないと考え、翌朝の未明に突撃を開始した。先住民のうち二〇〇人ほどが倒れた後、部隊は彼らを制圧し、町を焼き、穀物庫を破壊し、略奪を行い、さらに墓を掘り起こして死体を切断した。これが有名なティペカヌーの「戦い」で、ハリソンは入植者たちの間で辺境の英雄となり、後に大統領に選出されるきっかけとなった[13]。

合衆国軍がインディアン同盟の首都を破壊したことで、旧北西部の先住民は激怒し、キッカプー、ウィネバゴ、ポタワタミ、さらには南部のクリークの戦士たちまで、戦うための物資を手に入れるためにカナダのマルデン砦のイギリス軍駐屯地に集結した。テカムセは、イギリスの手先であるという合衆国の誤った思い込みとは裏腹に、イギリスとの同盟には乗り気ではなかった。過去にヨーロッパ人が、あまりにも信頼できないことを知っていたからである。しかし今、彼は、イギリスが望むなら支援することはできるが、支配することはできない、そのような先住民が主導する統一されて組織的な対米戦争について語っていた。マディソン大統領は、イギリスに対する宣戦布告を求めて議会で演説し、次のように主張した。「イギリスの対米行動を再検討するにあたり、われわれは必然的に、わが国の広大な辺境のひとつで、野蛮人が新たに起こした戦争に注目することになる。この戦争は、老若男女を問わないことや、人類にとりわけ衝撃的な特徴で区別されることで知られている[14]」。

一八一二年の夏、先住民の連合軍は、イギリスの助けをほとんど借りずに、合衆国の施設や不法占拠者の居住地を攻撃した。現在のデトロイトとディアボーンにある合衆国軍の砦は陥落した。ディアボーン砦の住民の中では、ケンタッキー州のレンジャー、ウィリアム・ウェルズが殺害され、その遺体は裏切り者の遺体として切り刻まれた。秋になると、先住民の勢力がイリノイ州とインディアナ州の各地で、アングロサクソン系アメリカ人の不法占拠者の集落を攻撃した。先住民を追跡して殺そうとした合衆国軍のレンジャーは、破壊されて放棄されたアングロサクソン系アメリカ人の集落を発見し、何千人もの入植者が家を追われた現実を目の当たりにした。これに対し、ハリソンは民兵を先住民のいる野原や村に放ち、その行動に制限を設けなかった。ケンタッキー州の民兵隊長は、武装した騎兵二〇〇〇人を集めて、現在のイリノイ州ピオリア付近の先住民の町を破壊したが、成功しなかった。一八一三年の秋、テムズの戦いでテカムセが戦死し、先住民の軍隊が壊滅したことで逆転が起こった。一年半の戦争期間中、民兵やレンジャーは先住民の民間人や農業資源を攻撃し、残ったのは飢えた難民だけだった。[15]

チェロキー・ネーションへの攻撃

征服されていない旧南西部の先住民の地域では、合衆国独立後の二〇年間にも並行して抵抗が行われたが、絶滅を図る入植者の戦争のおかげで同じような悲劇的結果になった。テネシー州（イギリスの植民地ノースカロライナが領有していたが、入植はしていなかった）は、大きなチェロキー・ネーションから切り離され、一七九六年に州となった。テネシー州の東部、特に現在のノックスビル周辺は交戦地帯となっている。スコットランド系アイルランド人を中心とした入植者たちは、自分たちの居住地を確保・

拡大しようと、「チカマウガ」と呼ばれるチェロキー（チカマウガ・チェロキー）の抵抗勢力と戦争をしていた。入植者たちは、自分たちが追い出そうとしている先住民と、新しく成立した連邦政府の両方を憎んでいた。一七八四年、入植者であるジョン・セビアを中心としたノースカロライナの入植者たちは、カロライナ西部から分離し、セビアを大統領とするフランクリンという独立国を設立した。ノースカロライナ州も連邦政府も、テネシー渓谷東部の入植地には何の統制もかけていなかった。一七八八年の夏、セビアはチカマウガの町への無謀な先制攻撃を命じ、三〇人の村人を殺害し、生き残った人々を南に逃がした。セビアの行動は、入植者と連邦政府の関係のひな形となった。つまり、入植者が連邦政府の最終的な解決策を実行し、連邦政府は入植者の先住民の土地への侵攻を制限しているかのように見せかけたのである。(16)

オハイオ州の先住民の激しい抵抗や、マスコギーとジョージア州との戦いに直面したワシントン政権は、南部の先住民の抵抗を抑えようとした。しかし、今度は入植者たちが、後にテネシー州となる場所でチェロキーを挑発していた。陸軍長官のノックスは、先住民の狩猟場を農場に変えていく入植者の開発の進行が、徐々に先住民を圧倒し、彼らを追い出していくだろうと考えていた。彼は、不法占拠者の指導者たちに建物を建て続けるよう助言したが、そうすればさらに不法占拠者を呼び寄せることになる。しかしこれは、先住民の農民たちが、自分たちを滅ぼして領土を奪おうとする入植者たちの意図を十分に理解していた、という事実を無視した軽率な考えである。

一七八五年に連邦政府とチェロキーとの間で結ばれたホープウェル条約で、合衆国はブルーリッジ山脈の東側への入植を制限することに合意していた。しかし、その地域に一〇〇万エーカーの土地を持っていた数千の不法占拠者たちは、この条約を守ろうとはしなかった。ノックスはこの状況を、入植者たちとの対決の場であり、カナダからスペイン領フロリダまでの山脈の西側における連邦政府の権限を試すものだと考えていた。入植者たちは、連邦政府が自分たちの利益を守ってくれるとは思っていなかったので、単独行動をとるようになっていた。絶え間ない攻撃に直面したチェロキーは、町や畑の破壊を食い止めようと必死だった。多くの人が飢えており、避難所もなく、難民として移動していた。チカマウガの戦士だけが、ベテランのレンジャー入植者のインディアン殺しを撃退する防護部隊として活躍していた。一七九一年七月、チェロキーはしぶしぶホルストン条約に調印し、連邦政府から年間一〇万ドルの年金を受け取る代わりに、フランクリン入植地の土地に対する権利を放棄することに同意した。[17]

合衆国は、条約で境界線が引かれたチェロキー領に不法占拠者が流入するのを止めなかった。条約が締結された一年後に戦争が起こり、ドラッギング・カヌー率いるチカマウガが不法占拠者を攻撃し、ナッシュビルを包囲したこともあった。[18] 戦争は二年間続き、五〇〇人のチカマウガの戦士にマスコギーが加わり、テカムセの兄弟のひとりであるチーシーカウが率いるオハイオ州のショーニーの部隊も加わったが、彼は後に戦闘で死亡した。入植者たちはチカマウガに対する組織的な攻撃を仕掛けた。連邦政府のインディアン管理官はチカマウガに戦いをやめるように説得した。そして、辺境の入植者は「戦士だけでなく、罪のない無力な女性や子供、老人にとっても常に恐ろしい存在である」と警告した。この管理官は入植者たちに、先住民の町を攻撃しないよう警告したが、彼が書いたように、「祖国に貢献しようとする間違った熱意」から、チェロキーの町をできるだけ破壊しようとして集まった、三〇〇人の入植者の暴徒を解散させるよう、民兵に命じなければならなかった。[19] セビアとレンジャーは、一七九三年九月にチカマウガの町に侵入し、完全な破壊を目指すと宣言した。セビアは連邦管理官から村を攻撃することを禁じられていたが、焦土作戦を命じた。

収穫期に攻撃することで、セビアは住民を飢えさせようとした。この作戦は成功した。その直後、連邦管理官は、「セビア将軍が［チェロキー・］ネーションを訪問して以来、先住民の動きはなく、この地域は平和になった」と陸軍長官に報告した。その一年後、セビアはチカマウガの村を全滅させないために、村々に絶対服従を要求した。何の返答もないまま、一カ月後、一七五〇人のフランクリン・レンジャーが二つの村を襲い、建物や畑（これも収穫の時期に近い）をすべて焼き払い、逃げようとした者を射殺した。セビアは、チカマウガが町を捨てて森に入り、運べるものだけを持っていくようにと、降伏要求を繰り返した。彼は、「戦争はアメリカに多くのお金と命をもたらすが、あなた方のネーションとしての存在を永遠に破壊するだろう」と書いた。残ったチカマウガの村々は、入植者がチェロキーのネーションに残ることに同意した。

セビアのような冷酷なリーダーは、不法占拠者の集落では例外ではなく、一般的だった。彼らは自分たちが完全に支配して、欲しいものを手に入れると、連邦政府と和解し、連邦政府は彼らの行動に依存して共和国の領土を拡大していった。セビアはその後、ノースカロライナ州の代議士、テネシー州の知事などを歴任した。このような人物は、現在でも「合衆国精神」を体現した偉大なヒーローとして崇められている。ジョン・セビアのレンジャー服を着たブロンズ像は、現在、合衆国議会議事堂の国立彫像ホールに設置されている。(20)

マスコギーの抵抗

マスコギー・ネーションは、アングロサクソン系アメリカ人入植者とイギリス王室との間の戦争で、公式には中立の立場を保っていた。それにもかかわらず、多くのマスコギーは、ジョージア州、テネシー州、サウスカロライナ州の国有地内で不法占拠者を襲撃したり、嫌がらせをしたりしていた。合衆国の独立が成立すると、マスコギー・ネーションは自分たちの領土への不法占拠者の流入を阻止するために、スペイン領フロリダに同盟を求めた。スペインは、当時ミシシッピ川下流域とニューオーリンズ市を擁していた自国の領土の緩衝材として、この同盟に関心を持っていた。不法占拠者たちは、マスコギーとスペインの役人、そしてイギリスが共謀して、自分たちをジョージア州西部と現在のアラバマ州から締め出そうとしていると考え、マスコギー・ネーションがこの地域、特にジョージア州への定住を阻む主な障壁であると考えていた。マスコギーは不法占拠者たちを「赤い人々の土地を貪欲に奪う人々」と呼んだ。

連邦政府はマスコギー・ネーションとの間で、新しい境界線を設定し、年間六万ドルの物資と引き換えに、入植と交易を増やすことを交渉した。不法占拠者たちは、条約の規定を無視して、マスコギーを戦争に駆り立てるためにあらゆる手を尽くした。マスコギーの鹿公園で何百頭もの鹿を虐殺したのも、抵抗勢力であるマスコギーの猟師の生活基盤を奪うことを目的としたものだった。しかし、陸軍省はそれに加担し、条約でマスコギーに支払うべき金を使って、リーダー（ミッコ）たちを買収して分裂させ、反乱軍を地域から孤立させた。マスコギーの八〇人の戦士は、まだ戦っていたチカマウガに合流して、一七九二年の初めにテネシー州のカンバーランド地区を共同で攻撃し、他の者たちはマスコギーの領土にいるジョージアの不法占拠者を攻撃した。そのとき、テカムセが派遣したショーニーの代表者がオハイオ州から訪れ、それまでショーニーが成功していたように、マスコギーにも不法占拠者を追い出すようにと勧めた。ノックス陸軍長官はジョージア州の連邦管理官に宛てて、マスコギーの過激派は「山賊のようなもので、この国の全体や、かなりの部分を巻き込んでいるわけではない。彼らの敵対行為は彼ら自身の気質から生じたものであり、チーフたちや町やその他のインディアンのしかるべき階級から指示されたものではない」と書いた[21]。

この頃には、先行するイギリスの植民地化、そして合衆国によるマスコギー・ネーションをはじめとする、南東部に存在した先住民のネーションの植民地化の過程で、アフリカ人からは「コンプラドール」、スペイン植民地の合衆国では「カシク」と呼ばれる、植民地主義のプロジェクトには欠かせない先住民の顧客階級がしっかりと形成されていた。この特権階級は、植民地の主人に依存することで個人的に富をたくわえていた。こうして起きた階級の分裂は、伝統的に比較的平等主義的で民主的だった先住民社会を内側から苦しめた。南東部のこの少数のエリートは、アフリカ人の奴隷化を受け入れ、一部の者は主にイギリス人との婚姻を通じて、南部の大農園主《プランター》のような裕福な農園主になった。合衆国の商人が設立した交易所は、マスコギーの社会をさらに分断し、多くの人々が依存と借金によって合衆国経済に深く引き込まれ、それまで彼らの土地に手をつけなかったスペインやイギリスの商社から離れていった。このように、階級の分裂と負債による植民地化の方法は、世界中の植民地勢力がどこで採用しても効果のあることがわかったが、先住民の反乱の兆しがあるときには、極端な暴力を伴う場合もあった。

だが合衆国は、この方法で北米を横断したのである。ほとんどのマスコギーが村で伝統的な民主主義のやり方を続けていた一方で、エリートのマスコギーが彼らに代わって決断し、妥協していたため、村の住民全員に悲劇的な結果をもたらした。

一七九三年、連邦政府は、反乱軍の大半が住んでいると思われる五〇〇のマスコギーの町を特定した。ノックス陸軍長官は、ジョージア州の民兵に連邦軍への出動を要請した。連邦インディアン管理官は陸軍省に、入植者たちがマスコギーを襲撃しようとしていることを伝え、反乱を起こしているマスコギーの町を占領するために一〇〇〇人の連邦軍を派遣するよう要請した。陸軍省はこの案を却下し、戦争は延期されたが、落ち着きのないジョージア人の民兵たちは、略奪、放火、殺戮のためにマスコギー領に駆けつけたものの、待たされただけだったので軍務を放棄してしまった。その間も、マスコギーの農民や商人、それに町に対する不法占拠者の執拗な攻撃は続いていた。

一七九三年から九四年にかけての冬、ジョージア州の国境に住む不法占拠者たちが、土地を持たない入植者たちのために武装集団を結成した。リーダーのイライジャ・クラークは、ベテランのインディアン殺しで、独立戦争時にはジョージア州民兵の少将を務め、レンジャーを指揮して先住民の町や畑を破壊した経験があった。合衆国の愛国者たちの英雄であるクラークは、かつての部隊が自分に対して武器を取ることはないと確信していた。クラークとレンジャーたちは自分たちの共和国の独立を宣言したが、ジョージア州当局は彼を捕らえ、反乱軍の拠点を破壊した。しかし、クラークの行動は、土地を持たない不法占拠者が先住民の土地を奪おうとしているという強いメッセージを州政府や連邦政府に送った。彼らは、一〇年後にその目的に必要なリーダーを手に入れることになる。一方、マスコギーの町のエリートたちは、反乱軍を疎外することに成功し、連邦政府は補助金を増やした。マスコギーの富裕層は交易所を設立して、貧しいマスコギーにウイスキーを安価で提供した。[22]

賽は投げられた

ジョージア州西部への入植者の侵入が成功したことで、アラバマ州とミシシッピ州は、急速に拡大する奴隷労働によるプランテーション経済の次の目標となった。プランテーション経済は、民間の投機家による先住民の占有地の土地売却とともに、合衆国経済全体にとって不可欠なものだった。プランテーション経済は、綿花が主流になる前から、換金作物のために広大な土地を必要としていた。その結果、先住民のネーションの領土は破壊され、アングロサクソン系の入植者たちは戦って、何としても先住民のコミュニティを追い出したいが、彼ら自身は土地を持たないまま、次の開拓地に移動して再挑戦した。合衆国の植民地化は、旧南西部に奴隷制に基づく醜悪な支配をもたらし、それはさらに七〇年間にわたって栄えた。ワシントン政権は、オハイオ州と違って武力を避けたため、この地域の入植者を疎遠にしてしまった。マスコギーを一掃できないようにすることで、連邦政府は、かつての入植者たちにとってイギリスの権威がそうであったように、敵とみなされた。この戦争では、ロバート・V・レミニが『アンドリュー・ジャクソンと彼のインディアン戦争』で述べているように、「テネシー州の開拓者アンドリュー・ジャクソンは、陸軍の正規軍と開拓者の両方を指揮して、クリークが全面戦争の衝撃をまともに受けることを自ら請け合った」[23]。

一八一〇年から一五年にかけて、オハイオ州（旧北西部）では、テカムセ率いる同盟の敗北に終わった戦争と、一八一三年から一四年にかけてのマスコギーとの戦争が並行して進行していた。この二つの戦争と重なった一八一二―一五年の英米戦争とは異なり、事態は以前の状態に戻るのではなく、ミシシッピ川以東の先住民の力を排除することで頂点に達したのである。合衆国の征服は、一八一五年の戦いでイギリスが敗北したことにより決まったのではなく、ジェノサイド的な戦争と強制排除によって決まったのだ(24)。

合衆国の指導者たちは、独立前の時期に行っていた対反乱戦を新しい共和国に持ち込んで、大陸と世界に多大な影響を与える戦争のやり方を、駆け出しの連邦軍に刷り込んだ。先住民を標的にした対反乱戦と民族浄化は、一九世紀を通じて合衆国の戦争を特徴づけたものであり、一八六四年のサンドクリークの虐殺から一八九〇年のウンデッド・ニーの虐殺まで、セミノールに対する合衆国の三回にわたった対反乱戦がその例である。正規軍は早くからこのような戦略や戦術を戦争の手段として取り入れていたが、地元の民兵や入植者が独自に行動して先住民の非戦闘員に恐怖を与えるのを、正規軍はただ傍観していることが多かった。

ミシシッピ以西では、アベナキ、チェロキー、ショーニー、マスコギー、さらにはキリスト教徒のインディアンに対しても、非正規戦が展開された。南北戦争では、このような方法が両陣営で重要な役割を果たした。南軍の正規軍、ウィリアム・クアントリルのような南軍ゲリラ、北軍のシャーマン将軍のいずれもが、民間人に対して総力戦を展開した。このパターンは、フィリピン、キューバ、中米、韓国、ベトナム、イラク、アフガニスタンなど、合衆国が海外で行う軍事介入にも引き継がれている。このような積み重ねは、単に軍事的手段を習慣的に使用することにとどまらず、合衆国の米国人としてのアイデンティティの根幹をなすものだ。インディアンと戦う開拓者や、幌馬車に乗った「勇敢な」入植者は、このアイデンティティの象徴的なイメージである。ジェノサイドを行った反社会的なアンドリュー・ジャクソンの人気と尊敬の念が続いていることも、その象徴と言えるだろう。ロバート・ロジャーズ、ダニエル・ブーン、ジョン・セビア、デイヴィッド・クロケットといった実在の人物や、ジェームズ・フェニモア・クーパーをはじめとするベストセラー作家が創作した架空の人物は、D・H・ローレンスの言った「本質的な白人アメリカ人の神話」、つまり「本質的なアメリカ人の魂」が殺人者である、ということを思い起こさせる。[25]

6　モヒカンの最後とアンドリュー・ジャクソンの白い共和国

入植者の仕事は、先住民にとって自由の夢さえも不可能にすることだ。先住民の仕事は、入植者を破壊するためのあらゆる方法を想像することだ。

――フランツ・ファノン『地に呪われたる者』

一八〇三年、ジェファーソン政権は、直接影響を受ける先住民に相談することなく、ナポレオン・ボナパルトからルイジアナ準州を購入した。ルイジアナ準州の面積は八二万八〇〇〇平方マイルで、これが加わると合衆国の面積は二倍になった。ルイジアナ準州は、スー、シャイアン、アラパホ、クロウ、ポーニー、オーセージ、コマンチなど、バッファローを狩っていた複数の先住民の領土の全部または一部を含んでいた。また、ミシシッピ以西の先住民が移転してきた、後にインディアン・テリトリー（インディアン準州。インディアン特別保護区。オクラホマ州）となる地域も含まれていた。現在のアーカンソー州、ミズーリ州、アイオワ州、オクラホマ州、カンザス州、ネブラスカ州、ミシシッピ州以西のミネソタ州、ノースダコタ州とサウスダコタ州の大部分、ニューメキシコ州北東部とテキサス州北部、モンタナ州、ワイオミング州、コロラド州の大陸分水嶺以東の部分、そしてミシシッピ川以西のルイジアナ州（ニューオーリンズ市を含む）の一五の州が、この土地から生まれた。この領土は、テキサス州と大陸分水嶺の西側から太平洋までの全領土を含む、スペインが占領していた土地を圧迫するものだった。これらの土地も、やがては合衆国の併合リストに加わることになる。(1)

当時、米国人の多くは、この購入を、フランスとの戦争を回避しつつ、ミシシッピ川での通商を確保するための戦略的な手段と考えていた。しかし、入植地として注目する者や、旧北西部や旧南西部の先住民の土地をミシシッピ川西岸の土地と「交換」することを提案する者が現れるまで、それほど時間はかからなかった(2)。ミシシッピ以西の征服と植民地化に目を向ける前に、奴隷制を基盤とした南東部の支配には、先住民の民族浄化を行う必要があった。そのための人物がアンドリュー・ジャクソンだったのである。

ジェノサイドによるキャリア形成

合衆国が誕生し、世界にその勢力を拡大していったのは、優れた技術や圧倒的な数の入植者があったからではない。むしろ最大の原因は、植民地主義の入植者国家が、土地を所有するために先住民の文明全体を抹殺しようとしたことにある。このような殲滅の流れは二〇世紀に入って一般的となり、合衆国は軍事的・経済的に世界を支配するようになって、五〇〇年に及ぶヨーロッパの植民地主義・帝国主義の頂点に立った(3)。ドイツ帝国の創設者であり、初代首相（一八七一―九〇）を務めたプロイセン人のオットー・フォン・ビスマルクは、「北米の植民地化は、近代世界の決定的な事実である」と予見していた(4)。ジェファーソンはその設計者だった。アンドリュー・ジャクソンは、ミシシッピ川以東の先住民に対する最終的な解決策の実行者となった。

アンドリュー・ジャクソンはテネシー州の有力な土地投機家で、政治家でもあり、奴隷労働者のプランテーション「ハーミテージ」の裕福なオーナーでもあった。彼はまた、インディアン殺しのベテランでもある。ジャクソンの家族は、帝国の国境地帯に移住したプロテスタントのスコットランド系アイルランド人の典型だ。ジャクソンのスコットランド系アイルランド人の両親と二人の兄は、一七六五年に北アイルランドのアントリム郡からペンシルベニアに到着した。ジャクソン夫妻はすぐに、ノースカロライナとサウスカロライナの境界にあるスコットランド系アイルランド人のコミュニティに移った。ジャクソンの父親は、アンドリューが生まれる（一七六七年）数週間前に伐採事故で亡くなっている。辺境の地でシングルマザーと三人の子供たちの生活は厳しかった。ほとんど教育を受けていない一三歳のジャクソンは、イギリスからの独立戦争に参加し、辺境の分離派の地元連隊で急使となった。ジャクソンの母と兄弟は戦争中に亡くなり、彼は孤児となる。さまざまな仕事をした後、法律を学び、後にテネシー州となるノースカロライナ州西部地区で弁護士の資格を得た。紛争中の土地請求に関する法律業務を通じて、彼はナッシュビル近郊に一五〇人の奴隷が働くプランテーションを手に入れた。一七九六年にはテネシー州の建国に貢献し、その後、テネシー州の上院議員に選出されたが、一年で辞めて、六年間テネシー州最高裁判所の裁判官を務めた。

ジャクソンはテネシー西部で最も悪名高い土地投機家として、チカソー・ネーションの土地の一部を取得して富を得た。一八〇一年、彼はテネシー州民兵の大佐として指揮を執り、インディアン殺しの軍人としてのキャリアをスタートさせたのである。マスコギーに対する残忍な殲滅戦の後、ジャクソンは抵抗勢力であるセミノールとのセミノール戦争で、国の軍人として、また政治家としてのキャリアを築き続けた。一八三六年、第二次セミノール戦争の最中、合衆国陸軍大将トーマス・S・ジェサップは、セミノールに対するアングロサクソンの一般的な態度を表現している。「この国は、彼らを絶滅させることによってのみ、彼らを排除することができる」。その頃、ジャクソンは二期目を終え、当時の合衆国史上最も人気のある大統領となっていて、ジェノサイド政策は合衆国政府の最上層機関に組み込まれていた。(5)

南東部のチョクトーとチカソーは、新アメリカ共和国がフロリダのスペイン人との接触を事実上断ってしまうと、もっぱら合衆国の商人に頼るようになった。やがて彼らは合衆国の貿易の世界に取り込まれてしまい、借金を重ねると、連邦政府の代理人である債権者に土地を譲り渡すしか支払いの方法がなくなってしまった。これは偶然の結果ではなく、ジェファーソンが予見して奨励していたことだった。一八〇五年、チョクトーは五万ドルで、チカソーは二万ドルでテネシー川以北のすべての土地を合衆国に譲渡した。このようにして、チョクトーとチカソーの多くは、拡大するプランテーション経済に土地を持たずに参加し、借金と貧困を背負うことになった。(6)

マスコギー(クリーク)の分裂とそれに伴いアンドリュー・ジャクソンは台頭し、彼は最終的に大統領に就任し、ミシシッピ以東の先住民を強制的に排除するという最終的な解決策を実行に移した。チョクトーとチカソーがほとんどの領土を失った後、マスコギーだけが合衆国に抵抗し続けた。

マスコギー・ネーションは、現在のアラバマ州、テネシー州、ジョージア州、フロリダ州の一部を横切る多くの川の谷間に位置する自治コミュニティの連合体だった。下流のクリークはチャタフーチー川、フリント川、アパラチコーラ川が流れる地域の東部に、上流のクリークはその西側のクーサ川、タラプーサ川、アラバマ川の谷間に居住し、農業を営んでいた。合衆国独立後、マスコギーは入植者の植民地主義によって分断される。ロワー・クリークの村は、経済的に入植者に依存し、アフリカの奴隷を所有するなど入植者の価値観を見習うようになった。これは、合衆国のインディアン管理官であるベンジャミン・ホーキンスの二〇年に及ぶ熱心な活動によるところが大きい。ホーキンスは、合衆国政府の「文明化」プロジェクトの責任者であり、アメリカ南東部の農業ネーションを「文明化五部族」という呼び名で表現した。ホーキンスの使命は、開拓者が土地を手に入れてマスコギーを同化させるために、利益追求、財産の私有化、負債、少数者による富の蓄積、奴隷制度など、欧米の価値観や慣習を先住民に教え込むことだった。独立当時、ロワー・クリークの町のマスコギーの土地には、何百人もの入植者が不法に占拠していて、そこにホーキンスの活動が集中していたために、川上のマスコギーは放置されていた。しかし、テカムセやショーニー連合と同盟を結んでいたアッパー・クリークの伝統主義者たちは、二〇年にわたるホーキンス計画によって、ロワー・クリークの町の一部の住民が裕福なプランテーションや奴隷所有者に変わり、大多数の住民が土地を持たずに貧しくなっていくのを見て、次は自分たちの番だと理解していた。

木の槍の色から「レッドスティック」と呼ばれた昔ながらの戦士たちは、入植者とそれに協力をするアッパー・クリークに対して攻撃を開始した。そしてそれは結局、一八一三年に内戦となった。レッドスティックは、ホーキンスの計画に関係する者たちを攻撃したために、混乱を引き起こして彼の計画に影響を与えた。しかし、その効果は、連邦政府が公式に許可していないジェノサイドの反攻を引き起こすことになった。この反攻を指揮したのが、当時テネシー州民兵の長であったアンドリュー・ジャクソンである。ジャクソンは、政府が反乱分子を根絶できなければ、自分で傭兵部隊を編成してマスコギーを「海に追い込む」と脅した。(7) ジャクソンらテネシー人は、マスコギーの殲滅が目的だと明言していたが、彼らのレトリックではそれがあくまで正当防衛だとした。ジャクソンの傭兵たちは、レッドスティックへの最終攻撃に先立つ三カ月間に行われた一連の捜索・破壊作戦で、何百人ものマスコギーの民間人を殺害し、ホームレスや飢えに苦しむ避難民でさえも容赦なく追いかけた。この時点でレッドスティックは、米軍兵士から食料を奪うために、またマスコギーの文化から植民者の影響を取り除くために、マスコギー・ネーションの家畜のほとんどを殺していたのである。[8]

ショーニーの戦士も、奴隷から解放されたアフリカ人も、レッドスティックスと同盟を結んだ。彼らは家族全員を連れて、現在のアラバマ州、タラプーサ川のホースシュー・ベンドにあるトホペカに要塞化された野営地を構えた。ジャクソンは、ローワー・クリークの戦闘員とチェロキーの同盟者を動員して、レッドスティックに対抗した。一八一四年三月、ジャクソン軍は七〇〇人の騎兵と六〇〇人のチェロキーとローワー・クリークの戦士を従えて、レッドスティックの拠点を攻撃した。傭兵はレッドスティックの妻子三〇〇人を捕らえて人質とし、マスコギーの降伏を誘った。一〇〇〇人のレッドスティックとその仲間の反乱軍のうち、八〇〇人が殺された。ジャクソンは四九人の部下を失った。

合衆国軍の歴史に残る「ホースシュー・ベンドの戦い」の後、ジャクソン軍は、マスコギーの死体から剥ぎ取った皮で馬の手綱を作ったり、死体からの記念品を「テネシーの女性たち」に贈ったことが知られている。[9]虐殺の後、ジャクソンは自分の軍隊の行動を正当化した。「タラプーサの悪魔はもはやわれわれの女性や子供を殺したり、国境の静けさを乱すことはないだろう。…彼らは地球上から姿を消した。…平和への道が、血と殺戮の屍の上を通らなければならないのは、何と嘆かわしいことだろう。しかしそれは、部分的な悪により全体的な善を生み出すという摂理の中にある」[10]。

ホースシュー・ベンドの戦いは、マスコギーの本来の故郷における抵抗の終わりを告げるものだった。歴史家のアラン・ブリンクリーが述べているように、ジャクソンの政治的運命は、インディアンの運命、つまり彼らの根絶にかかっていたのである。[11]

マスコギー・ネーションが一八一四年に署名させられた降伏文書であるフォート・ジャクソン条約では、「ネーションの正義と名誉ある戦争の原則」に基づいて敗北したと主張されていた。この条約の唯一の米国人交渉人であるアンドリュー・ジャクソンは、マスコギー・ネーションを完全に破壊すること以外には何も主張せず、マスコギーには拒否する力も交渉する力もなかった。この完全降伏の条件は、マスコギーのプランテーションや奴隷を所有する小さなグループに衝撃を与えた。彼らは米国人に完全に受け入れられていると思っていた。終わったばかりの戦争で、彼らはアングロサクソンの民兵と一緒に大多数のレッドスティックに対して戦っていたのに、今、すべてのマスコギーが平等に罰せられることになったのである。「友好ネーション」の人々は、条約会議でジャクソンの前にひれ伏して、自分と自分の所有地を助けてくれるように懇願したが無駄だった。ジャクソンは、彼らに与えられた極端な罰は、合衆国の支配に逆らおうとするすべての人々に教えるべきだと言った。そして「このような場合、われわれは敵を血祭りに上げるが、それは彼らに分別を与えるためである」と説明した。[12] 軍事史家のグルニエは、「ジャクソンによるマスコギーの『出血』は、アパラチア山脈東方のインディアン戦争が終結したという合衆国軍事史の頂点を示すものである。…西部の征服は、一八一五年の戦い（英米戦争）でイギリス軍を打ち負かすことではなく、インディアンを打ち負かして故郷から追い出すことで保証されたのである」と言っている。[13]

この条約により、生き残ったマスコギーは、西部に残された故郷のわずかな土地に移住することが義務づけられた。またジャクソンは、ジェノサイドを行ったことを咎められるどころか、ジェームズ・マディソン大統領から合衆国陸軍少将の地位を与えられた。後にアラバマ州とミシシッピ州となるこの地域は、アングロサクソン系アメリカ人の入植に開放されていて、プランテーション奴隷制の拡大に不吉な光が差していた。こうしてマスコギー戦争は、アメリカの民族浄化政策を先住民全体に刻み込んだのである。この戦争でアンドリュー・ジャクソンが発案した政策は、彼が一八二八年に大統領になったときに政治的に再確認されることになる。[14]

アラバマ州に残ったアッパー・クリークのマスコギーは、ジャクソンに降伏し、フォート・ジャクソン条約で先祖代々の土地二三〇〇万エーカーを合衆国に割譲した。しかし、レッドスティックは、フロリダのエバーグレーズで抵抗するセミノール・ネーションに合流し、マスコギーの抵抗は三〇年以上にわたって続いた。この時期、アングロサクソン系アメリカ人の奴隷所有者、特にアンドリュー・ジャクソンは、奴隷制から逃れてきたアフリカ人にセミノールの町が提供していた安全な避難所を破壊しようとしていた。[15] セミノールは、ヨーロッパの植民地化以前にはその名前で存在していなかった。セミノールとして知られるようになった先住民の先祖代々の町は、現在のアラバマ州、ジョージア州、サウスカロライナ州、フロリダ州のパンハンドル地帯の広い範囲の川沿いにあった。一八世紀半ば、ワカプチャシー（カウキーパー）とその仲間たちは、コウェタ・マスコギーから分離して、当時スペインが占領していたフロリダに南下した。スペイン、イギリス、そして後に合衆国が南東部の先住民の町を壊滅させる中で、自給自足のアフリカ人を含む生存者たちは、エバーグレーズのスペイン領フロリダにあったセ

ヨーロッパによる侵略は、軍事攻撃、病気、交易路の破壊という形で行われ、町の崩壊や再編成を引き起こした。[16]

セミノール・ネーションは、抵抗の中から生まれたもので、何十もの先住民のコミュニティの名残と、セミノールの町が避難所となっていたため、そこには脱走してきたアフリカ人も含まれていた。カリブ海やブラジルでは、こうした逃亡者のコミュニティの人々はマルーンと呼ばれていたが、合衆国では解放されたアフリカ人がセミノール・ネーションの文化に吸収されていった。当時も今も、セミノールはマスコギー語を話し、一九五七年、合衆国政府は彼らを「インディアン部族」に指定した。セミノールは一八三〇年代に故郷のネーションから、インディアン準州（後にオクラホマ州の一部となる）に移された「文明化五部族」のひとつだった。

合衆国は一八一七年から一八五八年の間にセミノールに対して三回の戦争を行った。第二次セミノール戦争（一八三五—四二）は、ベトナム戦争までに合衆国が行った対外戦争の中で最も長い期間に及んだ。米軍は陸海空軍の能力をさらに向上させ、再び対反乱戦略を採用したが、このケースは、エバーグレーズのセミノールの町に対してであった。このときも米軍は民間人を標的にし、食糧を破壊し、反乱軍をひとり残らず殲滅しようとした。米軍の記録によれば、第一次セミノール戦争（一八一七—一九）は、合衆国のプランテーション所有者の「財産」であるアフリカ人の逃亡奴隷を取り戻そうと、合衆国当局がスペイン領フロリダに不法に侵入したことから始まった。セミノールはこの侵攻を撃退した。一八一八年、ジェームズ・モンロー大統領は、当時、合衆国陸軍の少将であったアンドリュー・ジャクソンに、セミノールを鎮圧して彼らの中のアフリカ人を回収するために、フロリダに三〇〇〇人の兵士を率いて入るように命じた。遠征隊はセミノールの多くの集落を破壊し、ペンサコーラのスペイン砦を占領して、スペイン政府を崩壊させたが、セミノールのゲリラ抵抗を崩すことはできず、セミノールは逃亡奴隷の引き渡しに同意しなかった。当時、ミズーリ州のトーマス・ハート・ベントン上院議員は、「武力による占領は、征服された国を正しくするための真の方法である」と述べていたが、この言葉には、軍国主義と白人至上主義的キリスト教思想の融合が反映されている。「イスラエルの子供たちは、片手に農業の道具、片手に戦争の武器を持って、約束の地に入っていった[17]」。合衆国は一八一九年にフロリダを併合し、アングロサクソン系アメリカ人の入植地として開放した。一八二一年、ジャクソンはフロリダ準州の軍司令官に任命される。セミノールは和平を訴えることもなく、征服されることもなく、合衆国と条約を結ぶこともなかった。一八三二年には一部の者がかき集められてオクラホマに送られ、土地を与えられたが、セミノールはエバーグレーズに存在しなくなったわけではなかった。

入植者愛国心の神話的基盤

一八一四年から一八二四年にかけて、現在のアラバマ州とフロリダ州の四分の三、テネシー州の三分の一、ジョージア州とミシシッピ州の五分の一、ケンタッキー州とノースカロライナ州の一部が白人入植者の私有地となったが、これらはすべて先住民の農民から奪った土地である。一八二四年には、合衆国初の恒久的な植民地機関が設立された。最初は「インディアン問題局」と名付けられ、陸軍省に置かれていたが、二五年後にメキシコの半分が併合されたのを機に内務省に移管された。連邦政府は、合衆国の侵略と植民地化に対する先住民の武装抵抗が終わったと過信して、このような移管を行ったのである。しかし先住民の抵抗は、さらに半世紀にわたって続くことになる。

イギリスが先住民の土地を奪い、ヨーロッパ人がアフリカ人を奴隷にしていたのは、白人至上主義が合理的な理由だったが、後にアメリカ合衆国となる国が独立を目指すのには、より問題があった。民主主義、平等、同権は、ある人種が他の人種を支配することとは相容れないし、ましてやジェノサイド、入植者による植民地主義、帝国とは相容れない。ジャクソン型入植者民主主義の時代が始まった一八二〇年代に、合衆国独自の起源神話がレトリックと現実を両立させながら発展していった。小説家のジェームズ・フェニモア・クーパーは、その最初の書き手のひとりである。

クーパーが小説『モヒカン族の最後』で合衆国の誕生を再構築したことで、それは合衆国の公式な起源物語となった。ハーマン・メルヴィルはクーパーを「われわれの国民的作家」と呼んだ[18]。クーパーは合衆国の下院議員の息子であり、土地投機家として、彼が育ったニューヨーク州北部に自分の名前を冠したクーパーズタウンを建設した。彼の地元の町は、大恐慌の最中の一九三六年に全米野球殿堂が設立されたことで、「オール・アメリカン」の称号を得た。イェール大学から除名されたクーパーは海軍に入隊した後、結婚して執筆活動を始めた。一八二三年に『開拓者』を出版したが、これは『レザーストッキング物語』シリーズの第一作目であり、他の四作は『モヒカン族の最後』『大平原』『道を拓く者』『鹿狩り人』（最後の作品は一八四一年に出版）である。それぞれの作品には、ナッティ・バンポという人物が登場し、彼の年齢に応じてレザーストッキング、道を拓く者、鹿狩り人などと呼ばれている。バンポはデラウェアから土地を譲り受けたイギリス人入植者で、デラウェアの架空の指導者チンガチェック（神話上の「最後のモヒカン族」）と仲良くしている。『モヒカン族の最後』で描かれる一七五四―六三年のフレンチ・インディアン戦争から、テネシー州から幌馬車で移動してきた移民たちによる平原の開拓まで、『レザーストッキング物語』は新大陸の神話的な形成を物語っていた。物語の最後には、バンポがロッキー山脈の端で、東方を見つめながら年老いて死んでいく。[19]

一八二六年に出版された『モヒカン族の最後』は、一九世紀を通じてベストセラーとなり、その後も継続して出版されている。この物語をもとにしたハリウッド映画が二本作られ、最新作はコロンブス生誕五〇〇年の一九九二年に製作された。[20] クーパーは、新しい合衆国という国の暗黒の部分と対をなす、祝祭のフィクションを考案した。それは、文字通り、新しくて不思議なもの、つまり、ネイティブとヨーロピアンという二つの世界の最良のものが融合して生まれた新しい民族、「アメリカ合衆国人」の誕生であり、生物学的な融合ではなく、インディアンの消滅を伴う、よりはかないものだった。小説の中でクーパーは、「高貴」で「純粋」な先住民の最後のひとりを自然のままに死なせ、「最後のモヒカン族」が養子である入植者（ネイティブ文化の中で育った）ホークアイに大陸を譲り渡すようにしている。この都合のいいファンタジーは、このように長く読み継がれなければ、せいぜい古風な小説にしか見えないだろう。クーパーは、何世代にもわたって歴史家たちが力を注いできた合衆国の起源神話の創造に大いに貢献し、歴史家フランシス・ジェニングスが「アメリカの社会と文化の形成過程から排除すべき考え」として表現したものを強化した。

第一に、彼ら（合衆国の歴史家）は、アメリカインディアン（アフリカ系アメリカ人も同様）を、ヨーロッパ人の引き立て役として以外は参加させず、従ってアメリカ文明は、ヨーロッパ人が非白人民族の野蛮さや野心と闘って形成したものだと考えている。この第一の概念は、こんな風に形成された文明が独自のものであるという第二の概念を示唆している。第二の考えでは、独自性は、合衆国という特殊な辺境の文明が、闘争の形態とプロセスによって生み出されたものとされていた。あるいは、文明を産み出した人々が最初からユニークな存在であったために、文明が勝利を収めることができたとする。いずれにしても合衆国の文化は、他の文化との違いからユニークであるだけでなく、他のすべての文化よりも優れていると考えられている。(21)

合衆国の例外主義は、歴史家の著作だけでなく、合衆国で作られた文学の多くにも織り込まれている。ウォーレス・ステグナーは、帝国主義が先住民や土地にもたらした惨状を非難しながらも、植民地化を魅力的な特徴を生み出した運命のいたずらと見なして、合衆国の独自性という考えを強めている。

ダニエル・ブーンがカンバーランド・ギャップを初めて訪れて以来、アメリカ人は常に放浪者である。…大陸を手中に収め、「明白なる使命」に突き動かされたわれわれは、自由奔放にならずにはいられなかった。ヨーロッパからきた移民の最初の行動は、極端で意図的な排除の行動であり、国民的な習慣の始まりだった。

また、自由であることがわれわれの心を躍らせてきたことも否定できない。われわれの心中には、歴史や抑圧、法律や煩わしい義務からの逃避、絶対的な自由があり、その道は常に西へと続いている。われわれの国民的英雄や典型的な文学的人物は、そんなわれわれの側面を正確に反映していた。レザーストッキング、ハックルベリー・フィン、『白鯨』の語り手など、いずれも孤児で放浪者であり、彼らの誰もが「私をイシュマエルと呼べ」と言うことができる。ローン・レンジャーは、サドル以外に住む場所がない。[22]

ニューメキシコ州北部に二年間滞在したイギリスの小説家・評論家のD・H・ローレンスは、クーパーの開拓者キャラクター「鹿狩り人」を引き合いに出して、合衆国の起源神話を概念化した。「そこには、本質的な白人アメリカの神話がある。他のすべてのもの、つまり愛や民主主義、欲望に翻弄されることなどは、一種の派生的な出来事である。本質的なアメリカ人の魂は、硬く、孤立していて、ストイックで、殺人者である。それはまだ一度も溶けたことがない[23]」。

歴史学者のワイチー・ディモックは、当時のノンフィクション資料にも同様の見解が示されていたと指摘する。

『ユナイティッド・ステーツ・マガジン』と『デモクラティック・レビュー』は、ヨーロッパの大国が「奴隷にするためだけに征服する」のに対し、「自由な国」であるアメリカは「自由を与えるためだけに征服する」と論じていた。……「帝国」と「自由」は対立するものではなく、一体となっている。前者が後者を保護するためにあるとすれば、後者は前者を正当化するためにある。実際、自由と支配という二つの要素が組み合わさって、アメリカは歴史における主権者としての地位を確立した。――それが提唱者たちが「明白なる使命」と適切に呼んだものである。[24]

先住民の土地を暴力的に奪うことによって得た帝国と自由を、利用可能な神話に結びつけることで、永続的な一般大衆向けの帝国主義を出現させることができた。征服と民族浄化の戦争は、経済的機会、民主主義、万人のための自由の拡大を約束することで、「人民」に売り込むことができ、まさにそうした人民の若者が、その約束のために戦うことができたのである。

『レザーストッキング物語』の出版は、ジャクソン大統領の時代と平行している。当時から一九世紀にかけて、この本を読んだ若い世代の白人男性にとって、この小説はフィクションではなく、事実として認識され、合衆国のナショナリズムを形成する基盤となった。この伝説の背後には、物語にインスピレーションを与えた原型となる実在の人物、すなわち合衆国の入植者植民地主義の象徴であるダニエル・ブーンがおぼろげながら姿を見せていた。ブーンの一生は、一七三四年から一八二〇年までで、まさに「レザーストッキング」シリーズで取り上げられている期間である。ブーンは、イギリスの入植地の端に位置するペンシルベニア州バークス郡で生まれた。彼は、植民地と先住民の間で揺れ動く辺境の象徴である。西側には「インディアン・カントリー」があり、大航海時代には英仏両国が領有権を主張していたが、ヨーロッパからの入植者はおらず、わずかに植民地の前哨基地に配置された少数の商人、罠猟師、兵士のみがいた。

ダニエル・ブーンは一八二〇年に、一八〇三年のルイジアナ購入で獲得した広大な領土の一部であるミズーリ州で亡くなった。ミズーリ州が開州すると、ブーン一族が最初の入植者たちを率いることになった。彼の遺体は、ケンタッキー州のフランクフォートに埋葬されたが、ここは、革命のために戦った、インディアンのネーション（オハイオ州）の中心地であり、彼はそこで神に近い探検家としてスーパーヒーローだった。ダニエル・ブーンが有名人になったのは、独立戦争が終わった翌年の一七八四年で、彼が五〇歳のときだった。不動産業を営むジョン・フィルソンは、オハイオ州の土地を買う入植者を探していて、不法占拠者を誘導するための地図を添えた『ケンタッキー州の発見、開拓、そして現状』を書き、自費出版した。この本には、ブーン自身が書いたとされるダニエル・ブーンに関する付録が付いていた。ブーンの「冒険」について書かれた部分は、その後、一七八七年に「ダニエル・ブーン大佐の冒険」として『アメリカン・マガジン』誌に掲載され、後に書籍化された。そこからスーパースターが誕生した――神話に登場するヒーロー、狩猟者、そして、リチャード・スロトキンが米国人の典型的なこの人物を表現した「インディアンを知る男」。

フィルソンの「ダニエル・ブーン」という人物にまつわる狩猟者の神話は、アメリカ人が自分たちの文化的アイデンティティ、社会的・政治的価値観、歴史的経験、文学的願望を定義しようとする際の枠組みとなっていた。…ダニエル・ブーン、ワシントン、フランクリン、ジェファーソンは、彼らの経験がこのような共通の経験の多く、あるいはすべてに関わっていたために、国民全体にとって英雄となったのである。一八二二年から二八年にかけて全米を席巻した流行歌「ケンタッキーの猟師たち」は、西部の英雄ブーンを連想させることで、アンドリュー・ジャクソンの大統領当選に貢献した。(25)

しかし、「レザーストッキング」がジェノサイド的な植民地主義にねじりを加えて肯定したのは、先住民ネーションへの侵略、不法占拠、攻撃、植民地化という現実に基づいていた。フィルソンもクーパーもその現実を作ったわけではない。むしろ彼らは、アングロサクソン系アメリカ人入植者の経験と想像力を捉えた物語を創造したのである。この物語は、ジェノサイドに関する罪悪感を無効にするのに確実に役立ち、その後の合衆国の作家、詩人、歴史家の物語のパターンを作った。

指揮官と長官

アンドリュー・ジャクソンは、ほとんどの合衆国の歴史教科書で、「ジャクソンの時代」、「民主主義の時代」、「民主主義の誕生」などと題された章に登場している[26]。民主党はジャクソンとジェファーソンを党の創設者としていた。毎年、州や全国の民主党組織は、「ジェファーソン＝ジャクソン・ディナー」と呼ばれる資金集めのイベントを開催している。彼らは、アングロサクソン入植者に与えられた好機に乗じた植民地主義の成果を十分に得るためのポピュリズム的な民主主義を構築する上で、トーマス・ジェファーソンは考える人であり、ジャクソンは実行者だと理解していた。

ジャクソンは、最初はジョージア州の民兵指導者として、次に陸軍大将としてジョージア州とフロリダ州のマスコギーに対する四回の侵略戦争を指揮し、最後に大統領としてミシシッピ州以東のすべての先住民を「インディアン準州」に追放することを企図して、ジェファーソンを中心とした創設者が描いた計画を実行した。チェロキーのリーダーだった故ウィルマ・マンキラーは、自伝の中でこう書いている。

一八三〇年、アンドリュー・ジャクソン大統領による連邦政府の政策のもと、生まれたばかりのアメリカ政府は先住民を組織的に虐殺し、財産を奪い、完全に服従させるという手法をとった。アンドリュー・ジャクソン大統領は、他のどの大統領よりも、東部の部族を土地から追い出すために強制的な排除を実行した。アメリカ政府は、国の誕生以来、まさに絶滅と排除の作戦を精力的に展開してきたのである。ジャクソン大統領が就任する数十年前、トーマス・ジェファーソン政権時代には、多くのネイティブ・アメリカンの指導者たちにとって、部族の自治という希望が呪われていることが、すでに残酷なまでに明らかになっていた。また、白人との平和的な共存の可能性も失われていた[27]。

ジャクソンの弁解者たちが合理化するように、人間なら誰でも持っている「暗黒面」がジャクソンにあったのではなく、ジャクソンは植民地主義・帝国主義の民主主義国家としての合衆国を形成する上での「ダークナイト」だったということであり、このダイナミックな形成が合衆国の愛国心の核心を構成し続けているのだと思う。ジェファーソン、ジャクソン、リンカーン、ウィルソン、フランクリン・ルーズベルト夫妻、トルーマン、ケネディ、レーガン、クリントン、オバマといった最も尊敬されている大統領たちは、それぞれポピュリズム的な帝国主義を推し進める一方で、昔の入植者の子孫という中核的な存在を超えて、他のグループを支配の神話に徐々に組み入れてきた。ジャクソン以降のすべての大統領は、ジャクソンの足跡をたどっている。意識的であろうとなかろうと、彼らは何が受け入れられるか、民主主義とジェノサイドをどのように調和させるか、それを人々のための自由とするのかについて、ジャクソンを参考にしている。

ジャクソンは国民的な軍事的英雄だったが、彼はスコットランド系アイルランドの辺境社会にルーツをもつ人物だった。彼らの小さな農場は、何千エーカーもの綿花を植え、何百人ものアフリカ人奴隷が世話をする大プランテーションに対抗するのは困難だった。土地に乏しい白人の農村の人々は、ジャクソンを自分たちを救ってくれる男と考えていた。彼はインディアンを排除することで土地を利用できるようにし、それ以来、機会の平等という名目で、米国人の貧富の差が激しくなるパターンを作ったのである。一八二九年にジャクソンが就任すると、ホワイトハウスを一般公開したが、出席者の大半は質素な貧しい白人だった。ジャクソンは一八三二年に再選されたが、土地を持たない入植者が手に入れた土地はほとんどなく、手に入れた土地もすぐに投機家に奪われ、奴隷労働者による大規模なプランテーションに変えられていった。

ジャクソンの伝記作家である故マイケル・ポール・ローギンはこう観察している。

インディアンの追い出しは、アンドリュー・ジャクソンが大統領になる前の四半世紀の間、彼の主要な政策目標であった。彼が行ったインディアン戦争と条約は、その間に南部インディアンを追い出した主な原因だった。彼が大統領の時に計画したインディアンの排除は、…ジャクソン民主主義の時代（一八二四―五二）にその仕事を終えた。当時大統領候補の主要一〇人のうち五人が、インディアン戦争の将軍として名声を得ていたか、あるいは陸軍長官を務めていた。そしてこの時期、インディアンとの関係を重要な任務としていた。しかし、歴史家たちは、インディアンをジャクソンの人生の中心に据えることができなかった。彼らは、ジャクソンの時代を、インディアンの殲滅以外のあらゆる視点から解釈してきた（実際には、それはインディアンの殲滅から歴史的に発展したものだったのだが）[28]。

大統領に選出されたジャクソンは、すぐに南部の先住民の農民をすべて追放し、彼らの町をすべて破壊することに着手した。最初の年次議会のメッセージで、彼はこう書いている。「移民は自発的に行われるべきである。原住民に父祖の墓を捨てて遠い国に家を求めることを強制するのは、残酷であると同時に不当である。ただし、以下のことを明確に伝える必要がある。もし彼らが合衆国の範囲内に留まるのであれば、合衆国の法律に従わなければならない。個人としての服従の見返りとして、彼らは間違いなく、自分たちの努力で増やした財産を享受するために保護されるだろう[29]」。チェロキー、チカソー、チョクトー、マスコギー、セミノールの各コミュニティ、さらにはミシシッピ川以東のすべての先住民を強制的に排除しようとする意図が、この政治的な暗号文にかろうじて隠されている。しかし、二〇世紀後半に一部の先住民が承認を求める闘争に成功するまでは、ミシシッピ川以東のすべての先住民は、土地を持たず、承認もされないままに、保護されることもなく取り残されていた。

ジョージア州は、ジャクソンの当選を青信号と見て、チェロキー・ネーションの領土のほとんどを公有地として主張した。ジョージア州の議会は、チェロキーの憲法と法律は無効であり、チェロキーはジョージア州の法律に従うべきだと決議する。そこでチェロキー・ネーションは、ジョージア州を相手に、合衆国の最高裁判所に提訴した。最高裁は、ジョン・マーシャル最高裁長官が多数派の意見として、チェロキーに有利な判決を下す。しかし、ジャクソンは最高裁を無視した。実際は彼も、ジョン・マーシャルが判決を下したのだから、マーシャルはそれを行使しなければならないと言っていた。しかし、ジャクソンが軍隊を持っていたのに対して、マーシャルはそれを持っていなかった。

この裁判が行われている間に、一八二九年、ジョージア州で金が発見された。そのため、四万人もの金を求める熱心な人たちが、チェロキーの土地を荒らし、不法占拠、略奪、殺戮、畑や動物保護区域の破壊を行った。合衆国は、一八三〇年に議会で可決された「インディアン除去法」によって与えられた権限のもとに、「インディアン準州」の土地と引き換えに、チェロキーの土地をすべて政府に譲るという条約を作成した。合衆国政府は、チェロキーのリーダーを牢屋に入れ、印刷所を閉鎖し、少数の選ばれたチェロキーと交渉して、ジャクソンが強制排除の隠れ蓑として必要な偽の署名を提供させた。[30]

「涙の道」

南部の大きなネーションが追放されただけでなく、ミシシッピ以東の先住民のほぼ全員が土地を追われてインディアン準州に移され、その数は七万人にも及んだ。ジャクソン時代、合衆国はニューヨークからミシシッピまでの間に二六の先住民と八六の条約を結んだが、いずれの先住民も強制的に土地を奪われ、移住させられた。インディアン準州へは行かずに、カナダやメキシコに逃げたコミュニティもあった。[31] ソークのリーダー、ブラック・ホークが一八三二年、トウモロコシを植えるためにアイオワ州で冬の滞在をした後、イリノイ州の故郷に人々を率いて戻ってくると、そこにいた不法占拠の入植者たちは、自分たちが侵略されていると主張し、イリノイ州の民兵と連邦軍の両方が投入された。歴史の教科書で語られるブラック・ホーク戦争は、一方的なソークの農民の虐殺に過ぎなかった。ソークは自衛しようとしたが、ブラック・ホークが白い旗を掲げて降伏したときにはすでに人々は飢えていた。それでも兵士たちは発砲し、血の海となった。ブラック・ホークは降伏演説で敵を痛烈に非難した。

あなた方は、私たちが戦争をする原因を知っています。すべての白人が知っていることです。彼らはそれを恥じるべきだ。インディアンは騙されない。白人はインディアンの悪口を言い、辛辣な目で見ます。しかし、インディアンは嘘をつきません。インディアンは盗みをしない。白人と同じくらい悪いインディアンは、私たちのネーションでは生きていけない。死刑にされ、狼に食べられてしまうでしょう。…私たちは白人たちに、私たちを放っておいてくれ、私たちに近づかないでくれと言いましたが、彼らは追いかけてきて、私たちの行く手を阻み、蛇のように私たちの間に巻きつきました。彼らは接触することで私たちを毒しました。私たちは安全ではなかった。私たちは危険の中で生きていたのです。(32)

ソークは一網打尽にされ、「サック&フォックス」と呼ばれる保留地に追いやられてしまった。チェロキーの多くは、ジェファーソン以降の連邦政府から、ルイジアナ購入領のアーカンソー・オクラホマ・ミズーリ地域に自発的に移住するように圧力をかけられたにもかかわらず、最後まで故郷に留まって持ちこたえた。チェロキー・ネーションは強制退去に対抗した。

ミシシッピ川を越えて移動することが、私たちの利益になると考える人がいることは承知しています。だが、私たちはそう思いません。私たちはみんなそう考えていません。…私たちは、先祖代々の土地に留まりたいと思っています。私たちには、中断や妨害を受けることなく、ここに留まる完全かつ生まれながらの権利があります。私たちとの条約と、条約に基づいて制定された合衆国の法律は、私たちの居住と特権を保証し、侵入者から私たちを守るものです。私たちの唯一の要求は、このような条約が履行され、このような法律が実行されることです[33]。

一八一七年には、アーカンソー州とインディアン準州にチェロキーの一団がいくつか移住していたが、一八三二年には、インディアン除去法が施行され、より大規模な移住が行われた。一八三八年に行われたチェロキー・ネーションの強制的な行進は、現在「涙の道」として知られているが、それはジョージア州とアラバマ州に残っていたチェロキーの故郷から、後にオクラホマ州北東部となる場所までの苦しい旅だった。南北戦争後、ジャーナリストのジェームズ・ムーニーは、強制連行に関わった人々を取材し、その生の声をもとに、一八三八年に合衆国軍が最後のチェロキーを強制連行したときの様子を描いた。

ウィンフィールド・スコット将軍の命令のもと、軍隊はチェロキー地方の様々な地点に配置され、そこにはインディアンを集めて追放に備えるための砦が建てられた。砦からは部隊が派遣され、ライフルと銃剣を使って、入り江や渓流の脇に隠れている小さな小屋をすべて探し出し、どこであろうと住人全員を捕らえて捕虜として連行した。夕食をとっていた家族は、戸口で突然光る銃剣に驚き、立ち上がって、営倉へと続く遠い数マイルの道を、殴られ罵られながら走らされた。男性は畑や道端で捕らえられ、女性は糸車から、子供は遊び場から連れ去られた。多くの場合、尾根を越えて最後に振り返ると、家が炎上しているのが見えた。これは、兵士の後に続いて略奪を行う無法者たちが放った火だった。無法者たちはとりわけ執拗で、場合によっては、兵士たちがインディアンを出発させる前に、彼らの牛や家畜を別の場所へと解き放ってしまうこともあった。また、インディアンの墓を組織立って探索し、死者と一緒に埋葬されていた銀のペンダントやその他の貴重品を奪うこともした。ジョージア州の志願兵で、後に南軍の大佐になった人がこう言っている。「私は南北戦争を戦い、人が銃で撃たれたり、何千人も虐殺されたりするのを見てきたが、チェロキーの追放は私が知る限り最も残酷な仕事だった[34]」。

チェロキーの男女一万六〇〇〇人のうち、真冬に国を離れて強制的に連行された半数が旅の途中で亡くなった。

マスコギーとセミノールも同様の犠牲者を出し、チカソーとチョクトーは約一五パーセントの犠牲者を出した。当時のフランス人視察者、アレクシス・ド・トクヴィルによる目撃談は、先住民が南東部から強制送還される、よく似たおびただしい数の光景のひとつを捉えている。

私はこれまで述べてきた、悲惨な事例のいくつかをこの目で見たし、私には描ききれない苦しみを目撃した。

一八三一年末、私がミシシッピ川左岸の、ヨーロッパ人がメンフィスと名付けた場所にいたとき、多数のチョクトー（ルイジアナではフランス人がチャクタと呼ぶ）の一団がやってきた。この野蛮人たちは国を離れ、アメリカ政府が約束した亡命先を求めてミシシッピ川の右岸に向かおうとしていた。当時は真冬で、寒さは異常に厳しく、雪は地面に固く凍りつき、川には巨大な氷の塊が漂っていた。インディアンたちは負傷者や病人、生まれたばかりの子供や死にかけている老人などをいっしょに連れてきていた。彼らはテントも荷馬車も持たず、武器とわずかな食料だけを持っていた。私は彼らが大河を渡るために出航するのを見たが、その厳粛な光景は決して私の記憶から消えることはないだろう。集まった群衆の間では、泣き声も、すすり泣きも聞こえず、全員が沈黙していた。彼らの災難は昔からのもので、どうしようもないことだと知っていたのだ。インディアンたちは全員、彼らを運ぶ船に乗り込んだが、彼らの犬は土手に残っていた。犬たちは、主人がいよいよ岸を離れるとわかると、悲しげな遠吠えをして、いっせいにミシシッピ川の氷のように冷たい水に飛び込み、船を追って泳いだ。(35)

ジャクソンの伝記の中で、ローギンはこれが終わりではなかったことを指摘している。「インディアンを追い出すことは、…最初から一度に起こったわけではない。アメリカは常に辺境から再出発し、大陸を拡大しながら、次々と部族を殺し、排除し、絶滅に追い込んでいった(36)」。どんなに困難な状況にあっても、一部の先住民は移住を拒み、ミシシッピ州以東の伝統的な故郷に留まった。南部では、退去しなかったコミュニティは、伝統的な土地の所有権と政府から見たインディアンとしての地位を失ったが、多くの人々は民族として生き残り、二〇世紀後半には、連邦政府による承認と正式な先住民としての地位を求めて戦って、成功を収めた。北部、特にニューイングランドでは、いくつかの州が不法に土地を奪い、後見人制度や小規模な保留地を作っていた。メイン州のペノブスコットやパサマクオディなどは、一九七〇年代の過激な運動の中で州に対する訴訟に勝利し、連邦政府の承認を得た。他の多くの先住民のネーションも土地を増やすことができた。

否定を貫き通す

アンドリュー・ジャクソンは、イギリス統治下の先住民の土地で不法占拠者の家に生まれた。彼の人生は大陸帝国主義の軌跡をたどり、ジェファーソン大統領の時代からミシシッピ州以東の先住民のネーションを排除するまで、先住民の土地を奪うことを職業としていた。この過程は、合衆国政治の中心的事実であり、合衆国経済の基盤であった。独立当時、四〇〇万人近くいた合衆国の人口の三分の二は、大西洋から五〇マイル以内に住んでいた。その後の半世紀の間に、四〇〇万人以上の入植者がアパラチア山脈を越えてきたが、これは世界史上最大かつ最も急速な移動のひとつだった。ジャクソンは、合衆国独立という帝国主義的プロジェクトの実現を可能にした立役者であると同時に、帝国主義とそれによってもたらされる実質的に無料の土地を得ることを後押しする、ヨーロッパ系アメリカ人の民意の代弁者でもあった。

ジャクソンが軍事力と行政力を持っていた時代には、合衆国の起源の物語の輪郭と実体を定義する神話が生まれた。この神話は、二世紀近くを乗り越え、二一世紀初頭には愛国的な決まり文句としてそのまま残っており、二〇〇九年一月のバラク・オバマ大統領の就任演説で唱えられた市民宗教でもあった。

わが国の偉大さを再確認することで、偉大さは決して与えられるものではないことを私たちは理解しています。それは獲得しなければなりません。私たちの旅は、近道をしたり、不満ながら受け入れたりするものではありませんでした。

気弱な人、仕事よりも余暇を好む人、富や名声の喜びだけを求める人のための道ではありませんでした。むしろ、危険を冒し、実行し、物を作る人たち、中には有名な人もいますが、多くは無名の男性や女性が、繁栄と自由に向けて長く険しい道を歩んできました。

私たちのために、彼らは世俗的なわずかな財産を荷造りし、新しい生活を求めて海を越えて旅をしました。私たちのために、彼らは汗水をたらして働き、西部を開拓し、鞭打ちに耐え、厳しい大地を耕しました。

私たちのために、彼らはコンコードやゲティスバーグ、ノルマンディーやケサンといった場所で戦い、命を落としました。

私たちがより良い生活を送るために、彼らは何度も何度も苦労し、犠牲になり、手が擦り切れるほど働いたのです。彼らは、アメリカが個人の野心の総和よりも大きく、生まれや富や派閥の違いを超えた存在であると考えました。

これが、私たちが今日続けている旅です。(37)

さすがは、入植者の子孫といったところだろうか。オバマ大統領は、その数日後、ドバイに本部を置く衛星チャンネル「アル・アラビーヤ」のインタビューで、国家神話のもうひとつの重要な要素を挙げた。イスラエルとパレスチナの紛争において、合衆国が誠実な仲介者になれることを確認した上で、次のように述べたのだ。「私たちはときどき間違いを犯します。私たちは完璧ではなかった。しかし、これまでの実績を見ると、あなたが言うように、合衆国は植民地主義国家として生まれたわけではありません[38]」。

民主主義を肯定するには、植民地主義を否定する必要があるが、否定したからといって、それがなくなるわけではない。

7　海から輝ける海へ

このスペイン人（メキシコ人）は、私が今まで見た中で最も卑しい姿をした人種で、概して、私たちのインディアンよりも文明的には見えない。汚くて不潔な生き物だ。

――レミュエル・フォード大尉（一八三五年）

メキシコのインディアンはわれわれを前にして、後退しなければならないということは、それが、わが国のインディアンの運命であるのと同じくらい確かなことだ。

――ワディ・トンプソン・ジュニア（一八三六年）

合衆国陸軍第一歩兵隊のレミュエル・フォード大尉は、メキシコ北部で主に平原のコマンチと交易・交配していたメキシコ人商人のコマンチェロについて、自分の日記で上記のように述べている。ワディ・トンプソン・ジュニアは、一八四二年から一八四四年まで合衆国の対メキシコ外交官を務めた。[1] フォードのような陸軍将校やトンプソンのような外交官も、人種差別的な考えを持つことは例外ではなかった。インディアン嫌いや白人至上主義は、「民主主義」や「自由」の一部だった。

ジャクソン民主主義のポピュリストであるウォルト・ホイットマンは、男らしさと、帝国によって鍛えられたアングロサクソン系アメリカ人のすぐれた人種の歌を歌った。ホイットマンは、合衆国の対メキシコ戦争（一八四六）を熱心に支持し、「その効率性と永続性を合衆国が保証する」という体制転換を確立するために、メキシコに六万人の米軍を駐留させることを提案した。「そうすれば、企業が生まれ、製造業や商業への道が開かれ、この国（メキシコ）の死に絶えた莫大な資本に道が開かれるだろう[2]」と述べている。ホイットマンはこの処方箋を人種差別に基づいて明確に示した。「ニガー（黒人）はインジャン（インディアン）のように排除されるだろう。…それが人種の法則であり、歴史なのだ。Aランクのネズミがやってきて、その後、劣ったネズミはすべて一掃される」。合衆国の拡大は全世界に利益をもたらす。「われわれは、われわれの国とその支配が広範囲に及ぶことを望んでいる。惨めで非効率的なメキシコが…新世界に高貴な民族を住まわせるからといって、その偉大な使命に何の関係があるというのだろうか？[3]」。一八四六年九月、ザカリー・テイラー将軍の軍隊がモンテレイを占領したとき、ホイットマンは「アングロサクソンの不屈のエネルギーを示す、もうひとつの決定的な証拠だ」と称賛した[4]。ホイットマンの感情は、辺境の開拓者が先住民に取って代わるという歴史的運命を持つ、合衆国の起源神話を反映したもので、後に社会ダーウィニズムと呼ばれるようになる彼独自の理論的な工夫が加えられていた。

合衆国の海外帝国主義

「海から輝ける海へ」大陸を横断したのは、西部劇で描かれているような幌馬車による自然な西進ではなかった。合衆国のメキシコ侵攻は合衆国海兵隊が海路でベラクルスを経由して行ったし、カリフォルニアの初期の植民地化は、最初は太平洋岸から始まり大西洋岸からティエラ・デル・フエゴを経由して到達した。ミシシッピ川とロッキー山脈の間には、ヨーロッパのどの国にも征服されず、植民地化もされなかった先住民が支配する広大な地域があり、合衆国はメキシコ北部を併合することに成功したが、軍隊の連隊が同行しなければ多数の入植者が北カリフォルニアの金鉱地帯や太平洋岸北西部の肥沃なウィラメット渓谷に到達することはできなかった。それなのに、なぜ合衆国では「自然な」西進という歴史物語がまかり通っているのだろうか？　それは、合衆国が大陸に進出して、前もって定められた大きさや形まで拡大するという「明白なる使命」のイデオロギーが、この物語を信奉する人々の中に残っているからである。このイデオロギーは、先住民やメキシコへの相次ぐ侵略と占領を、植民地主義や帝国主義ではなく、定められた進歩であると正当化する。この考え方では、メキシコは潰されるべきインディアンの国のひとつに過ぎなかった。

合衆国のメキシコ侵攻は、合衆国初の「対外」戦争とも言われているが、そうではない。一八四六年までに、合衆国はミシシッピ川以東の数十の外国（ネーション）を侵略・占領し、民族浄化をしていた。また、バーバリ戦争もあった。メキシコ侵攻の直後に作曲され、採用された合衆国海兵隊の公式讃歌の冒頭の歌詞「モンテズマの広間からトリポリの海岸まで」は、トーマス・ジェファーソン大統領によって、海兵隊が北アフリカのベルベル人国家に侵攻するために派遣された、一八〇一年から五年間のことを指している。これは「第一次バーバリ戦争」であり、トリポリが人質としていた合衆国の船員を解放し、合衆国の商船に対する「海賊」の攻撃をやめるように説得することが表向きの目的だった。[5]一八一五年から一六年にかけて起きた「第二次バーバリ戦争」は、トリポリの支配者ユスフ・カラマンリが、領海に入る合衆国の船から料金を徴収しないことに合意したことで終結した。

この頃、合衆国にあったスペインの植民地では、独立戦争が勃発し、その指導者たちは、フランス革命やハイチ革命に触発された。一八〇一年、カリブ海のフランス植民地ハイチの奴隷プランテーションで独立運動が起こり、奴隷となっていたアフリカ系住民の大多数がフランスの農園主たちを倒して独立国家を宣言した。これは、ヨーロッパの植民地主義に対する民族解放運動としては、世界で初めて永続的に成功したものだった。一般的な神話では、スペインからの独立を求めて戦った植民地民衆は、イギリスからの独立に成功した合衆国に影響を受けたとされているが、これは疑わしい。

シモン・ボリバルは、南米の独立運動の重要な指導者である。彼は一八一五年に解放されたハイチを訪れ、奴隷制への憎しみを深め、南米で形成された独立国で奴隷制を廃止するきっかけを作った。ボリバルと解放者ホセ・デ・サン・マルティンは、彼らが「グラン・コロンビア」（大コロンビア）と名付けた単一共和国の創設者であり、一八一九年から一八三〇年まで、ボリバルを大統領にして存続した。その後、グラン・コロンビアは、ベネズエラ、コロンビア（当時はパナマを含む）、エクアドル、ペルー、ボリビアの国民国家に分裂する。また、中米にも同様の単一国家「中米連合州」があり、首都はグアテマラシティで、一八二一年から一八四一年まで存在したが、その後、現在の小国に分割された。いずれの場合も、大規模で強力な単一連合体は、英米帝国による経済的介入と支配を受けていた。

メキシコの独立運動に尽力したミゲル・イダルゴ神父は、メキシコの先住民社会に深く溶け込んでおり、運動に参加した反乱軍の大部分は先住民の出身者だった。南米のサン・マルティンやボリバルが率いた独立運動でも、実際に戦っていたのはほとんどが先住民であり、自分たちのコミュニティやネーションを代表して、民族としての解放のために戦っていた。それとは対照的に、合衆国の独立戦争では、先住民は敵とみなされている。南米の新共和国の先住民社会は、独立戦争後に権力を強化した各国の土地所有者のエリートによって、すぐに経済的・政治的に支配されてしまった。しかし、祖先がスペイン植民地主義からの解放のために戦った先住民は、革命運動における自分たちの重要な役割を忘れることなく、解放のプロセスが続いていることを認識している。ラテンアメリカの先住民は、そうした革命を自分たちのものだと感じていた。一方、合衆国によるイギリスからの分離独立は、土地に根づいた集団社会を営む先住民族の排除を計画した、白人共和国の意図的な設立だった。

アメリカ大陸における旧スペイン領の併合と支配を目的とした合衆国の介入は、多くの歴史書が主張するように一八九八年の米西戦争ではなく、その約一世紀前、ジェファーソン大統領時代の一八〇六―七年に行われたゼビュロン・M・パイクの遠征から始まっている。合衆国帝国主義の明確な行動とは別に「大陸拡張」を追跡している歴史家たちは、北アフリカとスペインからの解放前夜のメキシコへの介入が、時間的にも大統領政権的にも並存していることに気づくことはほとんどない。パイクが出発したのと同じ年に達成されたルイスとクラークの探検と同様に、パイクの探検もジェファーソン大統領が命じた軍事プロジェクトだった。ルイスとクラークは、新たに獲得したルイジアナ準州の奥地に向かい、ロッキー山脈と太平洋に挟まれた広大な領土で、西と南はスペイン領、北はイギリス領カナダに接しているマンダン、ヒダーツァ、パイユート、ショショーニ、ユートなどの各コミュニティの情報を収集した。[6] パイクとオーセージの人質を含む小部隊は、スペイン領に不法に侵入し、後に軍事侵攻に使用する情報を収集するよう命じられていた。迷子になったという名目で、パイク一行はスペイン領のニューメキシコ北部（現在のコロラド州南部）に入り、パイク山を「発見」して砦を築いた。最終的には、彼らの計画通り、スペイン当局に拘束され、メキシコのチワワに移送されたが、その間、パイクたちはメキシコ北部を観察し、メモを取ることができた。さらに重要なことは、スペイン軍の資源や行動、民間人の位置や関係についての情報を収集したことである。釈放されたパイクは、一八一〇年にその成果を出版した。後に『ゼビュロン・モンゴメリー・パイクの遠征記』と題されたこの本は、ベストセラーとなった。[7]

合衆国によるメキシコ北部の植民地化

三世紀以上にわたるスペインの植民地支配と疲弊した民族解放戦争から一八二一年に脱却したメキシコ新共和国の不安定さは、合衆国の侵略から自国の領土を守るにはなお弱い立場にあった。スペインを追い出せば、合衆国はヨーロッパの帝国主義国との戦争――それは、ジョージ・ワシントンが退任演説で、「外国との紛争」について警告を発したことだ――の危険を冒すことなく、独自の帝国主義政策を追求することができる。メキシコが独立すると、新政府は直ちに国境を開放し、それまでスペイン政府が認めていなかった貿易を開始した。一八二一年には合衆国の貿易商ウィリアム・ベックネルがセントルイスからメキシコのヌエボ・メヒコ州タオスに到着し、一八二四年にはシルベスター・パティーが率いる合衆国の貿易団が到着した。[8] 当時、合衆国の西部開拓の拠点であったセントルイスの商人たちも、ニューメキシコへの進出を開始する。一八一〇年にパイクの著書が出版されるまで、合衆国の商人たちはメキシコ貿易にほとんど関心を示していなかったが、パイクの「潜在的な利益」という言葉に触発され、彼らはメキシコ貿易の独占に乗り出した。[9]

合衆国の貿易商たちは、「タオスの米国党」として知られるようになったグループを通して、メキシコ北部に対する合衆国の政治支配への道を切り開いた。合衆国のメキシコ北部侵攻の成功に大きな役割を果たしたのが、クリストファー・ヒューストン・「キット」・カーソンで、彼は植民地時代の傭兵として活動を続けていた。一八〇九年にケンタッキー州で生まれたカーソンは、毛皮の捕獲人であり、事業家であり、またインディアンを憎み、殺したことでも知られている。彼は一六歳のとき、ミズーリにある家族の故郷を離れ、ニューメキシコに渡った。カーソンをはじめとして米国党を構成した米国市民の多くは、ニューメキシコで、スペインからの独立を好まないスペイン系の裕福な家庭と婚姻関係を結び、地元の支配層の中に強いアングロサクソンに対する親近感を作り出していた。この一派の目的は、合衆国による併合を最終目標とし、先住民や他のトラッパー（罠猟師）との毛皮の取引を誘致し、独占することだった。そのために商人たちは、衣類や台所用品、工具、家具などの製品を低価格で提供した。セントルイスは、東海岸の都市の大西洋交易所とつながっていたため、衰退したベラクルス港に頼っていたチワワの商人に比べて、商品の種類や質が良いという利点を持っていた。ベントの砦（現在のコロラド州ラ・フンタ付近）は、ニューメキシコ州北部の毛皮貿易の経済的中心地となり、ジョン・ジェイコブ・アスターが設立した北米のアメリカン・ファー・カンパニーに匹敵する存在となった。ミズーリの商人たちは、メキシコの銀と金の輸出禁止令（銀については一八二八年から一八三五年にかけて一時的に解除された）を、密輸と賄賂によって回避した。[10]

　セントルイスは、すぐにチワワに代わってメキシコ北部貿易の中継地となり、メキシコ北部州のエリートたちは、その領土を合衆国に組み込むという目的の実行者となった。一八二四年には、ミズーリ州の上院議員トーマス・ハート・ベントンが、ミズーリ州民を代表して、メキシコ国境までのサンタフェ・トレイルを合衆国政府が調査する法案を上院に提出した。一八三二年、アンドリュー・ジャクソン大統領は、サンタフェ・トレイルを通ってメキシコ北部に向から商品輸送隊が無断で領土を横断する時に先住民の妨害から守るために、合衆国軍の使用を開始した。

ニューメキシコだけでなく、テキサスやカリフォルニアでも合衆国市民がメキシコ併合のための基盤を作った。スペインのコルテス（議会）は、一八一三年に地方当局が個人所有の土地を付与することを認める法律を制定していたが、外国人を含む個人に土地を付与するこの慣行は、メキシコ独立政府の下で一八二八年まで続けられた。一八二三年、メキシコの専制君主アグスティン・デ・イトゥルビデは、植民地化法を制定し、国がエンプレサリオ（プロモーター）に土地を与える契約を結ぶことを認めた。エンプレサリオには、最低でも二〇〇家族を集めて入植させることが義務付けられていた。この法律はテキサス州にのみ適用されたが、メキシコでは奴隷制度が違法であったにもかかわらず、奴隷を所有する英米の企業家がこのような契約を求め、許可されたため、テキサス州における彼らの支配が可能となり、一八三六年にメキシコがテキサス州を失うことになった。[11]

ベントン上院議員、義理の息子であるジョン・C・フレモント大尉、それにキット・カーソンも、北カリフォルニア侵攻の道筋をつけた。一八四〇年代初頭、ベントンと娘のジェシー（フレモントの妻）は、オレゴン準州やメキシコのカリフォルニア州への入植者を誘致するためのブースター・プレスを建設した。同時に、フレモントはガイドのカーソンとともに五回の遠征を行い、情報収集に努め、軍事的な征服の基礎を築いた。第三次遠征隊は、合衆国がメキシコに宣戦布告する直前の一八四六年初頭に、北からサクラメント渓谷に不法に侵入した。フレモントは、セントラルバレーのアングロサクソン系入植者に合衆国側につくように勧め、戦争になった場合の軍事的な保護を約束した。合衆国の軍艦が戦争のために配置されると、フレモントは、まるですべてが事前に計画されていたかのように、カリフォルニア大隊の中佐に任命された[12]。

パイクによる探検と情報収集に続き、合衆国の企業家が先行してメキシコ北部の州に侵入・入植し、最終的には軍事侵攻と戦争へと発展していった。合衆国軍は、メキシコ湾に面したメキシコの主要な商業港であるベラクルスから、三〇〇マイル近く離れた首都メキシコ・シティまで戦いを繰り広げた。合衆国軍は、メキシコ政府が一八四八年のグアダルーペ・イダルゴ条約で定められた北方領土の割譲に同意するまで首都を占領した。テキサス州は一八四五年末に合衆国の州となった。カリフォルニア州は一八五〇年に、ネバダ州は一八六四年に、コロラド州は一八七六年に、ワイオミング州は一八九〇年に、ユタ州は一八九六年にそれぞれ合衆国の州になったが、人口密度の高いアリゾナ州とニューメキシコ州は、一九一二年になってようやく合衆国の州になった。

一七八五年の土地条例により、土地の測量と分配のための国家システムが確立されたが、ある歴史家が指摘するように、「一七八五年五月の条例により、インディアンの土地は最高入札者に競り落とされることになった[13]」という。一七八七年の北西部条例は、先住民の占有と所有権を保証していたものの、併合から軍事占領、領土の地位、そして最終的には州の地位を得るという発展的な植民地化の手順を定めていた。州になるための条件は、入植者の数が先住民の数を上回ったときに達成されるが、メキシコ割譲地やルイジアナ購入地の場合は、先住民の数を減らしたり、強制的に追い出したりする必要があった。植民地大国の中でもユニークなこの合衆国のシステムでは、土地は資本の蓄積と国庫の建設のための最も重要な交換商品となった。合衆国政府のジェノサイド政策を理解するためには、合衆国の富と権力の経済基盤を構築する上で、土地販売の重要性を見なければならない。合衆国の拡張主義を擁護する人々は、一七八七年の条例を植民地主義の反映ではなく、歴史家ハワード・ラマーの言葉を借りれば、「自由の問題と帝国の問題を調和させる」ための手段であると考えていた。(14)

メキシコ戦争後の合衆国は、対立するイデオロギーの調整以上に差し迫った問題に直面していた。併合された地域の大部分は、先住民やメキシコ人の農民や牧場主などの土地の共同体であったからだ。また、ナバホ、アパッチ、ユートは、スペイン人やメキシコ人による植民地化に何世紀にもわたって抵抗してきたが、新たな植民地体制にも抵抗し続けた。こうした地域の人々が合衆国の侵略と征服にどのように対応したか、そして今日の合衆国との特殊な関係を理解するためには、スペインの植民地化の下における彼らの歴史を理解することが不可欠である。

北メキシコの先住民

スペイン王室は、コロナドやカベサ・デ・バカなどの探検家を派遣し、北米の大西洋岸やフロリダ、ミシシッピまでのメキシコ湾岸に交易や軍事の拠点や町などを設けていたが、リオ・グランデ川以北でスペイン人入植者による植民地支配が始まったのは一五九八年である。兵士の入植者による植民地化作戦は、ニューメキシコのプエブロの町に残忍な軍事攻撃を仕掛け、国家と教会の制度を押し付けた。植民者たちは、灌漑を中心とした農業が盛んで、それが九八の相互に関連した共同体（スペイン人はプエブロと呼んでいた）に住む人々を支えていることを知り、二〇年の間に共同体（集落）を二一にまで減らした。[15] またおそらく、もっとも急進的だったのは、プエブロの儀式や宗教的祭日の多さがわかると、フランシスコ会の宣教師たちが彼らの宗教行事を禁止し、キリスト教を強要したことだろう。スペインの弾圧と労働力の搾取が激化したため、プエブロは革命を起こし、いまだ征服されていなかったナバホ、アパッチ、ユート、そして現在のアリゾナ州の西にあったホピの町がそれを支援した。そこにスペインの首都サンタフェに捕らえられていた、先住民やメスティーゾの使用人や労働者階級も加わった。一六八〇年、プエブロはスペイン人をニューメキシコから追い出し、新たに永久植民地化を目指すスペイン使節団が到着するまでの一二年間、自由を満喫した。[16] メキシコが独立（一八二一）するまで、一三〇年間にわたったスペイン支配の間、プエブロは厳しく管理され、スペインの植民地化を受けていないナバホ、アパッチ、ユートに対するスペインの遠征に、歩兵を提供することを余儀なくされた。メキシコはフランシスコ会を追放し、プエブロには彼らのなすがままに任せた。だが、プェブロの領土はその多くが、すでに永住者たちに奪われてしまっていた。

合衆国に併合されたコアウィラ・イ・テハス（テキサス）とカリフォルニアの二つの大きなメキシコの州は、ニューメキシコのように人口が少なく、中央集権的に組織化もされていなかった。一六九二年以降、スペイン王室は軍隊を派遣してリオ・グランデのプエブロを侵略、再占領したが、王室はまた競合するフランス、イギリス、ロシアの帝国主義との大きな緩衝地帯を作るためにも、カリフォルニアとテキサスの実効支配と開拓を目指していた。二世紀にわたるアメリカ大陸での支配の後、スペイン国家は政治的にも経済的にも崩壊していた。合衆国の植民地で銀の生産が落ち込み、他のヨーロッパ諸国との競争が激化していたスペインは、フランスやイギリスのニュースペイン（メキシコ）内陸部の鉱山地帯への侵攻を抑えるために、北部の領地を維持・拡大することにした。

現在のテキサス州では、スペインが砦を築き、現地の先住民から土地を収奪して、スペイン人の入植者に農地や牧場を与えた。一七一八年にはテキサス州で最初のスペイン人の町サンアントニオができ、フランシスコ会の宣教師がサンアントニオ・デ・バレロ伝道所（アラモ）を設立した。スペインの砦、伝道所、入植地が領土内に点在し、特にマタモラスからラレドまでのリオ・グランデ川沿いにそれらは多く見られた。テキサスの先住民には、ルパン・アパッチ、ジュマノ、コアウイルテカン、トンカワ、カランカワ、カドなどがいたが、彼らは、西テキサスの機動力のあるコマンチやウィチタよりも植民地化の影響を受けやすかった。メキシコ独立時には、同州の先住民の人口は約五万人、スペイン人入植者は約三万人であった。

メキシコ独立後の一〇年間に、チェロキー、セミノール、ショーニーなどミシシッピ以東の多くの先住民は、インディアン準州への強制連行を免れ、合衆国の鉄の踵《かかと》〔『鉄の踵』はジャック・ロンドンのディストピアSF小説〕を逃れてメキシコに避難した。そのひとつが、ウィスコンシン州の開拓に伴い、故郷を追われたコアウイラ・キカプーの人々である。トホノ・オオダムはどこにも移動しなかったが、一八四八年に引き直された国境線が彼らの故郷を分断した。独立したメキシコ共和国は、彼らの様々なコミュニティに土地を提供したが、テキサスがメキシコから独立し、その後合衆国に併合されると、多くの人々が新しい国境の南側に移動した[17]。

メキシコ共和国は、アングロサクソン系移民に土地を与えることで、合衆国支配への扉を開いた。メキシコ独立後の最初の一〇年間に、約三万人のアングロサクソン系アメリカ人の農民やプランテーションのオーナーが奴隷とともにテキサスに押し寄せ、開発用の土地を与えられた。一八四五年にテキサス州が合衆国の州になるまでに、アングロサクソン系の入植者は一六万人に達した。[18] メキシコは一八二九年に奴隷制度を廃止したが、これはアングロサクソン系アメリカ人入植者が、富を求めてアフリカ人を奴隷にしてプランテーションを作っていたことに影響した。彼らはメキシコ政府に奴隷制度廃止の撤回を求めたが、政府は奴隷制度の合法化を拒否したため、奴隷を解放するための猶予は一年しか与えられなかった。入植者たちはメキシコからの分離独立を決意し、一八三六年に神話化されて有名となった「アラモの戦い」が始まった。傭兵のジェームズ・ボウイとデイヴィッド・クロケット、そして奴隷所有者のウィリアム・トラヴィスが戦死した。厳密にはアングロサクソン系アメリカ人の敗北であったが、アラモの包囲戦はアングロサクソン系アメリカ人の愛国心をかきたて、一カ月後のサン・ジャシントの戦いでメキシコはメキシコ州を明け渡すことになった。これは、アンドリュー・ジャクソン政権にとっても、テキサスの農園主となった多くの南部奴隷所有者にとっても、そして特にアルコール依存症の入植者兵士のヒーロー、サム・ヒューストンにとっても大きな勝利だった。テネシー州知事だったヒューストンは、テキサス軍の最高司令官となり、新しい「テキサス共和国」の大統領となって、一八四五年に実現した合衆国における州昇格に貢献した。奴隷制推進派の独立政府が最初に行ったことのひとつが、対反乱軍の設立だった。テキサス・レンジャーという名が示すように、「合衆国流の戦争」に則って、先住民の町を破壊し、テキサスの先住民を排除し、民族浄化を進め、元メキシコ市民であるテハノ（メキシコ系テキサス人）の抗議を弾圧した。[19]

スペイン・フランシスコ会の伝習所《ミッション》で、ミッション・ドロレスとも呼ばれるミッション・サンフランシスコ・デ・アシスが、サンフランシスコの軍事基地《プレシディオ》と同時期の一七七六年、太平洋岸に設立された。それはアングロサクソン系アメリカ人がイギリスからの独立を宣言した年だった。守備隊の目的は、スペイン人が領有権を侵害している先住民から伝道所を守ることと、その先住民を集めて伝道所のフランシスコ会修道士のために生活させ、働かせることの二つであった。ミッション・ドロレスは、一七六九年からメキシコが伝道所を解散する一八二三年までに設立された二一のフランシスコ会の伝道所のうち、六番目の伝道所だった。サンディエゴ、ロサンゼルス、サンタバーバラからカーメル、サンフランシスコ、ソノマまでの伝道所や軍事基地の設立は、カリフォルニアの先住民の植民地化の痕跡でもある。各伝道所を結ぶ五〇〇マイルの道路は、エル・カミノ・レアル（ロイヤル・ハイウェイ）と呼ばれた。

カリフォルニアのスペイン軍は四つの地区に分けられ、それぞれにフランシスコ会の伝道所と戦略的に配置された軍事基地があった。一七六九年にサンディエゴに最初の軍事基地が設立されたのは、カリフォルニアで最初のフランシスコ会伝道所が設立されたのと同じ時期だった。一七七〇年にはモントレーに二つ目の軍事基地が設立され、この地域にある六つの伝道所とサンタクルーズ山脈の水銀鉱山を守ることになった。モントレーは首都となり、スペイン領カリフォルニアとの間を行き来する唯一の港となって、一八四六年に合衆国がカリフォルニアを占領するまでその地位を維持した。

これらのカリフォルニア・フランシスコ会伝道所とその創設者であるフニペロ・セラは、現代のカリフォルニア住民にとって驚くほどに理想化された存在であり、伝道所は今でも人気の観光スポットになっている。しかし、各伝道所の広場の真ん中に鞭打ち柱があることに気づく人は少ない。その人工物に象徴される歴史は、カリフォルニアの地殻の下で消えてなくなり、何世代にもわたる先住民の遺体とともに埋もれているわけではない。その傷やトラウマは、世代から世代へと受け継がれている。その傷口に塩を塗るように、一九八八年にローマ法王ヨハネ・パウロ二世がフニペロ・セラを列福し、彼は聖人としての第一歩を踏み出した。カリフォルニアの先住民たちはこの行為に侮辱され、彼らの祖先をレイプし、拷問し、死なせ、飢えさせ、屈辱を与え、彼らの文化を破壊しようとした人物の聖人化を阻止するために一丸となった。セラは兵士を連れて、先住民の個人や家族を無作為に誘拐し、これらの捕虜を日記に記録していたが、それはこんな風に書かれていた。「ひとりが彼ら［兵士たち］の手の間から逃げ出すと、もうひとりを捕まえた。兵士たちは彼を縛ったが、それは必要なことだった。縛られていても、彼は自分を連れていくなと身を守り、地面に激しく体を投げ出して、太ももと膝を擦りむいて傷をつけた。しかし、ついに兵士たちは彼を連れていった。…彼はとてもおびえていて、非常に混乱していた」[20]。一八七八年、カミアのジャニチンという老人は、インタビューに答えて子供の頃の体験を語った。「伝道所に着いたら、一週間も部屋に閉じ込められたんだ。…毎日、やり方を知らないことを、私が終わらせることができないと言って、不当に鞭で打たれた。こうして私は、逃げる方法を見つけるまで何日もそこにいた。しかしそこから逃げたものの、追跡されて狐のように捕まってしまった」。彼は台上で縛られ、殴られて意識を失った。

カリフォルニアの先住民たちは、このような全体主義的な秩序に抵抗した。反乱行為は公式記録や日記にも記録されているが、一九五〇年代から一九六〇年代の公民権運動の時代になって、カリフォルニア先住民が自分たちで調査を始めるまでは、ほとんどの歴史家は関心を示さなかったようだ。彼らの調査によると、どの伝道所も内部からの反乱や、脱走者とともに投獄されたグループによる、外部からの攻撃を免れなかったことがわかった。最大で二〇〇〇人のゲリラ部隊が結成された。この抵抗がなければ、スペイン人に植民地化された地域にカリフォルニア先住民の子孫は残らなかっただろう。[21]

一八四八年以降、合衆国軍の保護のもと、世界中からやってきた金鉱探しの人々は、サンフランシスコの北と東に広がる金鉱地帯を先祖代々受け継いできた先住民に、死、拷問、レイプ、飢餓、病気などをもたらした。アレハンドロ・ムルギアが言うように、金とは無関係だった先住民とは異なり、フォーティナイナー〔一八四九年のゴールドラッシュでカリフォルニアに来た人〕たちは「取り憑かれたように金を求めた」のである。

彼らはそのためには何でもする。家も家族も何もかも捨てて、水漏れや臭いのする船で八カ月間航海してカリフォルニアにたどり着いた。船長や船員の中には、サンフランシスコで船に飛び乗った人もいて、放置されたブリッグ〔横帆の二本マストの帆船〕やバーク〔小型帆船〕、スクーナーなどの船団が桟橋で朽ち果てていた。彼らは見つけた獲物をすべて屠殺し、川やクリークを泥で汚して、かつては豊富だったサケが生きられないようにした。アメリカ先住民の食料源であったワピチや鹿の群れは、ひと夏でほぼ全滅した。金鉱では、鉱夫たちがお互いに騙し合い、殺し合いをしていた。[22]

合衆国の占領と入植は、まさに恐怖が支配する中、二五年間で一〇万人以上のカリフォルニア先住民を絶滅させ、一八七〇年には人口が三万人にまで減少した——これは、史上最も過酷な人口災害の可能性がある。[23] ここでも先住民は、不可能な状況下で抵抗し、生き残って物語を語っている。彼らが抵抗しなかったら、北カリフォルニアに先住民は残っていなかっただろう。カリフォルニアでゴールドラッシュが始まった頃、熱狂的な「ゴールドバグ」（金投資家）たちが先住民の領土に侵入し、邪魔者を脅して残酷に殺した。彼らは、森と川と山に囲まれた豊かな楽園の中で、丸腰で漁村に住む先住民を蹂躙する際、軍事的な支援を必要としなかった。合衆国軍に残された役割は、飢えに苦しむ先住民の難民を集めて、オレゴン州やオクラホマ州に設けられた保留地に運ぶことだった。

白人の負担

二年間にわたるメキシコへの侵攻と占領は、ウォルト・ホイットマンの大衆的な詩にも見られるように、ほとんどの合衆国市民にとって喜びに満ちたものだった。このような人気が得られたのは、活気に満ちたナショナリズムがあったからであり、戦争そのものがナショナリズムの精神を加速させ、合衆国の「明白なる使命」を確認させたのである。また、新たな戦争兵器や産業革命による生産力の向上に加えて、印刷・出版技術の進歩もあり、書籍出版市場は一八三〇年の二五〇万ドルから一八五〇年には一二五〇万ドルに拡大した。侵攻前、侵攻中、侵攻後の五年間に出版された本は、戦争を煽るものが多かった。ジェームズ・フェニモア・クーパー、ウォルト・ホイットマン、エドガー・アラン・ポー、ジョン・グリーンリーフ・ホイッティア、ヘンリー・ワーズワース・ロングフェロー、ジェイムズ・ラッセル・ローウェル、ラルフ・ウォルドー・エマーソン、ヘンリー・デイヴィッド・ソロー、ナサニエル・ホーソン、ハーマン・メルヴィルなどの作家が活躍し、二一世紀になっても植民地主義者としてではなく、国民的・民族的作家として読み継がれ、尊敬され、研究されている。

メルヴィルやロングフェローのように、戦争にほとんど関心を示さない作家もいたが、その他の作家のほとんどは、戦争を激しく支持したり、反対したりしていた。支持者のホイットマンは、インディアンやメキシコ人を殺す凶暴なテキサス・レンジャーにも心酔している。ホイットマンは、戦争は合衆国の自尊心を高めるものだと考え、「真の米国人」は「勝利した軍隊に対するこの誇り」に抵抗できないだろうと信じていた。エマーソンは、すべての戦争と同じように、この戦争に反対している。しかし、彼がメキシコ戦争に反対したのは、平和主義によるものだけではなく、メキシコ人の「人種」と接触することによってアングロサクソン系アメリカ人が蝕まれるという信念、つまり「暗黒の心」に対する恐怖に基づいていたのである。エマーソンは、領土の拡大を何としても支持したが、戦争をしないで行うことを望んでいた。

この時代の作家の多くは、英雄主義にとらわれていた。メキシコ戦争に反対したのは、ソロー、ホイッティア、ローウェルなど、奴隷制廃止論者として活躍した作家たちである。彼らは、メキシコ戦争は南部の奴隷所有者が奴隷制度を拡大するために企てたもので、スペインから独立した際に奴隷制度を非合法化したメキシコを罰するためのものだと考えていた。しかし、奴隷制廃止論者でさえも、一八五九年にローウェルが言ったように、「イングランド民族の明白なる使命」を信じていた。それは「この大陸全体を占領し、政府や植民地化の問題について、ローマ人以来、他のどの民族も持ったことのなかった実践的な理解をこの大陸で示すこと」だった[24]。

この戦争を指揮したジェームズ・K・ポーク大統領は、この戦争の意義を、民主主義国家が権威主義政府と同じくらいの「勢い」で対外的な戦争を遂行し、勝利することができるという例としてとらえている。彼は、選挙で選ばれた文民政府と人民の義勇軍が、帝国を目指すヨーロッパの君主制国家よりも、さらに効果的であると考えていた。メキシコへの勝利は、合衆国がヨーロッパの列強と対等であることを証明したと彼は考えた。弱小国に対して軍事的な勝利を収めて得意げに胸を張る。このような発想をしたのは、ロナルド・レーガンでもジョージ・W・ブッシュでもない。この伝統は、合衆国自身と同じくらい古いものだ。

合衆国の対メキシコ戦争は、メキシコの半分を併合しただけではない。獲得した領土で奴隷制を認めるかどうかで、議論が紛糾し、一〇〇万人の死傷者を出した内戦を引き起こした。この南北戦争によって、軍の再編と近代化が進み、民間人を対象とした対反乱作戦が再編成された。その予行演習は、メキシコ戦争後、一八四八年にメキシコから併合された領土のうち、後にニューメキシコ州とアリゾナ州になる部分と新しい国境を越えてメキシコに残った部分での、アパッチの激しい抵抗に対する米軍の対反乱作戦に見られる。この目的のために採用されたのが、合衆国陸軍の第一および第二ドラグーン（騎兵隊）で、砂漠の地形に適した装備と訓練を受けた精鋭の騎兵隊だった。メキシコ戦争と南北戦争の間の期間、アパッチの伝統的な土地と生活様式を維持するために、ヒラ・アパッチのリーダー、マンガス・コロラダスが先住民の抵抗を指揮していた。騎兵隊は、「戦争の第一の方法」である総力戦を採用し、野戦部隊にアパッチの村を攻撃させ、作物を破壊し、家畜を殺し、村に残された女性や子供、老人を虐殺し、若者は他の場所で騎兵隊の戦いに従事させた。(25) このような先住民との戦いは、南北戦争中も続いた。その後も北部平原や南西部で次第に定着していき、現在でも米軍が世界中で敵地を指すときに使う言葉が生まれた。「インディアン・カントリー」である。

8 「インディアン・カントリー」

バッファローは、合衆国のなだらかな丘と平原の上を動く暗い豊かな雲だった。
それから、閃光を放つ剣が骨と肉に襲いかかった。

——サイモン・J・オルティス『サンドクリークより』

南北戦争前夜の合衆国陸軍は、七つの部門に分かれていた——それは、モンロー政権時代にジョン・C・カルフーンが考案した組織だった。一八六〇年までには、七つの部門のうち一八三の中隊からなる六つの部門がミシシッピ川の西側に駐留し、その土地の先住民と戦う植民地軍となっていた。西部の多くの地域では、陸軍が合衆国政府の主要機関であり、その発展には軍の存在が深く関わっていた。

リンカーン大統領が就任したのは、南部が連邦から分離独立してから二カ月後の一八六一年三月のことだった。四月、合衆国南部連合（CSA）は、サウスカロライナ州チャールストン近郊のサムター要塞に置かれていた陸軍基地を占拠した。一〇〇〇人以上いた米陸軍将校のうち、二八六人がCSAのために出兵したが、その半数はウェストポイントの卒業生で、ロバート・E・リーをはじめとするインディアンの戦士がほとんどだった。陸軍省の七人の司令官のうち、三人が南軍の指導者となった。人口統計学的に見ても、南部が勝つ見込みはほとんどなかったのに、四年以上もの間、連邦軍に対して粘り強く戦い続けたのは何にもまして注目に値する。一八六〇年の合衆国の人口は約三二〇〇万人で、北部二二州に二三〇〇万人、南部一一州に約九〇〇万人が住んでいた。九〇〇万人の南部人の三分の一以上は、アフリカ系の奴隷だった。CSA圏内では、入植者の七六パーセントが一〇〇エーカー以下の土地しか所有していなかった。一〇〇人以上の奴隷を所有していたのは一パーセント以下だった。南部の入植者の一七パーセントは、ひとりから九人の奴隷を所有しており、一〇人以上の奴隷を所有していたのは六・五パーセントに過ぎなかった。奴隷を所有していない入植者の一〇パーセントは土地を持たず、それ以外の人は小さな自作農場でかろうじて生き延びていた。南部連合軍も同じような割合だった。(1) 現在でも「州権」が南部の分離独立や南北戦争の原因になったと主張する人たちは、この統計を使って「南北戦争の原因は奴隷制ではない」と主張しているが、それは誤りである。南部諸州の入植者はみんな、土地と奴隷を所有したり、より多くの土地とより多くの奴隷を所有することを望んでいた。小規模で土地を持たない農民であっても、奴隷制に基づく支配に頼っていた。小規模な農民が生産したものは、地元の奴隷プランテーションが市場となり、プランターは土地を持たない入植者を監督や小作人として雇っていた。奴隷を所有していない入植者のほとんどは、南部連合を支持して戦った。

リンカーンによる入植者への「自由土地」の提供

エイブラハム・リンカーンの大統領選キャンペーンは、ミシシッピ川以西の先住民の土地を政府が「開放」することを要求する土地に恵まれない入植者の票に訴えた。彼らは、奴隷制のない安い土地という意味にちなんで「フリーソイラー」と呼ばれた。その後、ゴールドラッシュなどの煽りを受けて、先住民の土地に次々と入植者が押し寄せてきた。このような理由から、先住民の中には、南軍が勝利することで、強大な力を持つ合衆国が分裂して弱体化することを望む人もいた。インディアン準州(インディアン・テリトリー）の先住民は、南北戦争の影響をどこよりも直接受けた。6章で述べたように、南東部のチェロキー、マスコギー、セミノール、チョクトー、チカソー（「文明化五部族」）は、ジャクソン政権下で強制的に故郷を追われたが、インディアン準州では、町並み、農場、牧場、そして新聞社、学校、孤児院などの施設が再建された。それぞれのネーションのごく一部のエリートは裕福で、奴隷となったアフリカ人や私有地を所有していたが、大多数の人々は集団で農耕を続けていた。五つのネーションはすべて南部連合と条約を結んだが、それぞれにその理由は似ていた。しかし、各ネーションでは、階級による明確な区分があり、それはしばしば誤解を招くような「混血」と「純血」の対立として表現されていた。つまり、政治を支配していた裕福で同化した少数派の奴隷所有者は南部連合を支持し、奴隷を所有していない貧困層や伝統的な多数派は、アングロサクソン系アメリカ人の内戦に巻き込まれることを望んでいなかったのである。歴史学者のデイヴィッド・チャンは、マスコギーのナショナリズムと連邦政府に対する十分な不信感が、南部連合との戦略的提携に大きな役割を果たしたと述べている。チャンは次のように書いている。「クリーク評議会の南部との同盟は、奴隷制度とその階級的特権を守る人種差別的なものだったのか、それともクリークの土地と主権を守る民主主義的なものだったのか。答えは「両方」でなければならない[2]」。

チェロキーの最高責任者（プリンシパル・チーフ）ジョン・ロスは、当初は中立を主張していたが、マスコギーと同様の理由で考えを改め、チェロキー評議会にCSAとの条約交渉の権限を求めた。五つのネーションの七〇〇〇人に近い戦士が南軍のために戦いに出た。チェロキーのスタンド・ワティは、南軍の准将の地位にあった。一八六五年四月にリーがアポマトックス・コートハウスの戦いで、北バージニア陸軍を降伏させてから二ヵ月以上が経過した六月二三日、彼が所属していたトランス・ミシシッピ陸軍の第一インディアン旅団は、北軍に降伏した最後の部隊のひとつとなった。しかし、戦争中、多くの先住民の戦士が幻滅して北軍に渡ったり、奴隷にされていたアフリカ系アメリカ人が、自由を求めて逃亡したりした。(3)

もうひとつの物語も同様に重要であるが、あまり語られていない。戦争が始まって数カ月後、インディアン準州では、先住民の志願兵、解放されたアフリカ系アメリカ人、さらには一部のアングロサクソン系アメリカ人からなる約一万人の戦士が、南軍に対してゲリラ戦を展開した。彼らは、オクラホマ州からカンザス州にかけて戦い、その多くは、数年前にジョン・ブラウンのもとで訓練を受けた奴隷制廃止論者たちが組織した、非公式の北軍部隊に参加した。これは、リンカーン政権が望んでいたような戦争ではなかった――リンカーンが思い描いた戦争は、多民族からなる北軍の志願兵部隊が、ミズーリ州の奴隷制支持勢力と戦い、そこには奴隷化されたアフリカ人が逃れて北軍側に加わるという筋書きだ。(4)南部各地で起こったアフリカ系アメリカ人による自己解放は、リンカーンが一八六三年に発表した「奴隷解放宣言」につながり、解放されたアフリカ系アメリカ人が戦闘に参加できるようになった。

一八五九年に非奴隷制に移行したミネソタ州では、一八六二年にはダコタ・スーが飢餓の危機に瀕していた。ドイツ人やスカンジナビア人を中心とした入植者を追い出そうと反乱を起こすと、北軍はダコタの民間人を虐殺し、数百人を検挙して反乱を鎮圧した。三〇〇人の囚人が死刑を宣告されたが、リンカーンの減刑命令により三八人が無作為に選ばれ、合衆国史上最大の集団絞首刑となった。尊敬されていたリーダーのリトル・クロウは絞首刑の対象にはならなかったが、翌年の夏、息子とラズベリーを摘んでいる最中に暗殺され、暗殺者である入植者の農民は五〇〇ドルの懸賞金を受け取った。[5]ダコタの生存者のひとりだった若者が、叔父に「こんな犯罪を犯す得体の知れない白人がいるのか」と尋ねた。叔父さんは答えた。

確かに彼らは冷酷な国民だ。彼らは何人かの人々を使用人、いや、奴隷にしている。…彼らの人生の最大の目的は、財産を得ること、つまり金持ちになることのようだ。彼らは全世界を所有することを望んでいる。三〇年間、彼らは私たちの土地を売るように誘惑してきた。最終的には、戦争の勃発が彼らにすべてを与え、私たちは自分たちの美しい土地から追い出されてしまった。[6]

西部のジェノサイド軍

東部の南軍と戦うために西部に配置されていた職業軍人を解放するために、リンカーンは西部で志願者を募り、テキサス、カンザス、カリフォルニア、ワシントン、オレゴン、コロラド、ネブラスカ、ユタ、ネバダなどから入植者が集まってきた。戦う相手の連合軍が少ないため、彼らは身近にいた先住民を攻撃した。トランス・ミシシッピ西部の土地投機家たちは、入植者や投資家を引き寄せるために、旧メキシコ領を占領した地域の州化（州としての地位）を求めた。そのために彼らは、先住民を民族浄化して、人口バランスを整えなければならないと考えた。そして、強い反インディアン・ヒステリー（興奮状態）を起こし、暴力を振るったのである。東部での南北戦争に気を取られていたリンカーン政権は、キット・カーソンのようなインディアン嫌いの志願兵で構成された地方機関による、悪質なジェノサイド行為さえもほとんど防ぐことができなかった。

入植者による「法と秩序」の維持が、戦後のジェノサイドのパターンとなった。民兵が関与した最も悪質な事件は、サンドクリークで大虐殺を行った第一・第三コロラド義勇軍だ。彼らはサンタフェへの道を守る任務を負っていたが、主に先住民のコミュニティを襲撃し、略奪を行っていた。第三コロラド義勇軍を率いていたのは、「戦う牧師」と呼ばれた野心的な政治家、ジョン・チヴィントンだった(7)。

一八六一年になると、追放されたシャイアンとアラパホは、平和を求める偉大な人物ブラック・ケトルの指導の下、コロラド州南東部のフォート・ライオン近くにあるサンドクリークという米軍保留地に収容された。彼らは白い休戦旗を掲げてキャンプし、自給自足のためのバッファロー狩りを連邦政府から許可されていた。しかし、一八六四年初頭、コロラド準州の知事は、もはや狩猟のために保留地を離れることはできないと通告した。しかし、命令に従ったにもかかわらず、一八六四年一一月二九日、チヴィントンはコロラド州の義勇兵七〇〇人を連れて保留地に入った。挑発も警告もなく、彼らは攻撃を仕掛け、女性や子供一〇五人、男性二八人の死者を出した。連邦政府のインディアン問題担当長官も、「合衆国に仕える軍隊によって冷酷に虐殺された」とこの行為を非難した。一八六五年の調査において、議会の戦争遂行に関する合同委員会は証言を記録し、チヴィントンとその義勇軍がティピーを燃やし、馬を盗んだという殺害後の様子を記録した報告書を発表した。さらに悪いことに、煙が消えた後に戻ってきた彼らは、わずかに生き残った人々を、老若男女、子供や赤ん坊の頭皮まで剥ぎ取り、体を切り刻んで殺した。そして、武器や帽子に胎児やペニス、乳房、外陰部などの体の一部を飾り、アコマの詩人サイモン・オルティスの言葉を借りれば、「帽子に貼り付けて乾燥させ、指は油で汚れている(8)」。デンバーに戻った彼らは、デンバーのアポロ・シアターや酒場に行って、人々の前で戦利品を披露した。しかし、これらの行為が詳細に報告されているにもかかわらず、チヴィントンやその部下は誰ひとりとして叱責されたり起訴されたりせず、その行為が殺戮の自由な場であったことがはっきりと示された。(9)

ジェームズ・カールトン米陸軍大佐は、一八六一年にカリフォルニアを拠点とする太平洋義勇軍を結成した。ネバダ州とユタ州では、カリフォルニアの実業家パトリック・コナー大佐が一〇〇〇人のカリフォルニア義勇軍の民兵を指揮し、戦時中、野営地で非武装のショショーニ、バノック、ユートの人々を何百人も虐殺した。カールトンは、偉大な指導者コーチズの下で植民地化に抵抗していたアパッチを制圧するために、別の民兵部隊をアリゾナに派遣した。そのとき、コーチズはこう言った。

若い頃、私はこの国の東と西を歩き回ったが、アパッチ以外の人間は見なかった。どうしてだろう? なぜアパッチは死ぬのを待っているのか、指の爪に命を乗せているのか〔命を危険にさらしているのか〕?……アパッチはかつて偉大なネーションであったが、今では少数の者たちしか残っていない。……多くの者が戦闘で死んでしまった。(10)

アパッチとの激しい戦いの後、カールトンは准将に昇進し、ニューメキシコ州の司令官となった。彼は、ナバホに宣戦布告するために、今ではすっかりお馴染みとなった殺戮部隊コロラド義勇軍を投入した。カールトンは、現場での最高指揮官として、インディアンの殺し屋であるキット・カーソンを起用した。(11) 無制限の権限を持ち、誰も反論ができないカールトンは、南北戦争の全期間を南西部で過ごし、ナバホに対する一連の捜索と破壊の任務に従事した。一八六四年三月には、八〇〇〇人のナバホの民間人を、ニューメキシコ州南東部の砂漠にあるボスク・レドンドの軍事強制収容所、つまり陸軍基地フォート・サムナーに向けて、三〇〇キロに及ぶ強行軍を行い、この試練はナバホの口伝で「ロング・ウォーク」と呼ばれている。ヘレロというナバホのひとりが言った。

兵士の中には私たちを良く思わない者もいる。仕事中、少しでも立ち止まると蹴られたり、何かされたりする。…私たちは、将校が私たちを罰するのは構わないが、兵士からひどい扱いを受けるのは好きではない。私たちの女性はときどき、砦の外のテントに来て、兵士と契約して一晩泊まり、兵士は女性に五ドルほどの金を渡す。でも朝になると、兵士は渡したものを取り上げて女性を追い出してしまう。これはほとんど毎日のように起こることだ。[12]

収容されていた人々の、少なくとも四分の一は餓死してしまった。一八六八年になってようやくナバホは釈放され、現在のフォー・コーナーズ地域〔ニューメキシコ、コロラド、ユタ、アリゾナが接する地点〕にある故郷に戻ることが許された。この帰還許可は、収容所の致命的な状況に基づくものではなく、議会が収容所の維持に費用がかかりすぎると判断したためである。[13] これらの功績により、カールトンは一八六五年に合衆国陸軍の少将に任命された。彼は、第四騎兵隊を率いて、平原のインディアンに焦土作戦を展開した。

先住民との戦いは、南北戦争中の対外戦争であったが、南北戦争が終わっても戦争は終わらなかった。

アフリカ系アメリカ人の騎兵隊をはじめ、殺戮技術や熟練した殺戮者が加わり、世紀末まで戦争は絶え間なく続けられた。復員した将校や兵士は仕事を見つけることができず、失業中で暴力的な冒険を求めていた新世代の若い入植者とともに、西部の軍隊に参加した。戦争の中心が西部にあり、軍事的な功績が名声、富、政治的権力をもたらすようになったことから、ウェストポイントの卒業生はみな、陸軍に志願してキャリアを積もうとした。彼らの日記の中には、ベトナム、アフガニスタン、イラクで戦闘に参加した兵士たちの日記と同じようなものがあり、彼らは後に残虐行為を目の当たりにしたり、それを犯したりしたことで悩んでいた。しかし、ほとんどの兵士は、成功しようとする野心を持ち続けた。

西部の軍隊を率いたのは南北戦争の著名な将軍たちで、その中にはウィリアム・テカムセ・シャーマン将軍やフィリップ・シェリダン将軍（「良いインディアンは死んだインディアンだけだ」という言葉を残している）、ジョージ・アームストロング・カスター、そしてネルソン・A・マイルズがいる。軍隊は一八六五年以降、南北戦争で作られた革新的な技術を有効に活用するようになった。一八六二年に初めて戦場で使用された速射式ガトリング銃は、二〇世紀になるまで、先住民に対して使用された。南北戦争では、北軍に極端な愛国心が育まれ、それがインディアン戦争にも引き継がれた。大統領の指揮下で中央集権化が進み、米軍は国家からの拠出金に頼ることが少なくなったため、その支配下に置かれることも少なくなった。陸軍省の威信は連邦政府内で高まり、合衆国の支配に抵抗する先住民を蹂躙するために、軍隊を派遣する自由度が格段に高まった。

北軍が南軍に勝利したことで、南部は準捕虜国家へと変貌し、その地域は一世紀以上経った今でも合衆国で最も貧しい地域となっている。この状況は、二〇年後に南アフリカでイギリスがボーア人（一七世紀のオランダ人入植者の子孫）を打ち負かしたときと似ている。イギリスが後にボーア人に行ったように、合衆国政府は最終的に、敗れた南部のエリートたちが地元で有力な地位に戻ることを認め、合衆国南部人とボーア人の両方はすぐに国の政治力を得ることができた。強力な白人至上主義の南部支配層は、合衆国の軍事化をさらに進め、軍隊は実質的に南部の機関となった。元奴隷に力を与えるための効果的な「リコンストラクション」（再建）実験の後、合衆国の占領軍は撤退したが、アフリカ系アメリカ人はジム・クロウ法（黒人差別法）によって準束縛と権利の剥奪の状態に戻され、南部に植民地化された人々を形成することになった。

植民地政策が軍事行動に先行する

戦争が始まっても、リンカーンは自分を大統領に押し上げてくれたフリーソイラーの入植者たちのことを忘れなかった。南北戦争中、南部の州は代表権を失っていたが、リンカーンの指示により、議会は一八六二年にホームステッド法とモリル法を成立させた。モリル法は、ランドグラント大学を設立するために先住民の広大な土地を州に譲渡するものだった。また、太平洋鉄道法により、二億エーカー近くの先住民の土地が民間企業に提供された。[14] このような土地の奪い合いにより、合衆国政府は先住民との複数の条約を破棄した。コロラド州、ノースダコタ州、サウスダコタ州、モンタナ州、ワシントン州、アイダホ州、ワイオミング州、ユタ州、ニューメキシコ州、アリゾナ州など、西部のほとんどの準州は、先住民のネーションが自分たちの土地の流用に抵抗し、人口でも入植者の数を上回ったため、州としての成立が遅れた。南北戦争中に策定された西部の植民地化計画は、その後三〇年間の戦争と土地の奪い合いの中で実行されたわけである。ホームステッド法のもと、ミシシッピ州以西の入植者に一五〇万のホームステッド（自作農場）が与えられたが、これは先住民の集団所有地から約三億エーカー（約五〇万平方マイル）を取り上げ、市場のために私有地にしたものである[15]。このようにミシシッピ以東の土地を持たない入植者を移住させることは、産業革命によって安価な移民労働力の利用が加速する中で、階級対立の可能性を低減させる「逃げ道」の役割を果たした。

ホームステッド法に基づいて割り当てられた土地は、実際には単一家族の入植者にはほとんど分配されなかった。その代わりに、大規模な経営者や土地投機家に分配された。土地法は、そのために作られたようなものだった。自作農場や先取特権（合法的な不法占拠）の権利が一六〇エーカーに制限されていたにもかかわらず、個人が一一二〇エーカー以上の土地を取得することができたのである[16]。請求者は五年間所有権を確保するか、六カ月以内に現金を支払えば自作農場を取得することができた。その後、別の土地に六カ月間住み、一エーカーあたり一ドル二五セントを支払うことで、先取特権でさらに一六〇エーカーを取得することができた。これらの権利を取得する一方で、彼は一六〇エーカーの木材栽培権と六四〇エーカーの砂漠地帯の土地請求権の要件を満たすこともできた。家族の中の他の男性や企業のパートナーは、砂漠地帯の土地請求権を追加で取得して、所有地をさらに増やすことができた。工業化が急速に進む中で、「不動産」という商品としての土地は、合衆国経済と資本蓄積の基盤であり続けたのである[17]。先住民の領土から分割された、鉄道王への連邦政府の土地交付は、線路の幅だけでなく、線路の両側に何十マイルにもわたって、数平方マイルの区画が市松模様のように広がっていた。この土地は、鉄道会社が自分たちの利益のために自由に分割して売ることができた。一八六三―六四年に制定された連邦銀行法は、国の通貨の発行や銀行の公認を義務づけ、政府による債券の保証を認めていた。ジョン・D・ロックフェラー、アンドリュー・カーネギー、J・P・モルガンなどの戦争利益主義者、金融家、実業家がこれらの法律を利用して東部で富を築いた一方で、西部ではリーランド・スタンフォード、コリス・P・ハンティントン、マーク・ホプキンス、チャールズ・クロッカーらが合衆国政府から与えられた土地に、東部の資本で鉄道を建設して富を成した。[18]

先住民やヒスパニック系の人々は、彼らの農場や狩猟場、故郷を縦断する鉄道の到来に抵抗した。鉄道は入植者や家畜、鉄条網、傭兵のバッファロー・ハンターなどを引き連れてきた。一八六七年から六八年にかけてのアンドリュー・ジョンソン政権は、陸軍と外交官の代表を派遣し、数十の先住民と平和条約の交渉を行った。先住民と合衆国政府との間で結ばれた三七一件の条約は、すべて合衆国の建国から一世紀の間に発効されたものだ。[19]議会は一八七一年に正式な条約締結を中止し、その年のインディアン歳出法に次のような特約をつけた。「今後、合衆国領土内のインディアン・ネーションまたは部族は、合衆国が条約を結ぶことのできる独立したネーション、部族、または権力者として認められず、認識されない。ただし、ここに含まれるいかなる内容も、かかるインディアン・ネーションまたは部族との間で、以前合法的に締結され、批准された条約の義務を無効とし、または損なうものと解釈してはならないことを条件とする」[20]。この措置により、議会や大統領は、交渉や同意の有無にかかわらず、先住民に影響を与える法律を制定できるようになった。しかし、この規定によって、条約を結んでいる先住民の主権的な法的地位が再確認された。合衆国と先住民が条約を結んでいた時代には、約二〇〇万平方マイルの土地が先住民から合衆国に渡ったが、その中には条約合意によるものもあれば、常設条約の違反によるものもあった。

先住民の経済的依存度を高め、土地譲渡に応じさせるために、合衆国は政策として平原民族の基本的な経済基盤であるバッファローを滅ぼすよう軍に指示した。バッファローは絶滅寸前まで殺され、数十年のうちに数千万頭が死に、一八八〇年代には数百頭しか残っていなかった。商業目的のハンターは皮だけを欲しがり、残りの部分は腐らせてしまった。骨は、様々な用途のために集められ、東部に出荷された。主にバッファローの群れの虐殺を実行したのは、軍隊だったのである。[21] カイオワのオールド・レディ・ホースは、バッファロー・ネーションのすべてを代表して、その喪失を嘆いていた。


カイオワが持っていたものはすべてバッファローから来ていた。……そして何より、バッファローはカイオワの宗教の一部でもあった。太陽の踊りでは、白いバッファローの子牛を犠牲にしなければならない。神官たちは、人々を癒したり、天上の力に向かって歌ったりするときに、バッファローの体の一部を使って祈りを捧げた。

白人たちが鉄道を敷設したり、農業や牧畜をしようとしたときにも、バッファローがカイオワを守ってくれた。バッファローは、線路や庭を壊し、牛を放牧地から追い出した。バッファローは、カイオワが彼らを愛しているように、カイオワを愛していた。

バッファローと白人の間には戦争があった。白人たちはカイオワの土地に砦を築き、縮れ毛の頭の黒人の騎兵・歩兵連隊の兵士たちが、バッファローを全力で撃ったが、バッファローは次から次にやってきて、フォート・シルの基地の墓地にまで押し寄せてきた。兵士だけでは食い止めることができなかった。

そして、白人たちはバッファローを殺すためだけにハンターを雇った。平原を縦横無尽に走り回り、ときには一日に一〇〇頭ものバッファローを撃った。彼らの後には、皮剥ぎ職人がワゴン車でやってきて、皮や骨を満杯になるまでワゴンに積み上げ、その荷物を建設中の新しい鉄道駅に運び、東の市場に出荷した。ときには人の背丈ほどもある骨の山が、線路に沿って一マイルも続くことがあった。バッファローは自分たちの時代が終わったことを知った。彼らはもう仲間を守ることができなかった。[22]

合衆国の経済発展の中で、西部の先住民のネーションに影響を与えたもうひとつの側面は、商人の支配だった。世界中のヨーロッパの植民地では、支配の中心地から離れたところで、産業資本家や軍人と並んで、商業資本家が繁栄し、彼らが一緒になって植民地化の方式を決定していた。長大な水域や人口の少ない土地を経由して商品を目的地まで運ぶために、通常は家族経営の商館が組織された。辺境の地で商人に商品を調達するのは、近隣の小作人、伐採者、捕獲者、そして木工や金属加工などの専門家たちである。そして、その商品は産業の中心地に送られ、信用取引でお金に換えられた。このように、間接的な信用取引のシステムがない場合、商人は外国製品を購入するための希少な通貨を手に入れることができたのである。こうして商人は、小規模な事業者や地元の資本家の主要な信用取引の源となった。植民地では商人が活躍し、最初の商館はレバント地方のシリア人（レバノン人）やユダヤ人の間で多く見られた。二〇世紀になって商業資本主義は衰退したが、先住民の保留地ではその痕跡を残している。人々は信用取引、生産物の市場、あらゆる種類の商品を交易所に頼っていた。これは超搾取の機会でもあった。商人や貿易商は、しばしば先住民の女性と結婚し、一部の保留地では先住民の統治を支配するようになった。[23]

前述したように、南北戦争末期、合衆国陸軍は「西部を制する」ための戦争を本格的に開始するまで、ほとんど休むことなく戦い続けた。はるかに進化した殺人マシーンとして、また経験豊富な軍隊として、陸軍は人間、バッファロー、そして土地そのものの虐殺を始め、平原に自然に生えていた丈の高い草を破壊し、牛のために短い草を植え、結局、四〇年後には表土が失われることになった。ウィリアム・テカムセ・シャーマンは、南北戦争で少将となり、一八六九年にユリシーズ・S・グラントが大統領に就任すると、戦争の英雄グラントに代わって、シャーマンが合衆国陸軍の指揮を執った。一八八三年まで司令官を務めたシャーマンは、西部の抵抗勢力、先住民のネーションに対するジェノサイド戦争の責任者でもあった。

シャーマンの家族は、ショーニーの人々を家族、町、農場から追い出した総力戦の後、オハイオ渓谷地域に殺到した入植者の第一世代に属していた。シャーマンの父親は、合衆国軍に殺されたショーニーの指導者にちなんで、息子にテカムセという戦勝記念の名前を与えた。将軍は、軍人になる前はサンフランシスコやニューヨークで弁護士や銀行家として成功していた。南北戦争では、アトランタの包囲攻撃で有名になり、総力戦の提唱者、実践者として名を馳せた。この総力戦とは、民間人に対する焦土作戦であり、特に食料供給をターゲットにしたもので、ミシシッピ川以東の先住民に対する植民地や合衆国の戦争方法として、長い間行われてきたものだった。シャーマンは陸軍の委員会の面々をイギリスに派遣し、イギリスが世界中で展開している植民地作戦を研究させ、イギリスで成功した戦術を合衆国の先住民に対する戦争に採用しようとした。ワシントンでは、常備軍を持つヨーロッパの国民国家間の紛争を扱った、カール・フォン・クラウゼヴィッツの著書『戦争論』の影響下にある軍上層部と、シャーマンは戦わなければならなかった。ヨーロッパの標準的な戦争を想定して米軍を訓練する一方で、植民地時代の対反乱戦を想定して米軍を訓練するという二項対立は、二一世紀に入っても続いている。シャーマンは戦争屋ではあったが、合衆国の支配階級の多くがそうであったように、根っからの企業家であり、陸軍のトップとしての任務と彼の情熱は、アングロサクソンの西部征服を守ることであった。シャーマンは、鉄道を最優先事項と考えていた。一八六七年にグラントに宛てた手紙の中で、彼は「われわれは、盗人でよれよれの、わずかな数のインディアンに（鉄道の）進行を止めさせるつもりはない」と書いている。(24)

スー、シャイアン、アラパホの同盟が一八六六年、ダコタ州とワイオミング州の先住民の領地を通って、モンタナ州で発見されたばかりの金鉱を目指す何千人もの熱狂的な金鉱探しの人々が通る「ボーズマン街道」を塞いでいた。彼らを保護するために軍隊が到着し、フィル・カーニー砦の建設準備のために、ウィリアム・フェッターマン中佐は一八六六年一二月、八〇人の兵士を率いて街道開通を目指して出かけた。だが、先住民の同盟は、戦いで彼らを敗北させた。不思議なことに、戦争であるにもかかわらず、この戦いにおける合衆国軍の敗北〔スーのリーダー、レッド・クラウドの部隊に急襲され全滅した〕は、「フェッターマン虐殺」として歴史に残っている。この事件の後、シャーマン将軍は、まだ陸軍司令官だったグラントに手紙を出した。「われわれはスーに対して、男も女も子供も絶滅させるまで、執念深く真剣に行動しなければならない」。シャーマンは、「襲撃の際、兵士たちは男女の区別や年齢の差別をするために立ち止まることはできない」と明言している。[25]

シャーマンは西部での全面戦争を行うにあたって、最も悪名高い人物のジョージ・アームストロング・カスターを登用した。彼は一八六八年一一月二七日、インディアン準州のワシタクリークにある南部シャイアンの保留地で、非武装の民間人への攻撃を指揮して、すぐにその手腕を証明した。それ以前の一八六四年にコロラド義勇軍が行ったサンドクリークの大虐殺では、シャイアンのリーダーのブラック・ケトルは死を免れていた。彼を含むシャイアンの生き残りは、コロラド準州からインディアン準州の保留地に追いやられていた。このとき、一部のシャイアンの若者は、保留地での監禁や飢えに抵抗するために、追撃やゲリラ戦を決行した。軍隊が彼らを捕らえることはほとんどできなかったので、カスターは総力戦に訴え、収容されている母親、妻、子供、長老たちを殺害した。ブラック・ケトルは、陸軍内部の先住民のスパイから、第七騎兵隊の騎馬部隊が砦を離れてワシタ保留地に向かっているという情報を得た。彼は、夜明けの吹雪の中を妻と一緒に丸腰で出かけ、カスターと話をして保留地に抵抗者がいないことを確信させようとした。ブラック・ケトルが白旗を掲げて軍隊に近づくと、カスターは兵士に発砲を命じ、一瞬のうちにブラック・ケトルと彼の妻は死んだ。この日、第七騎兵隊は合計で一〇〇人以上のシャイアンの女性や子供を殺害した後で、残虐な戦利品を手にした。[26]

植民地兵士

先住民に対するジェノサイドの多くは、グラント大統領の時代（一八六九―七七）に行われた。グラント大統領が選出される二年前の一八六六年、議会はアフリカ系アメリカ人だけで編成された二つの騎兵連隊を創設しており、これが「バッファロー・ソルジャー」と呼ばれるようになった。一八六三年一月に発効した奴隷解放宣言により、一八六五年には約四〇〇万人の元奴隷のアフリカ人が自由市民となっていた。この法律はCSAの士気を下げることを目的としていたが、多くのアフリカ系アメリカ人、特に若い男性が隷属から逃れて北軍に参加することで自らを解放したという既成事実が遅ればせながら公式に認められた形だった。[27] 一八六二年まで、アフリカ人は自分の能力で軍隊に参加することを禁じられていた。しかし、北軍は彼らを低賃金で、白人将校の下で隔離された部隊に組み込んだ。陸軍省は、連邦有色人種部隊局を創設し、一〇万人の武装したアフリカ人がこの部隊に所属した。彼らの勇気と献身により、最も実戦的な戦闘員となったが、死亡率は最も高かった。南北戦争末期には、一八万六〇〇〇人の黒人兵士が戦い、三万八〇〇〇人が（戦闘や病気で）死亡したが、これは個々の州の死者数よりも多かった。犠牲者の数が最も多かったのはニューヨーク州で、軍隊は主にアイルランド人を中心とした貧しい白人移民の兵士で構成されていた。戦後、多くの黒人兵士は、貧しい白人兵士と同じように軍隊に残り、先住民の抵抗をつぶすために西部に派遣された隔離連隊に配属された。

この現実が、多くの人を悲劇的な気分にさせる。本来なら、虐げられていた元奴隷や、ジェノサイドの対象となった先住民が、共通の敵である「白人」に対して奇跡的に団結するべきところだろう。しかし実際には、一般的な植民地主義、特に植民地戦争においては、まさにこのようになっている。これは合衆国に限ったことではなく、ローマ軍団以来のヨーロッパ植民地主義の伝統の一部でもあった。イギリスは南アジアや南西アジアで民族部隊を丸ごと組織した。最も有名なものはネパールのグルカ兵で、彼らは、最近ではマーガレット・サッチャーが一九八三年にアルゼンチンと戦った戦争に参加した。[28] バッファロー・ソルジャーもそんな風に、特別に組織された植民地軍の部隊だったのである。バッファロー・ソルジャーの子孫であるスタンフォード・L・デイビスは次のように書いている。

奴隷や、読み書きのできない黒人兵士は、合衆国政府がネイティブ・アメリカンに対して行っている歴史的な収奪や、頻繁に行われているジェノサイドの意図を知らなかった。自由黒人は、読み書きができるかどうかにかかわらず、一般的には、人間関係についての第一次情報や第二次情報の偏りのない情報にアクセスすることができなかった。アクセスできた白人のほとんどは、この状況をあまり気にしていないことが多かった。それは、「明白なる使命」の名のもとに行われていた通常のビジネスだった。ほとんどの米国人は、インディアンを手に負えない、改心の余地のない野蛮人と見なしていた。敵対勢力（インディアン）に最も近いところにいたり、それに脅かされている人たちは、当然、何としても政府による保護を望んでいた。[29]

多くの黒人男性は、食料と住居、給料と年金、さらには栄光を手に入れることができるという生存戦略として兵役を選んだ。合衆国には、黒人部隊を西部に配属する独自の動機があった。南部の人々や東部の人々は、何千人もの武装した黒人兵士が自分たちの地域にいることを望んでいなかった。また、彼らが復員すれば、労働市場が人であふれるのではないかという恐れもあった。黒人部隊を西部に配置することは、合衆国当局にとって、黒人兵士とインディアンを排除する良い方法だったのである。

南北戦争は、移民の急速な「合衆国化」のひな形にもなった。ユダヤ人移民は、戦争では両陣営で戦い、個々人としてそれまで経験したことのない合衆国の偏見からの自由を手に入れた。

インディアンの偵察兵や戦士も個々人として、また他の先住民のネーションと戦争をするネーションの代表としても、軍に不可欠な存在だった。それから何十年も経ち、ネイティブ・アメリカンは人口比率をはるかに超える割合で合衆国の戦争に志願し続けている。ウィチタのスタン・ホルダーは、一九七四年に公開されたベトナム戦争のドキュメンタリー映画『ハーツ・アンド・マインズ』に出演し、兵役志願について説明している。彼は子供の頃、年配者からウィチタの戦士の話を聞いていたが、周囲を見渡しても兵士は海兵隊しかいなかったので、自分が考える兵士社会（海兵隊）に入隊した。合衆国海兵隊が、怒れる若者たちにそのような印象を喚起するのは偶然ではない。インディアン戦争に志願し、他の戦争にも入隊して従軍した黒人男性と同様に、先住民の男性は、植民地主義者の軍隊の警備と潜在的な栄光をつかみ取ったのである。

バッファロー・ソルジャーや西部の軍隊全体の明確な目的は、先住民の土地を侵略し、アングロサクソン系アメリカ人の入植や商業のために民族的な浄化をすることだった。先住民の歴史家ジェイス・ウィーバーはこう書いている。「インディアン戦争は、ジョン・フォードの西部劇に出てくるような白人の騎兵隊ではなく、アフリカ系アメリカ人やアイルランド人、ドイツ人の移民が戦ったのである」(30)。ボブ・マーリーの心に響く曲『バッファロー・ソルジャー』は、合衆国における植民地時代の経験を表現している。「彼は自分がバッファロー・ソルジャーだと言って／アメリカのための戦争に勝った」(31)。

西部の軍隊は植民地の軍隊であり、植民地の軍隊や外国の占領に伴うあらゆる問題を抱えており、特に占領下にある人々から嫌われていた。米軍が敵の領土に「インディアン・カントリー」という言葉を使っているのは当然のことである。ベトナム戦争、一九八〇年代の中米での秘密戦争、二一世紀初頭のイスラム諸国での戦争などでも同様だが、一九世紀後半の合衆国西部での対反乱軍の志願者は、その土地の先住民である情報提供者や偵察者からの情報に大きく依存しなければならなかった。彼らの多くは、そのために米軍に入隊した二重スパイとなり、自分のネーションの人々に情報を報告していた。ゲリラを見つけられないと、軍は対反乱戦のやり方である焦土作戦、飢餓、民間人への攻撃、排除などを行った。一九八〇年代にソ連がアフガニスタンで対反乱活動を起こした際、国連難民高等弁務官はその効果を「移動性ジェノサイド」と呼んだが、これは一九世紀合衆国の、先住民に対する反乱対策に遡って適用するのにふさわしい言葉である。(32)

殲滅そして完全な降伏

合衆国陸軍が西部で行った捜索・破壊活動や強制移住（民族浄化）はよく知られているが、通常は反乱側の観点から考慮されることはないだろう。

ジョン・フォード監督が一九六四年に映画化したノンフィクション作品『シャイアンの秋』（一九五三年のベストセラー。映画のタイトルは『シャイアン』）の中で、マリ・サンドスはそうした対反乱戦の物語を記録している。(33) 一八七八年、シャイアンの偉大な反乱軍の指導者であるリトル・ウルフとダル・ナイフは、三〇〇人以上のシャイアンの民間人を率いて、強制的に監禁されていたインディアン準州の軍用地から、現在のワイオミング州とモンタナ州にある本来の故郷に向かった。彼らは、軍に捕らえられたが、それは新聞記者たちがドラマチックな追跡劇を繰り広げた後だった。東部の都市では同情の声が高まり、シャイアンは本来の故郷の一部に保留地を与えられた。同様のことは、チーフ・ジョセフが率いるニミイプー（ネズパース）でも起こった。彼は民衆をアイダホ州での軍の投獄から、カナダへの亡命へと導こうとした。一八七七年、ネルソン・マイルズが率いる合衆国騎兵隊の二〇〇〇人の兵士に追われたニミイプーは、八〇〇人の民間人を率いてカナダの国境へ向かった。彼らは兵士の目を逃れながら、奇襲攻撃を繰り返し、約四カ月間、一七〇〇マイル（約一六〇〇キロメートル）の距離を走り続けた。何人かはオクラホマ州のポールズバレーに集められたが、彼らはすぐに自力でアイダホ州の故郷に戻り、小さな保留地を確保した。

合衆国史上、最も長く続いた軍事的な対反乱作戦は、一八五〇年から八六年にかけてアパッチ・ネーションで起きた戦いであった。アパッチの最後の一〇年間の抵抗を率いたのが、ジェロニモとして知られるゴヤスレイであったことは有名だ。アパッチとその親戚であるディネ語のナバホは、一八四八年に、合衆国がメキシコの半分の領土としてアパッチの領土を併合した際にも、植民地支配に対する抵抗を続けたが、それは決して驚くべきことではなかった。合衆国とメキシコの間で結ばれたグアダルーペ・イダルゴ条約では、領土の譲渡を封印した上で、「野蛮な」アパッチと戦うことを双方に義務づけていた。一八七七年になると、軍隊はほとんどのアパッチを人を寄せ付けない砂漠の保留地に追いやった。ジェロニモに率いられたチリカワ・アパッチは、アリゾナ州に指定されたサンカルロス保留地への収容に抵抗した。ジェロニモが降伏したとき――彼はけっして捕まらなかった――その集団はわずか三八人で、ほとんどが女性と子供だったが、それを五〇〇〇人の兵士が追跡していた。これは、最近引かれた米国とメキシコの国境の南北に、反政府勢力が広く支持されていたことを意味する。ゲリラ戦は人々の中に深く根ざしてこそ持続する。「人民の戦争」と呼ばれる所以である。アパッチの抵抗は、合衆国にとって軍事的脅威ではなく、抵抗と自由の象徴であったことは言うまでもない。ここに対反乱植民地主義戦争の本質がある。いかなる抵抗も許されない。歴史家のウィリアム・アップルマン・ウィリアムズは、合衆国の命令を「完全な降伏に至る殲滅」と的確に表現した(34)。

ジェロニモをはじめとする三〇〇人のチリカワは、戦闘部隊の一員でもないのに、軍の監視下で列車に乗せられてフロリダ州セントオーガスティンのマリオン砦に運ばれ、すでに投獄されていた他の何百人もの平原インディアン〔ロッキー山脈東部のグレートプレーンズに居住したインディアン〕の兵士たちと合流した。驚くべきことに、ジェロニモは合衆国と交渉して、彼と彼の一団は、テキサス・レンジャーが望むような一般犯罪者としてではなく、戦争捕虜として降伏することになった。捕虜になることでアパッチの主権が認められ、国際戦争法に則った扱いを受けることができた。ジェロニモとその仲間たちは、再びインディアン準州のシル砦の陸軍基地に移送され、そこで一生を終えた。合衆国政府はまだ「非合法戦闘員」という言葉を作っていなかったが、二一世紀初頭、合衆国政府は、国際法の下で正当な捕虜の公正な扱いを奪う「非合法戦闘員」という言葉を作ることになる。

グラント政権下で、合衆国は新しい植民地制度の実験を始めたが、その中でも最も悪質なのは、マリオン砦刑務所をモデルにした寄宿学校だった。一八七五年、リチャード・ヘンリー・プラット大尉は、捕虜となったシャイアンをはじめとする平原インディアンの戦士七二人を西部から、暗くてじめじめした古いスペインの要塞であるマリオン砦に移送する任務を担当した。捕虜は地下牢で一定期間足枷をつけられたまま放置された後、プラットは彼らの服を奪い、髪を切らせ、軍服を着せ、兵士のように訓練したのである。「インディアンを殺して、人間を救う」がプラットのモットーだった。この「成功」した実験により、プラットは一八七九年にペンシルベニア州にカーライル・インディアン工業学校を設立した。この学校は、その後大陸全土に設立された多くの軍国主義的な連邦寄宿学校の原型となり、さらに数十のキリスト教宣教師の寄宿学校もそこに追加された。カーライルをはじめとする、合衆国のインディアン居住区外にある寄宿学校の設立を決定したのは、合衆国のインディアン問題局（後にインディアン事務局［BIA］と改称）だった。このプロジェクトの目的は同化である。先住民の子供たちは、母語を話すことも宗教を実践することも禁じられ、一方でキリスト教を教え込まれた。カリフォルニアのスペイン人伝道所のように、合衆国の寄宿学校では、母語を話すと殴られるなど、子供たちの人間性を痛めつけるような違反行為が行われていた。自分たちのコミュニティの言語や技術を奪われた子供たちが寄宿学校で学んだことは、効果的な同化のためには役に立たず、心に傷を負った何世代もの失われた世代を生み出しただけだった。[35]

合衆国独立一〇〇周年を目前に控えた一八七六年六月下旬、第七騎兵隊の二二五名の兵士を指揮するカスター中佐（当時）は、リトル・ビッグホーン川沿いに点在する、スーとシャイアンの村々に住む民間人への軍事攻撃を準備していた。襲撃に備えていたクレイジー・ホースとシッティング・ブルが率いるスーとシャイアンの戦士たちは、カスターを含む襲撃者たちを一掃した。カスターは死後、将軍に昇進した。南北戦争中、インディアン準州のウォシタ川で、保留地に収容されていた非武装のシャイアンを襲撃したのを皮切りに、先住民の民間人を何度も虐殺したことを誇るカスターは、ヴァイン・デロリア・ジュニアの言葉を借りれば「あなた方（植民地主義者）の罪のために死んだ」のである。[36]一年後、クレイジー・ホースは捕らえられて投獄されたが、逃亡しようとして殺された。彼は三五歳だった。クレイジー・ホースは、南北戦争後、北部平原と南西部における軍隊の殲滅戦の始めに登場した新しいタイプのリーダーだった。一八四二年にブラックヒルズ（パハサパ）のすぐ近くで生まれた彼は、静かで陰気な子供として特別視されていた。植民地主義の影響はすでにまわりの人々の間に存在していた。それは特にアルコール依存症と宣教師の影響だった。クレイジー・ホースはスーの伝統的な社会であるアキチタの一員となり、村の秩序や移動の際の秩序を保った。アキチタはまた、世襲のリーダーが任務を果たしているかどうかを確認する権限を持ち、そうでない者には厳しく対処した。クレイジー・ホースの青年時代には、スーの領土が移民によって汚されることへの関心が高まっていた。オレゴン準州へのトレイル（道）には、ヨーロッパ系アメリカ人の移民が次々と押し寄せていた。過激派のスーの若者たちは彼らを追い払いたいと考えていたが、スーは物資をトレイルに依存するようになっていた。一八四九年、陸軍が到着し、スーの領土にララミー砦という拠点を設置した。散発的な戦闘が発生し、条約会議や協定が結ばれたが、そのほとんどが権限のない個人が署名した軍の偽文書だった。クレイジー・ホースはゲリラ戦を得意とし、それはスーの人々の間で伝説となった。クレイジー・ホースをはじめとする過激派は、一八六八年の合衆国とスーとの条約を認めなかったが、カスターの兵士がブラックヒルズで金を発見するまでは、ある程度の安定を保っていた。その後、ゴールドラッシュが起こり、各地から探鉱者の大群が押し寄せて集結し、スーの領土に居座った。条約上ではそうしたことが起こらないように保証していた。ほどなく、リトル・ビッグホーンの戦いでカスターは命を落としたが、侵攻に終止符が打たれることはなかった。

西部の先住民は抵抗を続け、兵士は彼らを追い詰めて監禁し、民間人を虐殺し、排除し、彼らの子供を奪って遠くの寄宿学校に連れて行くことを繰り返した。アパッチ、カイオワ、スー、ユート、キカプー、コマンチ、シャイアンなどが攻撃され、コミュニティは次々と壊滅していった。一八九〇年代に入ると、先住民のコミュニティに対する一部の軍事攻撃や、先住民の勇敢な武力抵抗は続いたものの、生き残った先住民の難民のほとんどは連邦保留地に閉じ込められ、彼らの子供たちは遠い寄宿学校に連れて行かれて、彼らの先住性を忘却させられた。

ゴースト・ダンス

武装解除され、強制収容所に入れられて、子供たちは連れ去られ、半ば飢餓状態にあった西部の先住民は、ネバダ州のパイユートの聖人ウォヴォカのおかげで、抵抗の形を見つけ、それが野火のように四方八方に広がっていった。巡礼者たちは、彼のメッセージを聞き、ゴースト・ダンスのやり方を教えてもらうために旅をした。ゴースト・ダンスは、侵略者を消滅させ、バッファローを復活させ、植民地化以前の先住民の世界を取り戻すことを約束するものだった。ゴースト・ダンスは誰でも踊れるシンプルなもので、銃撃からダンサーを守るための特殊なシャツが必要だった。二〇世紀になって、スーの人類学者エラ・デロリアが六〇歳のスーの男性にインタビューしたところ、彼は五〇年前の少年時代に見たゴースト・ダンスを覚えているという。

八歳から一〇歳くらいの少年たち五〇人が、丘や谷を越えて国中を一晩中走り回った。今思うと三〇マイル近く走ったことになる。ポーキュパイン・クリークでは、何千人ものダコタがキャンプをしていて、みんな目的を持って急いでいた。両端に開口部のある長いスウェットロッジ（発汗小屋）では、聖なる踊りのために大勢の人々が清められていた。もちろん男たちもひとりずつ、女たちもひとりずつ…。

聖なるシャツと羽を身につけた人々が、今度は輪を形成していた。われわれはその中にいた。全員が手を合わせた。誰もが敬意を払い、静かに、何か素晴らしいことが起こることを期待していた。しかし、それは嬉しいことではなかった。すべての人は、死者が近くにいると感じて、慎重に、そして畏敬の念を持って泣いた。

リーダーが拍子をとって歌いながら、人々は左回りに横向きのステップで踊る。休みなく、延々と踊り続け、息が切れても、可能な限り続ける。ときには疲れきってフラフラになった人が中央に気を失って横たわり、「死んだ」ようになった。すぐに両隣りの人たちが間合いを詰めて、そのまま進んでいく。しばらくすると、多くの人がその状態で横たわっていた。彼らは今や「死んだ」状態で、愛する人に会っているのだ。ひとりひとりが目を覚ますと、彼女、あるいは彼はゆっくりと腰を上げ、困惑しながら周りを見回し、そして悲痛な叫び声を上げ始めた…。

そのような光り輝くビジョンの後で、殺風景で惨めな現在に目覚めると、彼らの哀れな心が幻滅で二つに割れてしまうかのように泣いたのも不思議ではなかった。しかし、少なくとも彼らは見たのだ！　人々は、自分自身の死のヴィジョンを見ることができるかもしれない、少なくとも他の人のヴィジョンを聞くことができるかもしれないと思い、昼夜を問わず延々と歩き続けた。彼らは、休息や食事、睡眠よりも歩くことを好んだ。だから、当局は彼らが狂っているのだと思ったのだろうが、そうではなかった。彼らはただひどく不幸だったのである。[37]

一八九〇年にスーの間でダンスが始まったとき、保留地の役人たちは、このダンスが不穏で止められないと報告した。一八八一年にカナダに亡命していたスーのリーダー、シッティング・ブル（タタンカ・ヨタンカ）が扇動したのだと考えられていた。逮捕されたシッティング・ブルは、インディアン警察に厳重に監視され自宅に監禁された。シッティング・ブルは一八九〇年一二月一五日に彼を捕らえた者のひとりに殺された。

陸軍省は、指定された連邦保留地の外に住む先住民の個人やグループをすべて「騒動の火付け役」とみなした。シッティング・ブルの死後、ビッグフット（ミニコンジュー・スーのチーフ）のような指導者にも軍の逮捕状が出された。ビッグフットは、指定されたパインリッジ保留地にまだ身を寄せていない数百人の民間難民の責任者だった。彼はシッティング・ブルの死と、軍が彼と彼の仲間のラコタ（スー）三五〇人（そのうち二三〇人は女性と子供）を探していることを知り、氷点下の天候の中、彼らを率いてパインリッジに行って投降することを決意した。徒歩で向かう途中、米軍に遭遇した。司令官は、彼らをウンデッド・ニー・クリークの陸軍キャンプに連れて行くように命じた。キャンプでは、武装した兵士たちが彼らを取り囲んだ。丘の中腹にはホッチキス機関銃が二丁設置されており、一行を全滅させるには十分な火力を備えていた。夜になって、ジェームズ・フォーサイス大佐とカスターの古巣である第七騎兵隊が到着し、指揮を執った。彼らは、一四年前のリトル・ビッグホーンの戦いで、飢えた丸腰の難民でラコタの親族がカスターを殺し、彼の軍隊を壊滅させたことを忘れていなかった。フォーサイスは、難民をオマハの軍事要塞に移送する命令を受け、キャンプに向けてホッチキス銃を二門増設し、将校たちにウイスキーを支給した。翌一八九〇年一二月二九日の朝、兵士たちは捕虜となった人々をキャンプ地から連れ出し、すべての武器を提出するようにと呼びかけた。兵士たちはテントの中を探し、斧やナイフなどの道具を没収した。それでも満足しない将校たちは、裸にさせて所持品の捜索を命じた。見つかったのはウィンチェスター・ライフルだ。若い持ち主は、愛用のライフルを手放そうとせず、兵士につかまれると、ライフルを空に向かって発砲した。すぐに殺し合いが始まった。ホッチキス銃は一秒に一発の割合で砲弾を発射し、逃げ遅れた一部の人を除いて、すべての人をなぎ倒した。三〇〇人のスーが死んだ。二五人の兵士が「味方の銃撃」で殺された。[38] 血を流した生存者は、近くの教会に引きずり込まれた。クリスマスの時期なので、教会にはロウソクが灯り、緑の装飾が施されている。正面には「地には平和を、人には善意を」と書かれた旗が掲げられていた。

一八九〇年一二月の凍てつくような日々の中で、非武装で飢えに苦しむラコタの難民がパインリッジにたどり着き、保留地での拘留を受け入れようとしていた一団を第七騎兵隊が襲撃したことは、合衆国における先住民の武装抵抗の終焉を象徴している。この虐殺は、米軍の記録では戦闘と呼ばれたし、関与した兵士のうち二〇名に議会名誉勲章が授与された。カンザス州のライリー砦には、味方の銃撃により死亡した兵士を称える記念碑が建てられた。この出来事を記念して戦闘の長旗が作られ、ペンタゴン、ウェストポイント、世界中の陸軍基地に飾られている他の長旗に加えられた。後に「オズの魔法使い」の執筆で有名になったダコタ準州の入植者、L・フランク・ボームは、当時『アバディーン・サタデー・パイオニア』紙を編集していた。ウンデッド・ニーでの忌まわしい出来事の五日後、一八九一年一月三日に、彼はこう書いている。『『パイオニア紙』は、われわれの唯一の安全が、インディアンの完全な絶滅にかかっていると宣言した。何世紀にもわたって彼らを不当に扱ってきたわれわれは、自分たちの文明を守るためには、それに続いてさらに不当な行為を行い、この野性的で飼いならされていない生き物を地球上から消し去ったほうがいい[39]」。

大虐殺の三週間前、シャーマン将軍は、三〇年間にわたって行ってきたジェノサイドを何ひとつ後悔していないことを明らかにしていた。ニューヨークで開かれた記者会見で、彼は「インディアンは働くか飢えるかのどちらかでなければならない。彼らは今までも働いたことがないし、今も働かないし、これからも働かないだろう」。記者が「しかし、政府は彼らが飢えないように十分に食糧を供給すべきではないか?」と質問した。それに対してシャーマンは、「なぜ政府が二六万人の健常者のキャンプを支援しなければならないのか? そんなことをした政府は、世界中でどこにもなかった[40]」。

ウンデッド・ニーに対するひとりの青年の反応は、代表的なものであると同時に非凡なものでもあった。プレンティ・ホーシーズ(セニカ・ワカン・オタ)は、一八八三年から一八八八年までカーライル・インディアン工業学校に通っていたが、自分たちの言語を剥奪された状態で帰国し、同胞のジェノサイドという悲惨な現実に直面した。彼には生計を立てるための伝統的な手立ても、現代的な手立てもなかった。「雇ってもらえるチャンスもないし、食事や衣服を得るためにできることもない。もっと勉強して白人と一緒にいられる機会もなかった。気が滅入ってしまい、学校に行く前の生活に戻ってしまった」と彼は言う[41]。歴史学者のフィリップ・デロリアはこう指摘する。「保留地計画にとって最大の脅威は、…自制心のあるインディアンだった。文明の贈り物を拒み、プレンティ・ホーシーズが試みたように「毛布に戻る」、しっかりとしたインディアンだった」[42]。しかし、プレンティ・ホーシーズが自分の居場所を見つけるのは簡単ではなかった。デロリアが指摘するように、彼は一四歳から一九歳の間に行われるべきラコタの重要な教育期間を逃していた。不在であったことと、欧米の影響を受けていたことから、彼は同胞の中でも疑われており、同胞の世界も植民地主義の混乱と暴力によって破壊されていた。それでもプレンティ・ホーシーズは、伝統的な服装に戻り、髪を伸ばし、ゴースト・ダンスに参加した。一八九〇年一二月二九日、「ウンデッド・ニーの虐殺」で血まみれの死体が運ばれてきたとき、彼はパインリッジにいた。その一週間後、彼はスーのリーダーに同行していた他の四〇人の騎馬戦士とともに、エドワード・ケーシー中尉に交渉の可能性を求めて会いに行った。若い戦士たちは怒っていたが、中でもプレンティ・ホーシーズは際立っていて、集団から抜け出してケーシーの背後に回り込み、後頭部を撃った。

軍の幹部は、プレンティ・ホーシーズを殺人罪で起訴することを考えなければならなかった。彼らは、最近ウンデッド・ニーで起こった軍隊の大虐殺で議会名誉勲章を授与されていたことへの当然の結果に直面していた。裁判では、戦争状態を理由にプレンティ・ホーシーズは無罪となった。戦争状態を認めることは、虐殺を法的に擁護するために不可欠であった。

先住民に対する軍事行動の後発として、ウンデッド・ニーは際立っている。デロリアは、その前の数年間で、合衆国社会に蔓延していたインディアンの戦士像が、「文明への道を歩み始めたおとなしい、平和主義的なインディアン」に取って代わられていたことを指摘する。

例えば、ルーサー・スタンディング・ベアは、カーライル・インディアン工業学校の生徒たちが、おとなしくて教育熱心なインディアンとして公に示された数々の場面を語っている。カーライルのバンドは、一八八三年のブルックリン橋の開通式で演奏した後、いくつかの教会を回った。さらに生徒たちは東海岸の都市を車で回った。スタンディング・ベア自身も、ワナメーカー社のフィラデルフィアのデパートでさらし者にされ、店の中央にあるガラスの独房に閉じ込められて、宝石の仕分けや値付けをさせられた(43)。

強欲はいいことだ

大陸を軍事的に征服する最後の段階で、生き残った先住民の難民はインディアン準州に集められ、ますます小さくなった保留地に押し込まれていった。一八八三年、ニューヨークのモホンクで、「明白なる使命」政策を支持する有力者や富裕層が集まり、いくつかの会議が開かれた。「インディアンの友人」を自称する彼らが打ち出した同化政策は、やがて彼らのメンバーのひとりである上院議員ヘンリー・ドーズが書いた一八八七年の「一般土地割り当て法」という連邦議会法に結実した。ドーズは、先住民の土地を一括して彼らに割り当てることを主張し、次のように述べている。「[保留地]制度の欠陥は明らかだった。それは[社会主義者]ヘンリー・ジョージの制度であり、その下では、自分の家を隣人の家よりも良くしようとする進取の気性は存在しない。文明の根源である利己主義もない。この人々が自分の土地を手放し、自分が耕した土地をそれぞれが所有できるように、住民の間で分割することに同意するまでは、彼らにこれ以上の進歩は望めないだろう」。しかし、割り当てによって望ましい利己主義は生まれず、先住民の土地は半減し、先住民の困窮と合衆国の支配はさらに進んだ。一八八九年、連邦政府が割り当て後に残った未割り当て地と呼ばれるインディアン準州の一部が、入植者に開放されて「オクラホマ・ランドラッシュ」の引き金となった。

インディアン準州では石油が発見されていたが、南部から追い出された五つの先住民の領土は、厳密には保留地ではなく主権体（ネーション）であったため、ドーズの割り当て法は適用できなかった。追い出し条約の条件に反して、議会は一八九八年にカーティス法を可決し、これらのネーションの主権を一方的に剥奪して、彼らの土地の割り当てを義務づけた。先住民の領土は、一六〇エーカーの割り当て面積の合計よりも大きかったために、分配後に残った土地は余剰となり、自作農場《ホームステッド》に開放された。

インディアン準州では、激しい抵抗なしには割り当てが進まなかった。チェロキーの伝統主義者レッドバード・スミスは、同胞を集めて秘密結社キートワを復活させた。彼らは、直接行動するだけでなく、弁護士を派遣して議会で議論した。その結果、民営化に反対し、クックソンヒルズに共同体を作った。同じように、マスコギー・クリークも、クレイジー・スネークの愛称で親しまれたチット・ハルジョを中心に抵抗した。彼が中心となって、ヒッコリーグラウンドと呼ばれる集落を首都とする別の政府を設立した。五〇〇〇人以上のマスコギーが参加した。捕らえられ、投獄されたハルジョは、解放されると民衆を率いて森に入り、さらに一〇年間戦い続けた。彼は一九一二年に連邦軍に射殺されたが、クレイジー・スネークの抵抗の遺産はオクラホマ東部に強い力を残している。マスコギーの歴史家、ドナルド・フィクシコは、現代の保留地について次のように述べている。「オクラホマ州のクリーク・ネーションの中に小さなクリークの町がある。この町の名前は「トロプトロコ」。トロプトロコは小さな独立したコミュニティで、ほとんど独立して運営されている。連邦政府にもクリーク・ネーションにもあまり依存していない。つまり、彼らは一種の反逆者集団なのだ」[44]。

一九〇七年、インディアン準州が解消され、オクラホマ州が連邦に加わった。ドーズ法とカーティス法の下、先住民の領土の私有地化が連邦保留地の半分に課せられ、数十年にわたる軍隊の攻撃と無謀な土地の奪取の結果、まだ存在していた先住民の土地基盤の四分の三が失われた。割り当ては一九三四年にインディアン再組織法（IRA）によって中止されるまで続いたが、奪われた土地は元に戻らず、元の所有者は損失を補償されることもなく、オクラホマ州のすべての先住民（オーセージ・ネーションを除く）は有効な集団領土を持たず、多くの家族はまったく土地を持たないままだった[45]。

ホピは割り当てに抵抗し、部分的には成功した。一八九四年、彼らはホピの全村のリーダーとチーフが署名した手紙を連邦政府に提出した。

ワシントンの長官たちへ

この二年間、見知らぬ人が私たちの土地を覗き込み、印をつけていきましたが、私たちはそれが何を意味するのかほとんど知りません。あなた方はわれわれの所有物を乱すことを望んでいないと信じているので、このホピの土地についてお話ししたいと思います。

私たちは誰も、この土地を別々の土地に分けて、個人に与えることを求めませんでした。

家族、住居、畑は切り離すことができません。なぜなら、女はこれらの中心であり、これらは彼女とともにあるからです。私たちの間では、家族は母親からその親をたどるので、その所有物はすべて母親のものです。男は家を建てますが、女はそれを修理し保存するので、女が家の所有者です。男は畑を耕しますが、その収穫を女の所有に委ねます。なぜなら、食物を準備するのは女に任されていて、物々交換用の貯蔵物の余りはもっぱら女の倹約によるものだからです。

男は自分の妻の畑と、彼女が産んだ子供たちに割り当てられた畑に作物を植え、形式的には自分のものと呼びますが、実際にはそうではありません。母親から受け継いだ畑についても、その収穫物は自由に処分することができますが、畑そのものは処分できません。(46)

嘆願書には、ネーションが母系社会の共同体であることや、土地を個人所有のために分割することは考えられないことなどが書かれている。しかし、ワシントン政府からの回答はなく、政府は土地の切り分けを続けたが、最終的にはホピの抵抗でついに断念した。ニューメキシコ州の中心部では、プエブロ・インディアンの一九の先住民都市ネーションが、スペイン植民地時代やメキシコ共和国との関係でそうだったように、生き延びる手段として法制度を用いて、合衆国の占領下で抵抗を組織していた。プエブロ・インディアンがメキシコでの自治権を失い、合衆国の法律では旧メキシコ市民として数えられるようになってからの数十年間、ヒスパニック系とアングロサクソン系の不法占拠者が、プエブロ・インディアンの先祖代々の土地に侵入してきた。プエブロの唯一の手段は、合衆国の私有地請求裁判所を利用することだった。アングロサクソン系アメリカ人の司法制度から見たプエブロの状況は、次のように報告されている。

時折、サンタフェの法廷には、承諾を求める証人として、遠くのプエブロからやってきたインディアンの一団が現れ、法廷を活気づけた。この代表団は通常、その部族のリーダーが団長を務め、証人席まで闊歩し、聖なる十字架に宣誓することに大きな誇りを抱いていた。胸にはバッジ、腰には赤い帯を巻き、白いシャツを着て、その裾はバレエダンサーのスカートのように腰の周りに垂れ下がり、その下には中国衣装のような白いモスリンの袋状のズボンを履いている。リーダーは、このようなグロテスクな格好をして、ベンチにいる裁判官と自分とが、あたかも対等であるかのように重厚で平静なお辞儀をしたが、その様子は、くたびれはてたロバが、突如、滑稽な鳴き声を立てる姿を連想させるのに十分なほどだった。[47]

プエブロは、請求裁判所で集団的な土地権利の補償を受けられなかったため、連邦政府によるインディアンの信託資格を求めるしかなかった。彼らが最初の試みで敗れた後、一九一三年に合衆国最高裁判所は、それまでの判決を覆し、プエブロが保護された信託資格を持つ連邦政府の被後見人であると宣言した。「彼らは本質的に単純で、情報を持たない、劣った人々である[48]」。

二〇世紀初頭、彫刻家ジェームズ・アール・フレイザーは、記念碑的で象徴的な彫刻《トレイルの終わり》を発表した。この彫刻は、一九一五年にカリフォルニア州サンフランシスコで開催されたパナマ太平洋万国博覧会のために制作されたもので、全裸で疲れ果てて瀕死の状態のインディアンが、同じように疲れ果てた馬に乗った姿が描かれている。それは大陸の先住民を排除するという最終的な解決を宣言していた。翌年、人類学者に研究という名目で、五年間監禁されていたカリフォルニア・ヤニのイシが亡くなり、「最後のインディアン」と言われた。このほかにも、この時期には「消えゆくインディアン」のイメージが何十種類も流布した。すぐに映画産業が立ち上がり、インディアンの少女や少年を含む何百万人もの子供たちが見る画面で、何度も何度もインディアンが殺されていった。

大陸での軍事的勝利を収めた合衆国は、その後、世界支配に乗り出したが、先住民たちは「合衆国の世紀」が進むにつれ、生き残り、なお存続していったのである。

9　合衆国の勝利主義と平時の植民地主義

過去四世紀にわたって、白人(ヨーロッパ人)の血を引く人々が行ってきた拡大には、特に道徳的な理由から、その拡大を非難する人々が決して見失ってはならない特徴がひとつある。それは全体的に見て、拡大が行われた土地に以前から住んでいた多くの人々に、この運動が永続的な利益をもたらしてきたことだ。

——セオドア・ルーズベルト「白色人種の拡大」(一九〇九年)

ブラックヒルズにあるモニュメントは、ジョージ・ワシントンやその他の人たちを彫ったものだ。彼らはその土地を所有していなかったのに、あそこに彫刻を施した。だとしたら、誰もがワシントンやヨーロッパに行って、私の顔を彫らなければならないと思うだろう。

——ヘンリー・クロウ・ドッグ

合衆国の海外における帝国主義は、一見、本書の対象外のように思われるかもしれないが、大陸の先住民に対して行われたのと同じ方法と戦略が、海外でも同じように実行されていた事実を認識することは重要である。アメリカ先住民が残酷に植民地化され、排除され、移住させられ、殺されていた頃、合衆国は当初から海外での覇権を目指していた。一七九八年から一八二七年の間に、合衆国はキューバ、トリポリ(リビア)、ギリシャなどで二三回にわたって軍事介入した。一八三一年から一八九六年の間には、全大陸で七一回の海外介入が行われ、合衆国はラテンアメリカの大半を経済的に、そして一部の国を軍事的に支配した。一八九八年から一九一九年の間に行われた四〇回の介入と占領は、より強力な軍事力を用いて行われたが、手法は以前と同じであり、同じ人員によることもあった。

コネクション

一八九八年から一九一九年にかけて設立された合衆国の植民地には、ハワイ（旧サンドイッチ諸島）、アラスカ、プエルトリコ、バージン諸島、グアム、合衆国領サモア、マーシャル諸島、北マリアナがある。これらのほとんどと、太平洋、インド洋、カリブ海で軍事基地や爆弾実験のために過疎化した数十の島々は、二一世紀になっても植民地（「統治領《テリトリー》」や「自治領《コモンウェルス》」と呼ばれている）のままである。(1)

リンカーンの国務長官を務めた元奴隷制廃止論者のウィリアム・H・スワードは、太平洋を支配することが合衆国の運命であると考えていた。スワードは、一八六七年にアラスカの購入を手配するなど、その運命を実現するためにあらゆる努力をした。一八七四年初頭、合衆国はハワイの軍事的支配を開始し、一八九八年にはハワイの女王リリウオカラニを倒してハワイを併合した。第二次世界大戦後、ハワイの先住民とアラスカの先住民は、アメリカ先住民と同様に合衆国の植民地支配下に置かれた。(2)

一九世紀後半になると、海外進出はますます盛んになり、国民の支持を得るようになった。合衆国国内伝道協会のジョサイア・ストロング牧師は、ベストセラーとなった『わが祖国』（一八八五）の中で、合衆国はアングロサクソンの伝統を受け継いでおり、優れた民族として世界を支配する神から授かった責任があると主張した。一九一四年までに、中国には六〇〇〇人、その他の非ヨーロッパ諸国にも数千人の米国人プロテスタント宣教師がいたが、彼らは一七世紀初頭からアメリカ先住民のコミュニティにも入り込んでいた。

合衆国は、キューバに侵攻して占領するまでに、海軍の大西洋艦隊「グレート・ホワイト・フリート」（白い大艦隊）を建造し、軍隊を二万五〇〇〇人から三〇万人近くに拡大して、スペインに対する独立運動を続けていたキューバを弱体化させた。一八九八年、米軍がハバナ港に向かっていた頃、ジョージ・デューイ提督は米海軍を率いてフィリピンに介入していた。デューイはフィリピン人を「インディアン」と呼び、「都市（マニラ）に入ってインディアンを締め出す」と誓った。[3] 合衆国の占領に対するフィリピンの「インディアン」の抵抗を鎮圧するのに、合衆国はさらに三年を要した。陸軍は、水責めなどの新しい拷問を含む、北米大陸の先住民に対して実践していた対反乱戦の手法を用い、同じ陸軍司令官の下で活動した。フィリピンに派遣された三〇人の合衆国軍将校のうち二六人が「インディアン戦争」の将校であり、[4] 先住民との戦いで陸軍を指揮したネルソン・A・マイルズ少将が、フィリピン戦争では陸軍の総司令官となった。

北米における大陸支配を達成するために主権を有する先住民のネーションを侵略・占領することと、世界支配を達成するために海外で同じ戦術を用いることとの連続性は、世界における合衆国の未来を理解する上での鍵となる。その連続性をもたらしたのが軍隊だった。一八七〇年代に大佐だったネルソン・A・マイルズは、スーをひとり残らず追跡し、軍隊や訓練を受けたばかりのインディアン警察が警備する保留地に追いやる役目を担っていた。保留地は、収容された人々にとって安全な場所ではなかった。ストラック・バイ・ザ・リー（ヤンクトン・スーのリーダー）が、スーの保留地における日常生活の数々の恐怖を語っているが、それは決して普通に見られる光景ではない。

別の折り、サリー将軍がやってきたとき、彼は私たちの畑の真ん中を通り、自分の牛や家畜をすべて私たちのトウモロコシ畑に入れて、トウモロコシを全部破壊してしまった。…兵士たちは大草原に火を放ち、私たちの四つのロッジとその中にあったもの全てを焼き尽くした。…兵士たちはとても酔っ払っていて、武器や銃を持って私たちのところにやってくる。彼らは私たちの女性を追いかけて、家やロッジに火を放つ。ある兵士はやってくると、私たちの若者のひとりに酒を飲ませようとしたが、若者は飲まずに立ち去ろうとしたので、兵士は彼を撃った。兵士たちが来る前は、私たちは健康だった。しかし、兵士たちが来ると、彼らは私たちの妻たちのところへ行って一緒に寝ようとする。妻たちはお腹が空いているので、食べるものを得るために彼らと一緒に寝て、悪い病気にかかる。そして、妻たちは夫に向かって、悪い病気を移してしまうのだ。(5)

8章で述べたように、マイルズはカナダに逃れようとしたチーフのジョセフとネズパース(ニミプー)を追跡する陸軍も指揮していた。一八八六年、マイルズはジェロニモ捕獲のために陸軍省の指揮を執り、陸軍の戦闘部隊の三分の一にあたる五〇〇〇人の兵士と、強制的に参加させられた五〇〇〇人のアパッチの偵察隊、そして数千人の入植者のボランティア民兵を指揮した。一八九八年、陸軍総司令官となったマイルズは、プエルトリコを占領した陸軍部隊を自ら指揮した。マイルズの副官であるウェスリー・E・メリット将軍は、フィリピンへの軍事侵攻の指揮を任された。彼はカスターに仕えてスーやシャイアンの抵抗と戦った経験がある。フィリピン占領軍の司令官は、ジェロニモが出頭したヘンリー・W・ロートン将軍だったが、ロートンはジェロニモを「捕獲」したことで一躍英雄になった。ロートンはフィリピンに行く前にキューバで部隊を率いていた。皮肉なことに、ジェロニモという名前の男が率いるフィリピンの反乱軍が、ロートンを襲撃して殺害してしまったのだ。合衆国の将校たちは、北米の対反乱戦で学んだことを、フィリピン人にも適用した。若い将校たちは、フィリピンで学んだ教訓を将来の帝国の事業に生かし、少なくともひとりの息子に引き継いだ。第二次世界大戦の将軍ダグラス・マッカーサーの父であるアーサー・マッカーサー将軍は、フィリピンのゲリラ指導者エミリオ・アギナルドを追いかけ、ついに捕らえた。[6]

この頃、セオドア・ルーズベルトが大統領になっていた。企業に配慮した軍国主義で特に海軍を急速に発展させ、キューバでのラフ・ライダー民兵のリーダーとして慎重に演出したことが、彼を大統領に押し上げた。彼は入植者と大企業の両方に人気があった。ルーズベルトは、エミリオ・アギナルドを「反逆者のポーニー」と呼び、フィリピン人には、たまたま占領しているからといって、自国を統治する権利はないと述べた。二〇万人の米兵がフィリピンで戦い、七〇〇〇人（三・五パーセント）の死傷者を出した。米軍の焦土作戦（食料収奪、民間人を標的にした殺戮など）や強制退去の結果、フィリピンの人口の二〇パーセントが死亡し、そのほとんどが民間人だった。[7] 一九〇四年、セオドア・ルーズベルトは、「モンロー・ドクトリンのルーズベルト補足条項」として知られているもの（ルーズベルトの系論《コロラリー》）を発表した。これは、「慢性的な不正行為」、つまり合衆国の経済的・政治的利益を脅かすような行為を行った国は、「国際的な警察力」としての役割を担う合衆国によって軍事的に懲戒されることを義務づ

けたものである。(8)

急速に工業化が進んだ合衆国では、企業と労働者の間で起こる国内紛争に、陸軍が大企業の側から介入することも多かった。一八七七年に鉄道労働者が賃金カットに抗議して始まった全国規模のストライキ「鉄道大ストライキ」にも軍隊が起用された。ウェストバージニア州で始まったこのストライキは、やがて海から海へ、北から南へと鉄道路線に沿って広がっていった。フィリップ・シェリダン将軍とその部隊は、スーとの戦いで出向いていたグレートプレーンズから招集され、シカゴでストライキを止めた。

工業化の波は農業にも押し寄せ、農家の手に代わって機械が導入され、換金作物が主流となっていった。大企業が進出し、銀行が小作人の土地を担保として差し押さえたために、彼らは土地を失なってしまった。徴兵制や合衆国の第一次世界大戦――「金持ちの戦争」と呼ばれた――への参戦に反対する農民運動は、そのほとんどが社会主義者や反帝国主義者によって行われた。何万人もの人々が抗議し、市民的不服従の行動を実行した。一九一七年八月には、オクラホマ州東部と南部のいくつかの郡で、白人、黒人、マスコギーの小作人が、徴兵制を阻止するために武器を手にした。より過激な思想を持つ草の根の社会主義者たちは、自分たちで労働者階級連合(WCU)を組織し、アングロサクソン系アメリカ人、アフリカ系アメリカ人、先住民のマスコギーの農民たちが、一種の「レインボー・アライアンス」を形成していた。彼らの計画は、ワシントンDCへの行進で、何百万人もの労働者が武装し、途中で合流するようにさせることだった。オクラホマ州南東部で石油パイプラインや橋を爆破した後、彼らとその家族は解放区を作り、そこで食事をしたり、賛美歌を歌ったり、休息をとったりした。翌日には、警察や民兵に支援された重装備の民警団がこの反乱――後に「グリーン・コーンの反乱」として知られるようになった――を阻止した。逃げ切れなかった者は逮捕され、実刑判決を受けた。この反乱は、今日では土地を追われた人々の終末の声と考えられているが、先住民の領土の強制的な割り当てによって引き起こされた危機と、合衆国の植民地主義の歴史の中では珍しい多民族の抵抗運動の現実を反映している。(9)

同じ頃、メキシコでは土地を持たない先住民の農民が革命を起こそうとしていた。ウィルソン大統領は、一九一七年にヨーロッパの合衆国遠征軍の指揮官にジョン・J・パーシング将軍を任命する前に、彼をメキシコ国内に一年近く派遣していた。それはフランシスコ・「パンチョ」・ビリャが率いる北部の革命を阻止するためで、将軍にバッファロー・ソルジャーを中心とした部隊を指揮させた。この軍事介入はうまくいかなかった。ビリャと戦うメキシコ連邦軍も、米兵の存在には憤りを感じていた。米軍遠征の唯一の成果は、ジョージ・パットンという若い中尉がビリャの副司令官を殺害したことだけだった。(10)

市場が殺す

合衆国の軍事力を太平洋やカリブ海に拡大したのは、それ自体を目的とする軍国主義ではなかった。むしろ、市場と天然資源を確保し、企業の富を守り、拡大するために帝国主義的な力を発展させることが目的だったのである。合衆国の先住民は、合衆国の工業化と企業の発展によって深刻な影響を受けた。歴史家のH・クレイグ・マイナーは、インディアン準州の企業に関する研究の中で、企業を「株式が発行され、株主の責任が各自の投資額に限定されることを特徴とした、単一の個人として活動することが法的に認可された組織」と定義している。そして個人と言っても「…アメリカインディアンの考え方では、責任を問われることのない人工的な人間であり、個人の責任は、法人格によって覆い隠されている…法的には抽象化されている」と述べている。[11]
企業の急成長は、先住民の政府、土地、資源に対する新たな攻撃の時代をもたらした。南北戦争後、合衆国の軍事機構の拡大によって先住民のネーションやコミュニティの軍事力や抵抗力が抑圧された後、先住民の指導者側の適合性が生存のために必要となった。マイナーは、「産業文明」は個人やコミュニティの関連性を低下させるとした上で、「産業文明」は「工業化」とは同じではなく、全く異なる、より広範なものであると指摘している。産業文明は、社会全体の搾取や破壊、民族の主権を無視した拡大を正当化し、個人主義、競争、利己主義を正しい人格特性として宣伝した。[12]合衆国政府は、企業が先住民の領土に侵入する自由を保証する手段として、先住民の領土を保護することが義務付けられている連邦信託統治を採用した。
南北戦争末期から、先住民の土地売買や使用料による政府資金は、保留地の市民に分配されることもなく、また彼らの政府が保有することもなく、ワシントンで信託管理されていた。インディアン事務局は、先住民の同意を得ることなく、先住民の資金を鉄道会社や様々な地方債、州債に投資した。例えば、チェロキーのネーション基金やマスコギー・クリークの孤児基金などがそのように投資されていた。先住民の指導者たちは、このような行為をよく知っていたが、それを止めることはできなかった。しかし、チカソー・ネーションが提出した嘆願書に書かれているように、彼らは抗議をした。「インディアンがこのお金を貸したのではなく、合衆国が複数の州の価値を高めるために貸した。…しかし、今、この繁栄と権力の拡大のために、インディアンの持つわずかな金額を拠出させようとしている。しかも、かつて取り巻いていた危険に勝利した合衆国は、公正であることだけしか求められていないのに、これまで以上に自由に振る舞うことができる[13]」。

一八六九年、チェロキーの役人ルイス・ダウニングは、ルールは合意して守られなければならないと書き、先住民の価値観と合衆国のビジネスマンの価値観の違いについて、「後者の中には蓄積という考えを発展させた結果である、勤勉、習慣、エネルギッシュな性格」という点があると指摘している。合意に基づく政策に、縛られない負担なき発展などあり得ないとダウニングは断言した。「私たちにとっていったん条約の縛りから解き放たれると、合衆国の政治と議会の立法という激動の大海原を転げ回り、難破することは避けられないように思われる[14]」。

一九二〇年代に入ると、南北戦争中とそれに続く数十年にわたる暴力的な軍事行動に加えて、連邦政府が先住民の条約で保証された基金を盗み、さらに二〇年間にわたって先住民の土地を割り当てたことで、先住民は人口も生存の可能性も最低の状態になっていた。その後、合衆国政府は一九二四年のインディアン市民権法により、アメリカインディアンに不本意な市民権を押し付け、同化とネーションの解体を示唆した。それは国家経済にとっては好景気の時代だったが、どこのネーションのネイティブ・アメリカンにとっても生命の危機の時期だった。第一次世界大戦の陸軍退役軍人でもある、北カリフォルニアのユロック・ネーションのロバート・スポットは、自分のコミュニティの状況を語った。それはどのネイティブ・コミュニティにも当てはまったにちがいない。一九二六年、サンフランシスコのコモンウェルス・クラブで講演した彼はこう言った。

インディアンの女性の中には、ほとんど目が見えない人も多く、世話をしてくれる人がいないため、彼女たちは一日一食しか食べることができません。このような人々のほとんどは、以前、魚を食べて生活していましたが、今は手に入らず、ドングリで生活しています。が、彼女たちは飢えています。衣服もほとんどなく、体を覆うものもありません。クラマス川沿いでは、多くの子供たちが病気で亡くなっています。そのほとんどが結核です。インディアンがいるところには道がありません。唯一の道は、クラマス川沿いです。

医者に行くには子供を連れて、クラマス川の河口まで行かなければなりません。クレセント・シティまでは二四マイルもあり、そこから医者に行かなければなりません。費用は二五ドルです。貧しいインディアンは、子供のために医者にかかるお金をどこから調達するのでしょうか？　彼らはあちこちにお金を借りに行きます。それが手に入らなければ、貧しい子供は助けることができずに死んでしまう。あと四、五年もすれば、クラマス川にはインディアンがほとんどいなくなるでしょう。

私がここに来たのは、何かをしなければならないことをお知らせするためです。医者が必要だし、子供を教育するための学校が必要だし、クラマス川の土手の他に道路が必要です。…

私の父はインディアンのチーフで、かつてはすべてを所有していました。土地が割り当てられたとき、彼にはわずか一〇エーカーしか割り当てられませんでした。その土地はほとんどが砂利と岩で、わずかに低木とレッドウッドがあるだけの小さな農場です。…

しばしば、車が通り過ぎるのが見えます。それは「インディアン・サービス」です。その車を運転している人が立ち止まると思いますか？　彼はいつもインディアンには無関心で、合衆国の「インディアン・サービス」の人が乗った車は、まるで観光客のように通り過ぎていくのです。(15)

一八八〇年代に南部の再建が終わってから二〇世紀半ばまでの間、アフリカ系アメリカ人、メキシコ系アメリカ人、中国系移民に加えて、先住民も個々に人種差別の対象となった。南部ではジム・クロウ法（黒人差別法）による隔離が行われ、五〇〇〇人以上のアフリカ系アメリカ人がリンチされた。[16] 南部の恐怖と貧困から逃れた黒人たちは、北部や中西部の都市で人口を増加させたが、彼らは依然として差別や暴力に直面していた。シカゴやタルサをはじめとする数十の都市では、アフリカ系アメリカ人に対するひどい「人種暴動」が発生した。[17] 一九二〇年代の強烈で組織的な人種差別は、色の濃い他の人々にも波及していった。合衆国ではヨーロッパに比べて、優生学や人種純血主義の疑似科学が発達しており、白人至上主義のイデオロギーがさらに強固なものとなっていた。それは先住民にとって、文化（特に言語）や自己同定に代わって、先住民としての資格を得るために「血の量」を測定するという、米国政府の政策の発展であることは明らかだった。アフリカ系アメリカ人が「血の一滴」という尺度で分類されたのに対し、先住民は重要な要素として、先祖にどのくらい先住民の血が含まれているかの証明が求められるようになっていった。

終端へのニューディール

先住民にとって救いとなったのは、一九三〇年代のニューディール政策だった。経済破綻に立ち向かうためのフランクリン・ルーズベルト政権のプログラムには、先住民の自決を認める内容が含まれていた。ルーズベルトは一九三三年、人類学者で自称社会主義者のジョン・コリアーを合衆国のインディアン問題担当長官に任命した[18]。一九二二年、若き活動家の学者であったコリアーは、ニューメキシコ州のプエブロ・インディアンの土地要求闘争を支援するために、婦人クラブ連合会に雇われていた。このプロジェクトは、一九二四年に議会で「プエブロ土地法」が可決され、成功を収めた。コリアーは、伝統的な生活様式を持つタオス・プエブロに住んでいたこともあって、先住民の共同体的な社会関係に敬意を払い、これらの人々が自分たちでうまく統治し、合衆国の社会主義への動きに影響を与えることができると確信していた。彼は、先住民の集団財産の数次割り当てや、一九二四年のインディアン市民権法が制度化しようとしているように、個人として一般社会に同化することに反対する先住民の考えを理解し、それに賛同していた。

コリアーは、インディアン問題担当長官として、先住民のコミュニティと相談しながら、ウィーラー・ハワード法案を起草し、成立のためのロビー活動を成功させた。この法案は、一九三四年にインディアン再組織法（IRA）として成立した。その条項のひとつは、先住民の領土のさらなる割り当てを中止することで、これは直ちに実行されたが、すでに割り当てられた土地が返還されることはなかった。別の条項では、先住民に土地を返還するために、連邦政府が保留地に隣接する空き地を購入することが定められている。IRAの主な条項は、「部族政府」の設立を求めるもので、先住民の間でより大きな議論を呼んだ。先住民の自決を促す意味でIRAは、どの先住民にもこの法律の条件を受け入れることを要求しなかったが、ナバホをはじめとするいくつかの先住民はこの法律を拒否した。IRAは、オクラホマ州に移転した先住民には適用されないという限定的なもので、後に彼らの特殊な状況に合わせて別の法律が作成された[19]。

合衆国の先住民の中で最大の領土と人口を持つナバホは、ＩＲＡへの署名をきっぱりと拒否した。一九三〇年代の世界大恐慌は、戦後のナバホ議長であるサム・アンケアの言葉を借りれば、「ナバホの歴史の中で、一八六四年から一八六八年にかけてサムナー砦に投獄された時以来の壊滅的な経験」[20]だった。一九三三年に長官に就任したコリアーは、家畜の過放牧を防ぐためのニューディール政策の一環として、ナバホの羊やヤギの削減を推し進めた。コリアーは、一二人のナバホ議会議員を説得して削減を受け入れさせ、失われた収入を補うために市民保全部隊の下でのありもしない新しい仕事を約束した。コリアーは、ボルダー・ダムの沈泥堆積の原因がナバホ保留地の土壌浸食にあると根拠なく指摘した。彼の行動は、ニューメキシコやアリゾナのアングロサクソン系入植者の牧場経営者を有利にするために、小規模生産者をすべて排除しようとするアグリビジネス（農業関連産業）の影響を受けていたようだ。[21]その過程は、今でもナバホの間で苦々しく思い出される。心に傷を負ったナバホたちが見守る中、政府の捜査官は羊やヤギを撃ち殺しては、腐らせたり、ガソリンをかけて火葬にしたりした。ある場所では、三五頭のヤギが撃たれ、放置されていた。ヤギ一五万頭、羊五万頭がこの方法で殺された。口述歴史《オーラルヒストリー》のインタビューでは、抵抗する者の逮捕などナバホへの圧力戦術が述べられ、家畜を殺されたことへの恨みが語られている。ナバホ議会議員のハワード・ゴーマンは次のように言う。

> 一連の事件は、多くのナバホの心を傷つけ、何年もの間悲しみに暮れさせた。羊が殺されたのが気に入らないし、もったいない。それが彼らの言い分だ。彼らの多くにとって、家畜は必需品であり、生きるための手段だった。ある人々は、家畜を神聖なものと考えている。家畜を自分の母親のように

考えているのだ。私たちの家畜が残酷に扱われたことは、決してあってはならないことなのである。[22]

ナバホが経験したトラウマに加えて、この削減の効果は小規模な家畜の所有者を困窮させるものだった。

インディアン再組織法を受け入れた大多数の先住民のネーションでは、キリスト教の宗派に属して英語を話す先住民のエリートたちがこの法律に署名した。そして権威主義的な政府を樹立し、一部の家族を富ませて、共同体の伝統や伝統的な統治形態を弱体化させたことが悪影響を及ぼしたために、この問題は今も続いている。しかし、IRAは割り当てを廃止し、先住民の自決を承認し、集団的・文化的権利を認める前例を作った。この法的現実は、一九五〇年代に始まった先住民へのエンパワーメント（権限移譲）を元に戻そうとした人々にとって、困難なものとなった。

トルーマン政権は、フランクリン・ルーズベルト政権で任命された多くの先進的な人物の中から、ジョン・コリアーを追い出した。第二次世界大戦が終わると、支配階級と議会の間では、先住民に対する考え方が、自治を支持するものから、個々人の同化という新たな処方計画によって民族として排除するものへと変わっていった。一九四六年、連邦議会はインディアン請求委員会とインディアン請求裁判所を設立し、連邦政府による先住民の条約地の不法な取得を正当化した。一九四六年から一九五二年（請求提出の締切期間）までに、八五〇件の請求に相当する三七〇件の請願が、先住民を代表して提出された。政府は、不法に取得された土地の権利をクリアにすることを目的としているが、請求の仕組みは、その土地の返還や損失補うために、新たな土地を取得することを禁じていた。補償の対象となるのは、奪われた当時の価値に基づいた金銭的な補償のみで、利息はつかない。さらに追い打ちをかけるように、請求した先住民のために連邦政府が支出した金額は、全体の補償額から差し引かれ、その結果、先住民が要求していないサービスに対してペナルティが課されることになった。請求してから裁定を受けるまでの期間は、平均すると一五年かかった。

インディアン請求委員会を設立することで、連邦政府が条約で保証された先住民の土地を不法に押収したという事実を合衆国連邦議会は認めた。この検証は、主権を強化し、金銭的な補償ではなく土地の返還を求める先住民の戦略に役立った。その一方で、このプロセスは、連邦政府による先住民のネーションの承認を完全に打ち切るための足がかりとなった。アイゼンハワー政権は、議会と協力して連邦政府の信託責任を弱め、インディアンの教育を州に移し、インディアンの医療をインディアン事務局(BIA)から保険局に移すことに迷いはなかった。

このような同化政策の流れは、一九五三年の終結法(両院一致決議一〇八)に結実し、議会は「可能な限り迅速に、リストアップされた部族を連邦の監督・管理から解放し、インディアンに特別に適用されるすべての障害や制限から解放するように動く」べきであると、オーウェル的な表現で規定した。解放されると、条約や協定で保証されていた連邦政府の信託保護や移転支出が終了する。アイゼンハワー政権のインディアン問題担当長官には、日系合衆国市民の強制収容所を管理する戦時転住局を率いたディロン・S・マイヤーが就任し、終結の実現に向けて大きく貢献した[23]。マイヤー委員は、先住民の同意は重要ではないとし、「インディアンの協力が得られないケースがあっても進めなければならない」と述べている[24]。同年、合衆国議会は公法二八〇号を制定し、保留地の警察権を連邦政府から州に移譲した。

先住民の土地所有権や主権、条約に基づく連邦信託の責任が少しずつ失われていったにもかかわらず、合衆国政府には、政府が認めた先住民のネーション固有の主権や領土を奪う、憲法その他の法的権限はなかった。合衆国政府は、先住民が主権を行使することをほぼ不可能にするか、あるいはジェノサイドの一形態である同化によって、先住民のアイデンティティを完全に排除することしかできなかった。後者は、一九五六年に制定された「インディアン移転法」(公法九四九号)の目的だった。BIAの資金援助により、先住民の個人や家族は、サンフランシスコ・ベイエリア、ロサンゼルス、フェニックス、ダラス、デンバー、クリーブランドといった、指定された都市部の工業地帯に移転することができた。そこにはBIAの事務所が設置され、住宅や職業訓練、就職斡旋などが行われた。このプロジェクトにより、都市部に住む大規模な先住民の人口は、すでに貧しく苦境に立たされていたマイノリティの労働者階級のコミュニティに散在し、低スキルの仕事に就いたり、長期の失業に悩まされたりしていた。しかし、これらの若い移転者の多くは、一九五〇年代から一九六〇年代に都市部で起こった公民権運動に影響を受け、彼らが設立した都市部のアメリカインディアンのセンターを中心に、独自のコミュニティ間運動を始めた。移転先としては最大規模のサンフランシスコ・ベイエリアでは、一九六〇年代後半に、一八カ月間にわたってアルカトラズ島を占拠したことで、この運動が最高潮に達した。

公民権時代の幕開け

一九四四年にアメリカインディアン国民会議(NCAI)が設立されたことで、先住民の抵抗が急増した。一九五〇年代には、ダーシー・マクニックル(フラットヘッド)、エドワード・ドージャー(サンタクララ・プエブロ)、ヘレン・ピーターソン(ノーザン・シャイアン/ラコタ)など、さまざまなネーションから数十人の先住民リーダーが現れた。彼らの努力がなければ、終結期間は実際以上にダメージを与え、先住民の地位は完全に失われていたかもしれない。彼らの組織化の結果、政府は一九六一年に終結の実施を中止したが、一九八八年に廃止されるまで、この終結法は残っていた。[25] しかし、一九六〇年までに一〇〇以上の先住民のネーションが終結させられた。その後、数十年に及ぶ長期の法廷闘争とデモ、そして経済的な苦難を乗り越えて、連邦の信託統治を取り戻すことができたのは少数だった。先住民のリーダーであるエイダ・ディアや、終結したメノミニー・ネーションのジェームズ・ホワイトなどは、連邦議会や最高裁判所で先住民の訴えを聞いてもらうための闘争で、重要な役割を果たした。返還運動は、地域社会の組織化と直接行動によって世間の注目を集めた。[26] 戦後の先住民の抵抗は、以前よりもはるかに裕福で強力な合衆国との関係の中で行われたが、同時に、国連が設立され、世界人権宣言と一九四八年の「ジェノサイドの罪の防止及び処罰に関する条約」が採択されたことで始まる、脱植民地化と人権の時代の中でも抵抗は行われた。先住民のリーダーたちは国連の設立に注目し、刺激を受けた。

先住民の組織化は、アフリカ系アメリカ人の人種差別撤廃運動や投票権運動の組織化と同様に、一九五〇年代の冷戦と核軍拡競争で激化した国家主義的な反共産主義イデオロギーの文脈の中で発展した。この二度目の赤狩り(一度目は第一次世界大戦後)は、ソ連からの「共産主義の脅威」に対抗するという名目で、労働運動を標的にしていた。[27] またそれは、この時代の公民権運動や自決運動を攻撃し、人種差別は拡大して全盛を極めた。日本や朝鮮との戦争、そして中国の共産主義革命の成功により、二〇世紀初頭の人種差別主義者が恐れていた「黄禍論」が復活した。日系人の収容によって追い出されたアジア系農業労働者に代わって、メキシコ系移民労働者が大きく活躍した。しかし、一九五三年に連邦政府が実施した「ウェットバック作戦」〔違法なメキシコ移民の大量送還〕により、一〇〇万人以上のメキシコ人労働者が強制送還され、その過程で、メキシコ人の血を引く何百万人もの合衆国市民が違法な捜索や逮捕を受けた。アメリカ先住民も、保留地の端にある国境の町で、市民や警察官によるレイプや拘留などの残虐行為を受け続けた。アフリカ系アメリカ人の状況は、南部では合法的な隔離が続き、その他の地域では合法的ではないが公然と差別が行われていた。しかし、一九五四年、全米黒人種地位向上協会（NAACP）の長年にわたる努力により、合衆国最高裁判所は公立学校の人種差別撤廃を命じた。翌年、アラバマ州モンゴメリーで行われたバスボイコットにより、南部を中心とした公民権運動が世間に知られることになった。白人の反撃は凄まじく、各地で結成された白人市民評議会が資金を投じてキャンペーンを行い、公民権運動家は共産主義者の影響と浸透を受けていると非難した。白人の自警団が黒人の教会を爆破したり焼き払ったりすると、「共産主義者」が融合への共感を得るためにやっているのだと言われた。

ヨーロッパのアフリカやアジアにおける植民地で、民族解放運動が盛んになると、合衆国は対反乱戦で対応した。合衆国の中央情報局（CIA）が一九四七年に設立され、アイゼンハワー政権下では、アイゼンハワーの国務長官ジョン・フォスター・ダレスの弟であるアレン・ダレスが長官を務め、規模と範囲を拡大していった。CIAは、一九五三年にイラン、一九五四年にグアテマラの民主的に選出された政府の転覆に貢献した。[28] グアテマラは、デイブ・ウォーレンやダーシー・マクニックルが関わった、一九四〇年の条約に基づく第一歩である「米州インディアン研究所」設立の指導的立場にあった。クーデターの後、研究所の本部はグアテマラシティからメキシコシティに移ったが、そこではもはや同じような影響力はなかった。秘密行動が対反乱戦の主要な手段になった。が、そこには、一〇年間隠密裏に対反乱戦を続けたベトナムのように、軍事侵攻という選択肢も残されていた。合衆国によるベトナム戦争の準備段階で、CIAはラオスで「秘密の戦争」を行い、合衆国を支援する軍隊として土着のモンを組織した。CIAはイラン、グアテマラの後、インドネシア、コンゴ、ギリシャ、チリでクーデターを起こし、キューバ、イラク、ラオスなどでも暗殺やクーデターを試みたが失敗した。

ジョン・F・ケネディが合衆国大統領に就任する二年前、キューバの人々は、何十年にもわたる都市部と農村部の組織化とゲリラ戦を経て、合衆国が資金を提供して最後まで支援してきた、腐敗し、軽蔑すべき独裁者バティスタを退陣させた。CIAはその後数年間、革命指導者のフィデル・カストロを暗殺しようとし、何度も侵攻を試みた。その中でも最も悪名高いのが一九六一年の「ピッグス湾事件」である。革命後、キューバから合衆国に渡った多くのキューバ人は、CIAの工作員として採用された。フロリダ州の海岸からわずか九〇マイルのところで起きたキューバの革命は、合衆国で過激化する若者たちの試金石となった。しかし、ラテンアメリカの先住民にとってはなおさらで、それは北の地で自決を求めるネイティブ・アメリカンの活動家たちと共鳴するきっかけとなった。

10 ゴースト・ダンスの予言「ネーションがやってくる」

全世界がやってくる、ネーションがやってくる、
ネーションがやってくる、
鷲が部族にメッセージを伝えた。
――ラコタのゴースト・ダンスの歌「マカ・シトマニアン」

小さなウンデッド・ニーが巨大な世界に変わった。
――ウォレス・ブラック・エルク（一九七三年）

新しいフロンティア

ウンデッド・ニーの大虐殺から七〇年後、大陸の征服が完了したと言われ、ハワイとアラスカが州になり、今日の国旗の五〇の星が揃った。混沌から秩序を生み出し、経済成長を促し、野蛮を文明に置き換えることを運命づけられた特別な米国人という神話は、北米だけでなく世界中で、非常に大きな力を持ち続けることになる。

ジョン・F・ケネディが政治的に成功した鍵は、大陸を「開拓」し、異なる種類の「荒野」を「手なずける」というドラマと大衆的な神話に基づいて、「フロンティア」を一般大衆に向けた帝国主義の型として、公然と復活させたことにあった。一九六〇年にロサンゼルスで開催された民主党全国大会での

ケネディの指名受諾演説では、歴史家のリチャード・スロトキンが、大統領候補は「自分を異なる種類の荒野に立ち向かう、新しい種類のフロンティアマンと見なすよう聴衆に求めた」と書いている。『私は今夜、かつて最後のフロンティアであった場所で、西を向いて立っています。私の背後で三〇〇〇マイルに広がる土地から、昔の開拓者たちは、ここ西部に新しい世界を築くために、安全と快適さ、そしてときには命を捨てました。…私たちは今日、新しいフロンティアの端に立っています。…それは未知の機会と未知のフロンティア、満たされない希望と脅威のフロンティアです[1]』」。

ケネディが自らの選挙戦を象徴する言葉として「ニューフロンティア」を用いたのは、その六〇年以上前に始まった合衆国の歴史に関する議論を反映したものだった。一八九四年、歴史家のフレデリック・ジャクソン・ターナーは、歴史に残る「フロンティア理論」を発表した。この理論で彼は、当時の危機はフロンティアの閉鎖の結果であり、入植者による植民地支配の完了によって生じた思想的・精神的な空白を埋めるために、新たなフロンティアが必要であると主張した。この「ターナー理論」は、二〇世紀のほとんどの期間、合衆国西部の歴史を語る上で有力な学説となった。辺境の比喩は、世界を合衆国の新たな辺境にするために政治力を利用するというケネディの計画を表していた。このビジョンの中心にあったのは冷戦であり、スロトキンが「共産主義に対する『長い黄昏の戦い』に英雄的に従事すること」と呼ぶものであり、ケネディが就任演説で表現したように、国家がそれに向かって召集されたものであった。ケネディが就任して間もなく、その戦いはベトナムでの対反乱作戦という形で現れた。ケネディが指名されてから七年後、「合衆国軍はベトナムを『インディアン・カントリー』と表現し、捜索と破壊の任務を『カウボーイとインディアン』のゲームと言い、ベトナムにいるケネディの大使は、

『入植者』が『トウモロコシ』を植えることができるように『インディアン』を『砦』から遠ざける必要性を理由に、大規模な軍事的エスカレーションを正当化していた」とスロトキンは指摘する。(2)

何世代にもわたる「辺境」の拡張主義者たちがもたらしたものを、元に戻すための先住民の運動は、ベトナム戦争の時代にも続けられていた。いくつか大きな勝利を収めはしたが、それよりも重要なのは、自決と土地返還に向けたコンセンサス、意志、ビジョンの変化であり、それは今日に至るまで続いている。終結を終わらせ、土地、特に聖地の返還を確保するための活動家たちの努力は、ニューメキシコ州のサングレ・デ・クリスト山脈にある聖地ブルーレイクを取り戻すためのタオス・プエブロの六四年に及ぶ合衆国政府との闘いにも表れている。一九七〇年一二月一五日、リチャード・M・ニクソン大統領は、議会で超党派の賛成を得て承認された公法九一―五五〇号に署名し、先住民に対する初めての土地返還を実現した。ニクソン大統領は、「これは正義を象徴する法案である。というのも、一九〇六年にこの法案に関わる四万八〇〇〇エーカーの土地がタオス・プエブロ・インディアンから奪われるという不正義が行われたからである。合衆国議会は今、その土地を本来のあるべき者に返す」と正式に述べた。(3)

上院インディアン問題小委員会がその前の年に行った公聴会では、メンバーたちから、金銭的な支払いではなく、古くからの使用や条約、先住民の所有権に基づいて土地を与えるという前例を作ることへの懸念が表明された。タオスへの土地返還に反対する証言者のひとりは、次のように述べている。「ニューメキシコ州では、インド系アメリカ人やスペイン系アメリカ人など、さまざまなグループの間で土地の争いがあったことはよく知られている。国有林、州立公園、原生地域など、私たちの公有地のほとんどすべてのエーカーが、他のすべての人々を排除してその土地に先祖代々の権利があると主張する、さまざまなグループの主張に脅かされている。……現在の法案が可決された場合、これらの主張は助長され、促進されることになるだろう[4]」。

上院の小委員会のメンバーたちは、タオスの主張がユニークであることを納得した上で最終的に同意したものの、実際にそれは先例となってしまった[5]。ブルーレイクが聖地として返還されたことで、国立公園や州立公園、あるいは合衆国森林局や土地管理局の土地や水路として残されている他の先住民の聖地も、返還されるべきではないかという問題が生じている。グランドキャニオン国立公園の管理は、先祖代々の管理者であるハヴァスパイ・ネーションに部分的に返還されたが、その他の連邦地は返還されていない。プエブロ・インディアンの聖地である火山地帯のエル・マルパスなど、いくつかの場所は、先住民の領土として復元されるのではなく、大統領令によって国定記念物に指定されている。最も顕著な闘争は、ラコタ・スーがブラックヒルズ（パハサパ）を復元しようとしていることで、そこでは不快なラシュモア山のモニュメントが聖地を汚している。連邦政府は「民主主義の聖地」と呼んでいるが、実際には、そこは不法占拠と植民地主義を如実に示す聖地なのである。

復活

タオスへのブルーレイクの返還は、天からの贈り物ではない。タオス・プエブロの六〇年にわたる闘争に加えて、返還は、自決を求めるアメリカ先住民の闘争が新たに力強く成長している中で行われた。この運動のエネルギーは、二六人の若い先住民活動家と学生が、一九六一年にニューメキシコ州アルバカーキを拠点に「全米インディアン青年会議」（ＮＩＹＣ）を設立したときに明らかになった。保留地や小さな町の出身者や、故郷から遠く離れた転居先の家族など、二一の異なる先住民のネーションから、グロリア・エマーソンとハーブ・ブラッチフォード（ともにナバホ）、クライド・ウォリアー（オクラホマ州のポンカ）、メル・トム（ネバダ州のパイユート）、シャーリー・ヒル・ウィット（モホーク）らが参加して設立した。チェロキーの人類学者ロバート・K・トーマスが、この過激な若い活動家たちを指導した。地元での闘争が中心ではあったが、彼らのビジョンは国際的なものだった。シャーリー・ヒル・ウィットは次のように言った。「地上にあるすべての新しいネーションが植民地支配から抜け出そうとしている今、自分の道を選ぶ権利を持つ彼らは、その権利を尊重し守るために、最も強力なネーションに大きな責任を負わせている。…合衆国のインディアンは、合衆国のリベラリズムのテストケースになるかもしれない」[6]。

一九六四年、NIYCは、条約で保障された漁業権を守るために、現在進行中の先住民の闘いを支援する組織を、ワシントン州で立ち上げた。俳優のマーロン・ブランドが関心を持ち、資金援助や広報活動を行った。「フィッシュ・イン」運動〔禁漁区設定に反対し、禁漁区内で集団で釣りを行う運動〕によって、すぐにフランクス・ランディングの小さなコミュニティは話題になった。一九六八年一〇月一三日、シド・ミルズがそこで逮捕された。彼は自分の行動を雄弁に語っている。

私はヤキマとチェロキーのインディアンであり、ひとりの人間です。二年と四カ月間、私は合衆国陸軍の兵士として働いてきました。私はベトナムで戦闘に参加し、重傷を負いました。…私はここに、合衆国陸軍への奉仕や義務を放棄します。

私の第一の義務は、太平洋岸北西部のニスカリー川、コロンビア川や他の川の、いつもの慣れた水域で、釣りをするための合法的な条約を求めて戦っているインディアンの人々とともに、この戦いに可能な限り貢献することにあります。……

ちょうど三年前の今日、一九六五年一〇月一三日、一九人の女性と子供たちが、ワシントン州の四五人以上の武装工作員たちによって、ニスカリー川のフランクス・ランディングで、悪質で不当な攻撃を受けて残虐な目に遭いました。……

興味深いことに、西半球で発見された最古の人間の白骨化した遺体は、最近コロンビア川のほとりで発見されたインディアンの漁師の遺体でした。何百万ドルもかけて私たちの先祖の骨を拾い、先祖代々の生活パターンを復元し、古代の遺物を損傷から守りながら——その一方で同時に、生きている私たちの肉を食らう政府や社会が、はたして存在するのでしょうか。

私たちは自分たちの権利のために戦います。(7)

ハンク・アダムスは、他の地域の指導者たちと一緒に、スウィノミッシュ、ニスカリー、ヤカマ、プヤラップ、スティラグアミッシュなど、太平洋岸北西部の先住民で構成される「アメリカインディアンの生き残りのための協会」を設立し、漁業権闘争を続けていた。(8) アングロサクソンの支援を受けた漁師たちのバックラッシュは迅速で暴力的だったが、一九七三年に一四の漁業ネーションがワシントン州を提訴し、その翌年、合衆国地方裁判所のジョージ・ボールド判事は、時代の変化を反映して、彼らに有利な判決を下した。ボールド判事は、一八五〇年代の条約で指定された「いつもの習慣のある水域」で捕獲された魚の五〇パーセントを、たとえその場所がコミュニティの管理下にないとしても、彼らの権利として認めた。これは、指定された保留地以外の領域における、先住民の主権を歴史的に証明する画期的な判決だった。

NIYCは、一九六四年の公民権法の制定者が意図した経済的・社会的平等の原則を実現するために、ジョンソン政権の「貧困との戦い」から資金を得て、地域の組織化プロジェクトを集結させ、地域の組織化の原動力となることを目指していた。一九六〇年代半ばには、先住民の代表を含む民間の同盟関係が発展して、その結果、一九六八年にキング牧師が主導した「貧者の行進」が実現した。このキャンペーンは、地域社会の組織化と全米各地での行進を先導するものだった。キャンペーン計画の最後の月、一九六八年四月四日にキング牧師は暗殺された。何千人もの行進者が翌月にはワシントンDCに到着し、テント村に集まり、その後六週間もそこに留まった。[9]

先住民のコミュニティやネーションで地域的な行動が増えていく中、ネイティブ・アメリカンたちが、一九六九年一一月にサンフランシスコ湾に浮かぶアルカトラズ島を占拠し、一年半にわたって占領し続けたという壮大な出来事がメディアで大きく取り上げられた。ベイエリアに住むネイティブ・アメリカンの学生やコミュニティのメンバーが「全部族のインディアン」（インディアン・オブ・オールトライブズ）という同盟を立ち上げた。彼らはアルカトラズ島に繁栄する村を建設し、大陸中から先住民の巡礼者を呼び寄せ、何千人もの、特に先住民の若者を集めて過激化した。先住民の女性リーダーは特に印象的で、マドンナ・サンダーホーク、ラナダ・ミーンズ・ウォー・ジャック、レイナ・ラミレスなど、なかには二一世紀になっても組織化を行っている人々がたくさんいる。「全部族のインディアン」という宣言は、達成された先住民の連帯感と、その場を支配していた喜びに満ちたユーモアを表現していた。

われわれアメリカ先住民は、発見の権利を持つすべてのアメリカ先住民の名において、アルカトラズ島という土地を取り戻す。

われわれは、この土地に住む白人との取引において、公正かつ高潔であることを望み、ここに以下の条約を提案する。

われわれは、約三〇〇年前に白人が同様の島を購入したことを前例として、二四ドルをガラスビーズと赤い布で支払い、前記アルカトラズ島を購入する。

われわれは、この島の住民のために土地の一部を与え、それは太陽が昇り、川が海に下る限り、永久に保持されるために、アメリカインディアン政府と白人事務局によって運営される。さらにわれわれは、住民に適切な生活様式を指導する。われわれは彼らにわれわれの宗教、教育、生活様式を提供するが、それは、彼らがわれわれのレベルの文明を獲得するのを助け、それによって彼らとすべての白人兄弟を、その野蛮で不幸な状態から引き上げる手助けをするためだ。……

さらに、世界中の船がゴールデンゲートに入り、最初にインディアンの土地を見て、この国の真の歴史を思い出すことは、適切で象徴的なことである。この小さな島は、かつて自由で高貴なインディアンが支配していた偉大な土地の象徴となるだろう。(10)

合衆国の植民地主義の歴史を風刺しているにもかかわらず、彼らはアルカトラズ島に、次の五つの施設を設立することを真剣に要求した。「ネイティブ・アメリカン研究センター」、「アメリカインディアン・スピリチュアル・センター」、水と空気の汚染の変化に関する科学的調査を行う「インディアン・センター・オブ・エコロジー」。レストランを運営し、職業訓練を行い、先住民の芸術を販売し、「涙の道」や「ウンデッド・ニーの虐殺」などインディアンの歴史における高貴で悲劇的な出来事を教える「グレート・インディアン・トレーニング・スクール」。そして、この島が当初、カリフォルニア・インディアン（彼らのネーションに対する合衆国の攻撃に抵抗した）を投獄し、処刑するための刑務所として設立されたことを思い出せる記念館である。(11)

一九七一年六月、ホワイトハウスのニクソン政権の命令により、アルカトラズ島に残っていた先住民は強制退去させられた。カリフォルニア大学デービス校で、ネイティブ・アメリカン研究プログラムを立ち上げようとしていたジャック・フォーブス教授とデビッド・リスリング教授（ともに先住民の出身）は、連邦政府と交渉してデービス近郊の未使用の土地を提供してもらい、アルカトラズ島の住人が求めていた施設を設立することができた。ネイティブ・アメリカンとチカノの二年制カレッジと運動の拠点でもあるD－Q（デガナウィダ・クェッツアルコート）大学が設立され、カリフォルニア大学デービス校は合衆国で初めてネイティブ・アメリカン研究の博士号を授与する大学となった。

抗議と活動が盛んに行われていたこの時期、スーの若き弁護士ヴァイン・デロリア・ジュニアが率いる「アメリカインディアン国民会議」（NCAI）をはじめとする、先住民の政府間の連携によって、戦闘的な要求が立法化された。アルカトラズ島が占拠される一年前には、オジブエの活動家デニス・バンクスとクライド・ベルコートが「アメリカインディアン運動」（AIM）を設立し、当初はミネアポリスの先住民の住宅地周辺をパトロールしていた[12]。全国展開したＡＩＭは、アルカトラズ島でも活躍するようになった。アルカトラズ島占拠の苦い結末を受けて、ポール・スミスとロバート・ウォリアーはこう書いている。「インディアン活動の未来は、アルカトラズの学生部隊よりも、はるかに怒りに満ちた人々のものになるだろう。そして、サンダーバードと残酷に名付けられた安ワインのボトル以上の生活を営もうとする都市部のインディアンは、抗議の道を歩み続けることだろう[13]」。

ベトナム戦争が激化し、一九七二年一一月のリチャード・ニクソン大統領の再選が目前に迫る中、八つの先住民組織（ＡＩＭ、全国インディアンカナダ協会［後にカナダ先住民会議に改称］、ネイティブ・アメリカン権利基金、全米インディアン若者会議、全国アメリカ会議、全国インディアン労働会議、全国インディアン・リーダーシップ・トレーニング、アルコールと薬物乱用に関するアメリカ委員会）の連合体が「破られた条約の軌跡」を組織した。先住民の条約と主権を実行する連邦政府の責任を指摘した「二〇項目の政策方針書《ポジションペーパー》」を携えて、一九七二年秋にキャラバン隊が出発した。車の数も参加者の数も回を重ねるごとに増えていき、大統領選挙の一週間前にワシントンＤＣに集結した。インディアン事務局（ＢＩＡ）の建物の正面に「ネイティブ・アメリカン大使館」と書かれた旗を掲げ、七五の先住民のネーションから集まった数百人の抗議者が建物に入り、座り込みをした。当時、ほとんどが非先住民であったＢＩＡの職員は逃げ出し、議事堂の警察は、先住民の抗議者たちが建物を不法に占拠していると発表して、ドアにチェーンロックをかけた。抗議者たちは六日間滞在し、連邦政府の信託責任の重大な不始末を明らかにした連邦文書を十分な時間を費やして読むと、それを箱に詰めて持ち帰った。「破られた条約の軌跡」は先住民の同盟関係を強固にし、ハンク・アダムスが中心となって作成した「二〇項目の政策方針書」[14]は、何百もの先住民組織の結束を高めるひな形となった。五年後の一九七七年には、この文書が国連に提出され、二〇〇七年の「先住民の権利に関する国連宣言」の基礎となった。

BIAの建物の占拠から三カ月後、サウスダコタ州パインリッジ・スー保留地に住むオグララ・ラコタの伝統的な人々は、インディアン再組織法に基づいて設立されたコミュニティ政府と、人々を押しつぶし、さらに貧困に陥れた連邦政府との間の癒着を阻止するために、アメリカインディアン運動に協力を呼びかけた。人々は、選挙で選ばれたコミュニティの議長リチャード・ウィルソンの権威主義的な支配に反対していた。彼らは、AIMに自分たちを支援するための代表団を派遣するよう要請した。一九七三年二月二七日、パインリッジのキャリコホールで、パインリッジ市民のラッセル・ミーンズを中心としたAIM指導者と地元の人々との間で長い審議が行われた。「破られた条約の軌跡」で知られたAIMの活動家たちが到着すると、FBIやコミュニティ警察、議長の武装特別部隊「オグララ・ネーションの守護者たち」（彼らは自らを「GOON隊」と呼んでいた）が動員された。会議では、議長の悪行とGOON隊の暴力に抗議するため、キャラバンを組んでウンデッド・ニーに行くことが合意された。警察の部隊もそれに続き、抗議者たちを取り囲んだ。それから数日後、さらに数百人の武装した男たちがウンデッド・ニーを囲み、一八九〇年の虐殺現場で二カ月半にわたる抗議者たちの包囲が始まった。二〇世紀後半のウンデッド・ニーの集落は、交易所、カトリック教会、そして一八九〇年に虐殺された数百人のラコタの墓があるだけの場所だった。現在は、武装した人員輸送車、ヒューイ・ヘリコプター、軍のスナイパーが現場を取り囲み、ラコタの女性を中心とした補給チームが、夜の闇の中、軍のラインをくぐり抜けて、また戻ってきている。

ウンデッド・ニー（一八九〇年と一九七三年）

一八九〇年のウンデッド・ニー大虐殺に象徴される「フロンティアの閉鎖」から北米における先住民の脱植民地化の始まりとなる一九七三年のウンデッド・ニー包囲までの期間は、スーの歴史的経験を追うことで明らかとなる。スーと合衆国政府との最初の国家間関係は、合衆国がルイジアナ準州を獲得した二年後の一八〇五年に平和友好条約が結ばれたことだったが、そこにはスーをはじめとする多くの先住民が含まれていた。その後、一八一五年と一八二五年にも同じような条約が結ばれた。こうした平和条約は、スーの政治的自治や領土に直ちに影響を与えるものではなかった。一八三四年になると、ロッキー山脈毛皮会社が市場を独占していた毛皮貿易の競争により、オグララ・スーはミズーリ川上流からララミー砦近くのプラット川上流へと移動した。一八四六年までに七〇〇〇人のスーが南下した。一八四六年のインディアン管理官だったトーマス・フィッツパトリックは、政府に砦を設立するための土地を購入することを勧め、それがララミー砦となった。「私の意見では、ララミーかその近辺に基地が欲しいと思っています。そこはバッファロー山脈のほぼ中央に位置し、恐るべきインディアン部族が急速に接近していて、いずれ彼らと（毛皮貿易で）覇権を争うことになる場所に近いからです[15]」。フィッツパトリックは、インディアンをコントロールするためには、少なくとも三〇〇人の兵士からなる守備隊が必要だと考えていた。

一八五一年のララミー砦条約でスーと合衆国の関係が再規定されたものの、その後、両者の間で一〇年に及ぶ戦争が続き、一八六八年のララミー砦平和条約で終結した。この二つの条約は、スーの政治的主権を低下させるものではなかったが、相互に認められた境界線を設定することで、スーは領土の大部分の割譲を余儀なくされた。そして合衆国へ譲歩したことが、スーの合衆国とその経済への依存度を高めることに法的な真実味を与えた。一八五一年の条約締結までの半世紀の間に、スーは徐々に毛皮貿易に取り込まれ、馬やヨーロッパ製の銃、弾薬、鉄製の調理器具、道具、織物など、彼らの伝統的な工芸品に代わる貿易品に依存するようになっていった。平野部では、スーは次第に農耕を放棄し、生活と交易のためにバッファロー狩りに完全に依存するようになった。バッファローへの依存度が高まると、より多くの皮革を購入しなければならなくなり、銃や弾薬への依存度も高まり、近代植民地主義の特徴である悪循環に陥っていった。世紀半ばにはパワーバランスが崩れ、バッファローの数が減ると、合衆国の商人や軍部はスーに土地の割譲や通行権を求める圧力をかけた。絶え間ない村への襲撃、強制的な移動、それに伴う病気や飢餓などの苦難は、支配に抵抗するスーの力を奪っていった。彼らは一八六八年に、合衆国との間で、軍事力を背景に有利な条件で条約を結んだ——スーは一八八〇年代まで有効なゲリラ戦闘力を維持して、合衆国軍に一度も敗れることはなかった。しかし、バッファローと交易に依存していたため、一八七〇年から一八七六年にかけてバッファローが軍隊によって意図的に駆除されると、連邦政府の支配がいちだんとエスカレートした。その後、スーは生き残りをかけて戦うことになる。

バッファローと貿易への経済的依存は、一八六八年の条約で保証された食料と生活必需品に対する合衆国政府への依存へと変わった。この条約では、「ここに記述されている保留地の一部を譲るための条約は、全成人男性インディアンの少なくとも四分の三が署名して締結しない限り、前記インディアンに対していかなる有効性も効力も持たない」と規定されていた。それにもかかわらず、一八七六年には、そのような検証もいっさいなく、カスターの第七騎兵隊による金の発見もあって、合衆国政府はブラックヒルズ（パハサパ）を接収した。これは条約で保証されたスーの領土の大半であり、偉大なスー・ネーションの中心であって、宗教的な聖地や聖域でもある。一八七六年から七七年にかけて行われた戦争でスーが降伏すると、ブラックヒルズだけでなく、パウダーリバー郡も失ってしまった。そして次の合衆国の動きは、スー・ネーションの西の境界線を変更することだった。その領土はもともとの土地から縮少していたとはいえ、切れ目のないブロックだった。軍隊がスーをネブラスカから追い出した後の一八七七年には、一〇三子午線とミズーリ川に挟まれた三万五〇〇〇平方マイルの土地だけを、合衆国がダコタ準州（州になるための次のステップ、ここではノースダコタ州とサウスダコタ州）に指定したのである。ダコタ準州の東部には、北欧からの移民の第一陣が押し寄せ、スーのミズーリ川の境界線に迫っていた。ミズーリ川沿いのアングロサクソン系アメリカ人の居住地ビスマークでは、西進するノーザン・パシフィック鉄道が保留地に阻まれていた。モンタナや太平洋岸北西部に向かう開拓者たちは、保留地を横切るトレイルを作り、それが守られることを求めた。移民に高値で売るための安い土地を欲しがっていたプロモーターたちは、保留地を解体しようと画策した。戦いを続けるスーの部隊を除けば、スーの大部分は、武器を持たず、馬も持たず、衣食住もままならず、政府の配給に頼っていた。

次に来たのが割り当てだ。ドーズ法が施行される前の一八八八年、政府の委員会がワシントンDCからスーの領土にやってきて、スー・ネーションを六つの小さな保留地に縮小し、九〇〇万エーカーをヨーロッパ系アメリカ人の入植地として残すという提案をした。委員会は、一八六八年の条約で定められた住民の四分の三の署名を得ることができなかったため、政府が条約を無視してスーの同意なしに土地を取得することになると勧告して、ワシントンに戻った。その目的を達成するための唯一の手段は立法だった、それは議会が政府に条約交渉の義務を課していないからでもあった。議会はジョージ・クルック将軍に代表団の団長を命じ、今度は一エーカーあたり一・五ドルという条件で再交渉させた。今となっては人々は飢えていた。指導者たちとの交渉や一連の操作によって、委員会は必要な署名を集めた。大きなスーのネーションは小さな島に分割され、四方をヨーロッパからの移民に囲まれて、保留地の多くは割り当てられた土地や貸し出された土地に入植した人々で、市松模様のようになってしまったのである。[16]このような孤立した保留地を作ることで、スー・ネーションの一族やコミュニティの歴史的な関係が断ち切られ、ヨーロッパ人が定住する地域が開かれた。また、インディアン事務局が全寮制の学校を設立することで、事務局の管理が強化された。スーの団結力を高めるために毎年行われていた「太陽の踊り」は、他の宗教的儀式とともに禁止された。一九世紀後半の植民地支配の中で、スーは弱い立場に置かれていたが、かつてのバッファロー狩りに代わるささやかな牧畜業を始めることができた。一九〇三年、合衆国最高裁は「ローン・ウルフ対ヒッチコック事件」〔カイオワのリーダーローン・ウルフが、合衆国政府（内務長官イーサン・A・ヒッチコック）を、条約に違反した議会の行動によって土地を詐取したと最高裁に訴えた事件〕で、一八七一年三月三日の割り当て特約は合憲であり、議会はインディアンの財産を管理する「全体的な」権限を持つと判決を下した。これにより、インディアン事務局は、それまでの条約の条件にかかわらず、インディアンの土地や資源を一方的に処分することができるようになった。続いて立法化されたことにより、保留地はリースによる入植に開放され、信託から切り離された割り当て地の売却も可能となり、一九二〇年代には、ほぼすべての優良な放牧地がインディアン以外の牧場主に占拠されるようになった。

ニューディール―コリアーの時代になって、インディアン再組織法により、インディアンの土地割り当てが無効になった頃には、スー保留地ではインディアン以外の人々の数が三対一になっていた。しかし、一九三〇年代半ばから後半にかけて起きた干ばつにより、多くの入植者の牧場主がスーの土地から出て行き、スーは自分たちのものだったその土地の一部を購入した。しかし、インディアン再組織法の後に課せられた「部族政府」は、スーにとって特に有害で分裂的なものとなった。[17] この施策について、オグララ・スー（パインリッジ）の伝統的な長老歴史家である故マシュー・キングは次のように述べている。「インディアン事務局は、一九三四年のインディアン再組織法によって、この組織の既約と細則を作成した。これがホームルール（地方自治）の導入である。…伝統的な人々は、今でも条約を手放そうとしない。私たちは主権体だからだ。私たちは自分たちの政府を持っている[18]」。しかし、「ホームルール」すなわち新植民地主義は長続きしないことが判明した。一九五〇年代初頭、合衆国はすべての保留地と部族政府までも、段階的に消滅させることを法律で定め、終結政策を展開した。[19] 終結・移転の時点で、スー保留地のひとり当たりの年間所得は三五五ドル、サウスダコタ州の近隣の町の所得は二五〇〇ドルだった。このような状況にもかかわらず、インディアン事務局は、終結政策を進める中で、サービスの削減を提唱し、インディアンを都市部の工業地帯に移転させるプログラムを導入した。そのために、スーの多くが職を求めてサンフランシスコやデンバーに移住した。[20]

マシュー・キングは、合衆国が歴史上、先住民との関係において「平和」政策と「戦争」政策を交互に繰り返してきたとし、その振り子の変化が先住民の抵抗の強弱に一致すると述べている。殲滅・終結

（戦争政策）と保全（平和政策）の間には、温情的な無視と同化を特徴とする中間的な期間があるとキングは主張した。戦争計画や政策に対する組織的な先住民の抵抗があれば、譲歩が認められる。圧力が弱まると、先住民を彼らの土地、資源、文化から引き離すための新たな計画が展開される。学者、政治家、政策立案者、そしてメディアは、合衆国の対先住民政策を植民地主義と呼ぶことはほとんどない。しかし、キングは、自分たちのネーションは一八九〇年以来、合衆国の植民地であると考えていた。

現代の植民地主義は、経済的な浸透に始まり、勢力圏を広げ、保護国または間接的な支配、軍事的占領、そして併合へと論理的に進んでいく。これは、スーが合衆国との関わりの中で経験した過程と一致する。毛皮商人の経済的浸透により、スーは合衆国の勢力圏に入った。一九世紀半ば、ララミー砦がスーの交易の中心地である交易所から米軍の駐屯地へと変化したことは、交易と植民地支配の密接な関係を示している。条約によって確立された保護領としての地位は、一八六八年のスーとの条約で最高潮に達し、その後、一八九〇年のウンデッド・ニーのような極端に典型的な暴力によって軍事的に占領され、最終的には属領となった。合衆国による併合は、一九二四年にスー（および他のほとんどのインディアン）に合衆国の市民権が与えられたことで象徴的に示されている。マシュー・キングをはじめとする伝統的なスーは、一九七三年のウンデッド・ニーの包囲を転機と捉えていたが、その後の暴力的な反発は厳しいものだった。

二〇年間にわたる先住民の集団的抵抗は、一九七三年のウンデッド・ニーで頂点に達し、一九五〇年代の連邦政府による終結政策を打ち破った。しかし、先住民の消滅を推進する人々は、飽くことなく試行錯誤を続けているようだ。一九七七年には、すべてのインディアン条約を破棄し、すべてのインディアン政府と信託地域を終結させるための数十の議会法案が提出され、終結に向けた新たな動きが始まった。先住民の抵抗により、これらの法案も却下され、さらにキャラバン隊が全米を横断した。世界の他の地域で植民地化された人々と同様に、スーも二〇世紀半ばから脱植民地化の取り組みに参加してきた。一九七三年のウンデッド・ニーもこの闘いの一環で、国連の委員会や国際フォーラムへの参加も同様である。[21] しかし、二一世紀初頭、自由市場原理主義の経済学者や政治家たちは、先住民が共同で所有する保留地を利用すべき資産とみなし、保留地の先住民の貧困を解消するという名目で、保留地を消滅させるという新たな殲滅・抹殺計画を打ち出した。

世界における合衆国のひな形としての「インディアン戦争」

一八九〇年のウンデッド・ニーと一九七三年のウンデッド・ニーの間の密接な関係は、合衆国の帝国主義と対反乱戦争のひな形として、延び延びになっていた先住民と合衆国の関係の再解釈を示唆している。ベトナム退役軍人で作家のマイケル・ハーは、「ベトナムは、『涙の道』が最初から向かっていた場所であり、『涙の道』が接触して戻ってくる折り返し地点であると言ってもいいかもしれない」と述べている。[22] セミノールのベトナム戦争帰還兵エバン・ヘイニーは、「ウィンター・ソルジャー調査」での証言の中で、このように比較した。「インディアンも同じように虐殺された。…私はベトナム人と知り合いになり、彼らが私たちと同じであることを知りました。…私はずっと人種差別とともに育ってきました。子供の頃、テレビでカウボーイとインディアンを見ていても、インディアンではなく、騎兵隊を応援していました。それほどひどい状態だったのです。それほどまでに私は自分の破滅に向かっていたのです」[23]。

たまたま、ベトナムのマイライ虐殺五周年が、一九七三年のウンデッド・ニー包囲事件のときだった。一八九〇年のウンデッド・ニーの虐殺と一九六八年のマイライ虐殺の類似性を見逃すことはできなかった。リアルタイムで行われていたウンデッド・ニー包囲戦のトップニュースや写真と並んで、マイライでの身体の切断と死の現場の写真を使った特集が組まれていた。ウィリアム・「ラスティ」・カリー中尉は、故郷に近いジョージア州ベニング砦の豪華な将校室に軟禁されて二〇年の刑期を終えていた。しかし彼は、毎週のように何百通もの応援の手紙が届く国民的英雄であり続け、米軍に拘束されている捕虜として、一部の人々からは称賛されていた。カリーの熱烈な擁護者のひとりは、当時ジョージア州知事だったジミー・カーターである。一九七四年には、リチャード・ニクソン大統領がカリーを赦免することになる。カリーがマイライで行った行為として記録されているのは、切断された血まみれの死体で埋め尽くされた溝から、赤ん坊が這い出てくるのを見たときである。彼はその赤ん坊の足を掴んで穴に放り込み、至近距離から撃った。カリーはマイライの数週間前にも、腰の曲がった老人を井戸に放り込み、自動小銃で撃っているところを目撃されている。

一九七三年のウンデッド・ニーの包囲戦では、一八九〇年の軍隊による大虐殺について、ジャーナリストが珍しく調査を行った。一九七〇年、大学図書館員のディー・ブラウンは、『私の心をウンデッド・ニーに埋めよ』という本を書いた。この本は、一九世紀におけるインディアンへの犯罪や悲劇の中でも、特に一八九〇年のウンデッド・ニー事件を記録して伝えたものである。この本は驚くほどのベストセラーとなり、一九七三年には「ウンデッド・ニー」という名前が広く一般に知られるようになった。

ある新聞の一面には、編集者が二枚の写真を並べて掲載していた。一枚は一九六八年の「マイライ」、もう一枚は一八九〇年の「ウンデッド・ニー」で行われた、軍隊によるラコタの虐殺の写真である。キャプションがなければ、時と場所の違いを見分けることはできなかっただろう。

一九九一年二月一九日、「ベトナム・シンドローム」を払拭するために行われた米軍の初のイラク侵攻の際、サウジアラビアのリヤドで記者団にブリーフィングしたリチャード・ニール准将は、「米軍は『インディアン・カントリー』に陸軍を投入することで、迅速な勝利を得たいと考えている」と述べた。翌日、アメリカインディアン国民議会は、ペルシャ湾で一万五〇〇〇人のネイティブ・アメリカンが戦闘部隊として従軍していることを指摘し、抗議の声明を発表した。このように、「インディアン・カントリー」という言葉は、ただ単に敵を示す無神経な人種的中傷ではなく、たまたま使われた無味乾燥な言葉なのである。ニールも他の軍当局もこの発言についてはまったく謝罪をしなかった。この言葉は軍やメディアで使われ続けており、通常はベトナム戦争で生まれた「イン・カントリー」という短縮形で使われている。「インディアン・カントリー」や「イン・カントリー」は、軍事訓練マニュアルに登場し、常用されている「巻き添え被害《コラテラル・ダメージ》」(「民間人の殺害」の意味で使われる)や「軍需品《オードナンス》」(「爆弾」の意味で使われる)など他の婉曲表現と同様、軍事用語である。「インディアン・カントリー」や「イン・カントリー」は、「敵国」という意味だ。現在使われているこの言葉は、米軍の起源と発展、そして私たちの政治的・社会的歴史の本質である「殲滅そして無条件降伏」を思い起こさせるものである。

冗長な「地上戦」、より適切には「七面鳥を狙う射撃大会《ターキー・ショット》」が開始されたとき、何マイルもの殺戮マシンの先頭に立っていたのは、第二次世界大戦でパットン将軍の第三軍を率いてヨーロッパを横断したことで有名になった自己充足型の精鋭部隊、第二装甲カルバリー連隊（ACR）の装甲偵察車だった。湾岸戦争では、第二ACRは合衆国第七軍団の偵察隊長の役割を果たした。第二ACRは、一八三〇年代にセミノールと戦うために結成され、一八三六年にフロリダのエバーグレーズでセミノールを撃退して初の大勝利を収めたと、退役したACR司令官がテレビのインタビューに答えていたことが印象的だった。イラクへの地上攻撃の先陣を切った第二ACRは、合衆国の戦争勝利の連続性と、その軍国主義の源を象徴している。数週間にわたるイラクでのハイテク爆撃に続き、装甲戦車のキャラバンが動くものすべてを撃った後、合衆国特殊部隊はクウェート市のイラク人将校の居住区に入った。机の上にはアラビア語で書かれたメモが散乱しており、イラク軍の指揮官が伝書鳩を使って部隊やバグダッドと連絡を取っていると解釈された。二世紀前にショーニーやマスコギーが行っていたように、伝書鳩で連絡を取る軍隊とハイテク兵士は戦っていたのである。

湾岸戦争から一二年後、三〇万人の米軍が再びイラクに侵攻した。AP通信の特派員、エレン・ニックマイヤーのあまり読まれていないレポートは、米軍の記憶と実践の源としてあったインディアン戦争の象徴的な力を示している。装甲偵察車とその部隊が「セミノール・インディアンの戦いのダンス」を踊りながら、歴史的に血塗られた足跡を辿っているのを、われわれは再び発見した。

フィリップ・ウォルフォード大尉の部下たちは空中に飛び出し、空のライフル銃を振って、砂漠の戦いの踊りを即席で披露した。……

何千台ものM1A1エイブラムス戦車、ブラッドリー戦闘用車両、ハンビー（高機動多目的装輪車）、トラックなどを擁する「鉄の拳」と呼ばれる機械化歩兵部隊は、この戦いにおける合衆国の唯一の機甲師団であり、イラクの防衛に正面から立ち向かうことになるだろう。

オハイオ州メアリーズビル出身のウォルフォードは、所属する第六四装甲連隊第四大隊の隊員たちに、砂色の戦車からはためく米国旗を降ろすよう指示しながら、「われわれは支配ではなく、解放の軍隊としてイラクに入る」と言った。

祈りの後、ウォルフォードは即席の砂漠のダンスを披露した。迷彩服を着た兵士たちも一緒になって、砂の上で飛び跳ねたり、詠唱したり、慎重に弾を抜いたライフルを振り回したりした。(24)

歴史は過去ではない

二〇〇七年四月、バージニア州発のニュースはすべて殺人に関するものだった。それは、四〇〇年前のジェームズタウン設立時に始まった先住民の農民の殺害と、二〇〇七年四月一六日に近くのバージニア工科大学で起きた暴動である。しかし、メディアでは、これらの植民地主義にはさまれていることについて、誰もコメントしなかった。ジェームズタウンは、約二世紀後に合衆国となる植民地の中心地、バージニア州を誕生させた最初の定住地として有名であり、その植民地から、海岸沿いの河口に合衆国の首都ワシントンが切り開かれた。ジェームズタウンができた数年後には、イギリスの宗教的反体制派によって、ジェームズタウンと同様に王室の承認を得た民間投資家の支援のもと、キャプテン・ジョン・スミスに代表される傭兵活動によって、より身近で崇拝されているプリマスの植民地が設立された。スコットランド、ウェールズ、アイルランドの征服と植民地化により、イングランドがグレートブリテンになり、これがイギリスの海外植民地主義の始まりだった。バージニア工科大学で起きた殺人事件は、二〇〇七年に合衆国史上最悪の「大量殺人」、「最悪の大虐殺」と評された。祖先を虐殺された先住民の子孫は、その表現に異議を唱えた。ジェームズタウンの祝賀会を取り巻くメディアの騒ぎ、そしてエリザベス女王とブッシュ大統領が主宰する中で、ジャーナリストたちが四世紀前のポウハタンの植民地虐殺と、たったひとりの心神喪失者によるクラスメートへの銃乱射事件を比較しなかったのは不思議なことだった。犯人自身は明らかに、合衆国の植民地戦争である朝鮮戦争の落とし子だった。韓国、ベトナム、イラク（一九九一）、アフガニスタン、イラク（二〇〇三）という第二次世界大戦以降の合衆国の五大戦争を、ジェームズタウン、オハイオ渓谷、ウンデッド・ニーなどの歴史的記憶にフラッシュを当てながら考えると、合衆国の歴史の本質へとたどり着くことができる。北米初の白人入植地と今日、そして未来を結ぶ赤い血の糸。軍事史家のジョン・グルニエはこう言っている。

合衆国の人々は、自分たちの軍事文化は民間人を標的にして殺害することを認めないし、奨励しないと教えられており、合衆国建国前と後の約三世紀にわたる戦争が、大陸の先住民の町や畑を焼き、民間人を殺害していくつかの保留地に追いやり、難民を一歩一歩大陸から追い出していったことについては、ほとんど何も知らない。…最初から、非正規の手段で非戦闘員に組織的に向けられた暴力は、合衆国人の戦争方法の中心的な部分だったのである。[25]

11 発見の教義

ムチが過ちを隠す。

——ダーシー・マクニックル『周辺』

先住民の自由、自然の理、生存は、物語の中で生まれた概念であり、君主制や教皇制、厳しい伝統や連邦政府の政策などの命令から生まれた概念ではない。

——ジェラルド・ビゼナー『ホワイト・アース・ネーション』

一九八二年、スペイン政府とローマ法王庁（国連の議決権を持たない国家メンバーであるバチカン）は国連総会において、一九九二年を、ヨーロッパとアメリカ大陸の人々との「出会い」——ヨーロッパ人が文明とキリスト教の贈り物を先住民にした——を祝う年にすることを提案した。スペインの決議を支持した北大西洋諸国（合衆国、カナダを含む）に衝撃を与えたのは、アフリカの代表団全員が会議を途中で抜け出し、植民地主義を終わらせる目的で設立された国連で、植民地主義を祝う提案が行われたことを非難する熱のこもった声明を発表して、戻ってきたことだった。(1)「発見の教義」が、間違った場所で頭をもたげていたのである。決議案は否決されたが、スペインやバチカンをはじめとする西側諸国は、この五〇〇周年を記念すべき年にしようと努力していた。

国連総会での騒動のわずか五年前、ジュネーブの国連本部で開催された米州先住民会議は、一九九二年を米州先住民に対する植民地主義、アフリカ人奴隷制、ジェノサイドの発生に対する国連の「追悼の年」とし、一〇月一二日を「世界先住民の国連国際デー」とすることを提案していた。五〇〇周年を目前にして、スペインは率先して先住民の提案に対抗した。スペインとバチカンは、何年もかけて巨額の資金を投じて独自のコロンブス祭を準備し、キューバを除くラテンアメリカ諸国の協力を得たが、キューバはこれを拒否した（その代償として、スペインの金融投資が取り崩された）。合衆国では、ジョージ・H・W・ブッシュ政権がこのプロジェクトに協力し、独自のイベントを開催した。結局、国連では妥協案が採用された。先住民は「世界の先住民のための一〇年」を獲得した。正式には一九九四年に始まったが、一九九二年一二月にニューヨークの国連本部で発足した。また、ノーベル平和賞はグアテマラのマヤ指導者リゴベルタ・メンチュが受賞することが、一九九二年一〇月一二日にオスロで発表された。この決定は、スペイン政府とバチカンを激怒させた。コロンブスを祝うために組織された祝典は、先住民とその同盟者による、目に見える形での複数の抗議活動のおかげで失敗に終わった。特に、新しい国際法の基準を作るために国連で先住民が行っている活動への支持が高まった。

何世紀にもわたる「発見の教義」によれば、ヨーロッパ諸国は彼らが「発見」した土地の所有権を獲得し、先住民はヨーロッパ人が到着してその土地を要求した後、その土地に対する自然権を失った。[2] この合法的な窃盗の隠れ蓑のもと、ヨーロッパ系アメリカ人による征服戦争と入植者植民地主義は、先住民の国やコミュニティを荒廃させ、彼らの領土を奪い、土地を私有財産、不動産に変えてしまった。その土地のほとんどは、土地投機家や農業関連事業者の手に渡ったが、その多くは一九世紀半ばまで、もうひとつの私有財産である奴隷のアフリカ人が働いていたプランテーションだった。この教義は、一見すると難解ではあるが、現在も連邦法の基礎となっており、先住民の生活や運命、さらには歴史を歪曲して支配するものだ。

植民地主義のムチ

一五世紀半ばから二〇世紀半ばにかけて、ヨーロッパ以外の世界の大部分は、発見の教義に基づいて植民地化された。発見の教義とは、ヨーロッパ以外の人々が所有する土地を調査し、地図を作成し、領有権を主張することを正当化するために、キリスト教のヨーロッパの君主が公布した最初の国際法の原則だ。これは一四五五年にローマ教皇が発令した、ポルトガル王室による西アフリカの占領を許可する大勅書に端を発している。一四九二年、コロンブスの悪名高い探検航海の後、新生スペインの国王と王妃がスポンサーとなり、ローマ教皇の雄たけびがスペインにも同様の許可を与えた。ポルトガル王国とスペイン王国の間の紛争は、ローマ教皇が主導したトルデシリャス条約(一四九四年)につながり、この条約によって、地球は二つのイベリア帝国の間で平等に分割されるとともに、非キリスト教の土地だけが発見の教義によって支配されることが明確になった。(3) ヨーロッパのすべての国家が拠り所としたこの教義は、キリスト教の聖典法に基づいて、イベリア半島の君主が外国人を植民地化する排他的な権利を、恣意的かつ一方的に確立したことがきっかけとなっていて、この権利は後に他のヨーロッパの君主による植民地化事業にも引き継がれた。フランス共和国は、一九世紀と二〇世紀の入植者植民地主義プロジェクトにこの法制度を利用したし、独立したばかりの合衆国も、イギリスが始めた北米の植民地化を継続した。

合衆国が建国されて間もない一七九二年、国務長官トーマス・ジェファーソンは、ヨーロッパ諸国が作成した発見の教義は、新しい合衆国政府にも適用される国際法であると主張した。一八二三年、合衆国最高裁は、「ジョンソン対マッキントッシュ事件」の判決〔私人ではなく、合衆国政府のみがアメリカ先住民から土地を購入できるものとした〕を下した。ジョン・マーシャル最高裁長官は、発見の教義はヨーロッパの法律やイギリスの北米植民地で施行されていたイギリス法の確立された原則であり、合衆国の法律でもあると判示した。裁判所は、ヨーロッパの国が発見によって獲得する排他的財産権を定義した。「発見は、他のすべてのヨーロッパの政府に対抗して、その臣民またはその権威によって作られた政府に権利を与え、その権利は所有することによって完結する可能性がある」。したがって、ヨーロッパ人やヨーロッパ系アメリカ人の「発見者」は、旗を立てただけで、先住民の土地の不動産権を得たことになる。裁判所の言葉を借りれば、先住民の権利は「完全に無視されたわけではないが、必然的に、かなりの程度損なわれた」。さらに裁判所は、先住民の「独立したネーションとしての完全な主権を持つ権利は、必然的に低下した」と判断した。先住民はその土地に住み続けることができたが、所有権は発見国である合衆国にあった。後の判決では、先住民のネーションは「国内の従属ネーション」であると結論づけられた。

発見の教義は、アメリカ大陸で出版された歴史書や法律書ではほとんど言及されないほど当然のこととされている。毎年二週間にわたって開催される国連の先住民に関する常設フォーラムでは、二〇一二年の会期全体を発見の教義に費やした[4]。その三〇年前、アメリカ大陸の先住民が国連の人権システムの中で自分たちの存在を主張し始めたとき、彼らはすでにこのような会議と研究を提案していた。世界教会協議会、ユニテリアン・ユニバーサリスト教会、エピスコパル教会などのプロテスタントの宗教団体は、先住民の要求に応えて、発見の教義との関係を断つ声明を出している。ニューヨーク友の会（クエーカー）は二〇一二年、発見の教義の正当性を否定しつつも、「今日でも法の力を持っている」ことは明らかであり、単なる中世の遺物ではないと主張した。クエーカー教徒は、合衆国が先住民に対する主権の主張を合理化していることを指摘し、例えば二〇〇五年の合衆国最高裁判例「シェリル市対オネイダ・インディアン・ネーション・オブ・ニューヨーク事件」を紹介した。声明では「私たちは、発見の教義が、土地を強制的に奪い、民族を奴隷化したり絶滅させたりするための真の権威であったと認めることはできない[5]」と主張している。これに関しては、ユニテリアン・ユニバーサリスト協会（UUA）の決議が特に強力であり、優れたモデルとなっている。UUAは、「発見の教義は、植民地主義、封建主義、宗教的・文化的・人種的偏見の遺物であり、現代における先住民の扱いにはふさわしくない」と否認している。ユニテリアンは、「発見の教義の歴史的現実と影響を明らかにし、ユニテリアン・ユニバーサリズムの現代の政策、プログラム、神学、構造におけるその存在を排除して、……先住民のパートナーを『名誉と癒し』のプロセス（しばしば『真実と和解』と呼ばれる）に招待する」ことを決議した。さらに、「他の宗教団体が、先住民を支配するために発見の教義を利用することを拒否する」ことを奨励して、「この教義を否定するための具体的な『議会決議』を提案し、……合衆国が法律と政策における『先住民の権利に関する国連宣言』の基準を、無条件で、完全に実施することを求める」グループと協力することを決議した[6]。

合衆国の政府関係者は、発見の教義やイギリス帝国からの決別という起源の物語を通して、帝国建設を正当化しようとすると、その論理に内在する矛盾に絡め取られてしまう。特に、二〇〇一年九月一一日のテロ事件後に「テロとの戦い」を宣言した後で、合衆国の文化的記憶である先住民との戦争を引き合いに出すとき、そのレトリックはしばしば不可解なものとなる。

二〇一一年初頭、イエメン人のアリ・ハムザ・アル・バフルルは、オサマ・ビンラディンのメディア秘書としてアルカイダに仕えていた罪で軍事法廷で有罪判決を受け、「敵性戦闘員」としてグアンタナモで終身刑に服していた。「憲法に保証された人権擁護センター」（CCR）は、バフルルの有罪判決に対する控訴審の公聴会に先立ち、声明を発表した。国防総省の弁護士であるエドワード・S・ホワイト海軍大佐は、バフルルの有罪判決を支持するにあたり、一八一八年の法廷での判例に依拠した。ホワイト大佐は、三七ページに及ぶ軍事委員会の準備書面の中で、「セミノールの交戦は違法であっただけでなく、現代のアルカイダのように、セミノールが合衆国を標的にして戦争を仕掛けた方法そのものが、戦争の習慣と慣習に違反していた」と書いている。CCRは、政府の準備書面のこの一節に異議を唱えた。そして「裁判所は、一八〇〇年代の『セミノール戦争』という、『涙の道』につながるジェノサイドに政府が著しく依拠していることを否定すべきである」と宣言した。「合衆国に対するネイティブ・アメリカンの抵抗を『現代のアルカイダに似ている』とする政府の表現は、事実に反するだけでなく、明らかに人種差別的であり、バフルルの有罪判決を維持するための正当な法的根拠を示すことにならない」[7]。これに対し、合衆国国防総省の法律顧問は、合衆国政府はその先例を支持するとの書簡を発表した。

「私たちは存在し続けたいと思っています」

民族自決の課題は、近代ヨーロッパの国民国家の形成と、最終的に合衆国が主導する帝国主義の世界システムが、徐々に形成されていくことの両方に不可欠な、最近の歴史的現象である。国家統合と国家形成は、まず西ヨーロッパで起こり、西ヨーロッパの国家がアフリカ、アジア、太平洋、合衆国、カリブ海に植民地と植民地政府を設立し、合衆国が独立国家としての地位を確立した。これらの征服により、ヨーロッパ諸国と合衆国は膨大な資源と労働力を手に入れ、工業化を進め、効率的な官僚機構と政治的な共和制を構築した。このプロセスの最後に、二〇世紀にヨーロッパの所有地が脱植民地化されたことで、自決は、最終的にすべての人間を国民国家の市民として取り込むための、世界的な主要課題となった。しかし、国民国家の誕生とそれに伴う境界線の引き直しは、そこにどのような民族的、宗教的、言語的共同体が含まれるのか、そして、その同意や参加が要求されるのかという問題を必然的に提起した。自国を持たない民族やネーションは、国家権力の下に閉じ込められており、既存の国家の中で、自治を求める彼らの要求に国家権力が応えようとするかどうかはわからない。もし国家がその気にならなければ、民族やネーションは独立を主張することを選ぶかもしれない。それが自決ということである。

合衆国では、政治的な自治や独立を目指す先住民のネーションが、先住民の統治や経済基盤の整備などのネーション建設を行っている。北米の先住民活動家や組織は、何十年にもわたって、条約の有効性を立証し、先住民の自決と主権を育成・保護するために精力的に活動してきた。先住民は、自分たちの社会的・政治的制度を自分たちが考える、ユニークで本質的な文化的価値を損なうことなくコントロールすることを求めている。合衆国の先住民にとって最大の関心事は、合衆国と先住民の間で結ばれた何百もの条約やその他の合意を、主権を有する二つのネーションの間で交わされたものとして尊重するよう、連邦政府に働きかけることである。条約や協定の遵守を求める声は、終結時代以後も衰えることなく、さらに加速している。しかし、先住民のネーションと主権の概念は、警察による強制力に基づいて国家が最終的な決定権を持つという西洋のモデルとは全く異なる。むしろ、先住民の弁護士・活動家であるシャロン・ヴェンヌが言うように、「私たちは創造主から与えられた法律を知っています。それは責務なのです。義務なのです。これは私たちの「子供たちの」子供たちの未来なのです。私たちは、規則や規定を作り、その規則や規定が気に入らないと変更する非先住民のようにはなれません。私たちは創造主から法律を与えられました。私たちはその法律を守らなければなりません。これが先住民の主権です[8]」。

一九七三年のウンデッド・ニーでの睨み合いの後、アメリカインディアン運動（AIM）は、ラテンアメリカや太平洋地域を含む五〇〇〇人以上の先住民の代表者を集めて一〇日間の集会を開き、「国際インディアン条約評議会」（IITC）を設立したが、IITCは一九七五年に国連の非政府協議資格を申請して取得した。またIITCは、一九七七年に国連で開催された第一回米州先住民会議の開催に向けて動き出した。この会議では、北シャイアンのマリー・サンチェス判事が開会の辞を述べた。

この会議のメンバー、代表者、そして今日ここにいる私の兄弟、姉妹たちのみなさん、私たちは民族として最終的に完全に抹殺されるターゲットなんです。

私がこの会議、そしてここにいる他国の代表者たちに提起したいのは、なぜあなた方はこれまで私たちを主権者として認めなかったのか、ということです。なぜ私たちは、このような距離を移動しなければならなかったのでしょうか？　合衆国政府が意図的かつ組織的に私たちを弾圧しようとしている。それが私たちを主権者として認めたくない理由だと、あなた方は思わなかったのでしょうか？この会議から生まれるべき唯一のポジティブなことは、もしあなた方が私たちを国際的な家族の一員に加えるつもりなら、私たちを認めること、あなた方が私たちに、この認識を与えてくれることだと思います。そうしてこそ、私たちは完全な主権者として生き続けることができるのです。

そしてあなたはまたこの世界の家族の一員であることから、あなたも関心を持つべきなのです。なぜなら、共通の敵はあなた方の敵でもあり、その敵があなた方の政府に政策を指示しているからです。私はあなた方に、私たちが属している国や、私たちが属している政府に、あまり依存しないようにと警告します。私たちは、何百年もの間生き延びてきたことをみんなさんに示しました。

私たちはこれからも存在し続けたいと思っています。(9)

このような国連での国際的な活動は、最初はゆっくりと成長していったが、一九八〇年代半ばには、世界中の先住民の代表を草の根レベルから集め、重要なイニシアチブを構築した。

二〇〇七年、国連総会で「先住民の権利に関する国連宣言」が可決されたとき、世界の先住民の活動は大きな節目を迎えた。反対票を投じたのは、合衆国、カナダ、ニュージーランド、オーストラリアのアングロサクソン系移民国家の四ヵ国のみ。この四ヵ国は、恥ずかしながら後に賛成に転じた。[10]レオ・キルズバックは、第二次世界大戦の終結を例に挙げ、宣言によって「西洋文化が古い野蛮な世界から人間に近づく」かもしれないという、多くの先住民の認識を示している。

ナチスドイツの崩壊後、その指導者たちは公然と追放されて、ニュルンベルク裁判で戦争犯罪者として裁かれ、有罪判決を受け、処刑された。その結果、ジェノサイド条約や世界人権宣言が生まれた。ナチス社会のメンバーはホロコーストの事実を認め、中には自分の住んでいるところから、わずか数メートルのところにある強制収容所を訪れることを余儀なくされた人もいた。真実と和解のもとにドイツ社会は再建され、野蛮な世界の終焉とともに、ドイツや他の多くの国々がホロコーストを否定する法律を採用するようになった。これこそがひとつの現実から別の現実へと、社会が移行する方法なのである。[11]

北米の先住民にとって、国連の人権の枠組みで見られる重要な活動は、一九八七年に国連が特別報告者ミゲル・アルフォンソ・マルティネスに与えた指令だった。それは先住民ネーションと新たな植民地勢力、そして現在、条約によって先住民ネーションに対する権限を主張する国家政府との間の条約や協定の状況を調査せよというものだ。一九九九年に完成した「国連条約調査」は、合衆国の先住民が土地の回復と主権を求めて闘い続ける上で有用なツールとなっている。この調査では、合衆国における先住民の条約上の権利は、現代もなお有効な状態にあると結論づけている。特別報告者はこの結論を、合衆国憲法の第六条に「合衆国の権威の下に結ばれた、またはこれから結ばれるすべての条約は、国の最高法規であり、各州の裁判官はこれに拘束されるものとし、いかなる国の憲法または法律においてもこれに反することはない」と規定されていることを主な根拠としていた。憲法第一条第八節には、先住民との関係が「外国との交易、複数の州間の交易、およびインディアン部族との交易を（法律等で）規制する(12)」議会の権限として明記されている。

土地の権利主張

先住民は、現在の合衆国における先住民の領土と資源の大部分を、侵略的な戦争、明白な窃盗、および立法による割り当てによって奪われたため、膨大な賠償と返還の請求権を持っている。先住民の各ネーションは、土地の譲渡や金銭的な補償を含む数多くの条約について合衆国と交渉したが、様々な手段で連邦政府が直接割り当てをしたり、条約で定められた先住民の土地所有権を保護する義務を政府が果たさなかったりしたために、残された先住民の領土は着実に縮小している。合衆国政府は、これらの主張の一部を認め、金銭的な補償を行ってきた。しかし、一九六〇年代のインディアン権利運動の高まりから、先住民は金銭的な補償ではなく、条約で保障された土地の回復を求めている。

法学者を含むネイティブ・アメリカンは、通常、自分たちの土地請求権や条約上の権利について「賠償」という言葉を使わない。むしろ、有効な条約以外で合衆国が取得した土地の復元、返還、送還を要求している。不法に奪われた土地や水利権、その他の資源の返還を求めるこれらの要求は、確かに「賠償」と呼べるかもしれないが、例えば日系アメリカ人の強制収容に対する賠償や、奴隷にされたアフリカ系アメリカ人の子孫に対する金銭的な賠償とは似ても似つかぬものだ。不法占拠された土地、特に先住民が社会的一体性を取り戻すために必要な聖地に対しては、金銭的な補償はできない。しかし、先住民の主張の中には、金銭的な補償を求めるものがあり、これが他の階級のひな形になるかもしれない。先住民グループが連邦信託の不始末を訴えた数百件の訴訟のうち、最も規模が大きく、最もよく知られているのは、一九九六年に提起され、二〇一一年に和解した「コベル対サラザール」の集団訴訟である。この訴訟では、一八八〇年代後半に始まった強制的な土地割り当てにさかのぼって、合衆国内務省が先住民の資産の管財人として、何億ドルものお金を紛失、無駄遣い、盗難、その他の方法で浪費したと、多くの先住民のネーションから個々の訴訟参加者が訴えた。二〇〇九年末には、約五〇万人の先住民を代表する原告団が、オバマ政権が提案した三四億ドルの和解案を受け入れたことで、この訴訟が先住民グループに有利な判決になることが明らかになった。和解金額は、裁判所が裁定する可能性の高い五億ドルをはるかに上回るものだった。しかし、この和解案で黙過されたのは、連邦政府の職権乱用の詳細な報告だ。ある記者はこう嘆いた。「その結果、弁護士を中心とした一部の関係者は大金持ちになるが、おそらく大多数のインディアンは、四人家族の一年間の食費の約三分の一を受け取ることになるだろう」[13]。

もうひとつの重要な賠償は、亡くなった祖先の遺骨や埋葬品の返還だ。先住民の宗教活動家たちがかなり奮闘した結果、議会は一九九〇年に「アメリカ先住民の墓の保護と遺物の返還に関する法律」（NAGPRA）を制定し、博物館が遺骨や埋葬品を適切な先住民のコミュニティに返還することを義務づけた。この法律の中で、「帰還」という言葉が使われているのもうなずける。NAGPRA以前は、連邦政府は戦争捕虜の遺骨を外国に返還することを「帰還」と呼んでいた。アメリカ先住民のネーションも主権を持っており、議会は返還を「帰還」と正しく表現したのである。[14]

連邦政府の信託管理の誤りに対する補償や先祖代々の遺骨の返還は重要な勝利であるが、合衆国における先住民の賠償請求の戦いでは、土地請求権と条約上の権利が最も重要だった。偉大なるスーのケースは、先住民のネーションやコミュニティが自分たちの主権と文化を守るために粘り強く活動していたことを象徴している。スーは、合衆国がブラックヒルズ（パハサパ）を没収した正当性を認めていない。ラシュモア山はブラックヒルズにあるため、アメリカ先住民の間でも議論の的になっている。一九七一年からアメリカ運動のメンバーが中心となって、この記念碑を占拠し始めた。ブラックヒルズの返還は、一九七三年のウンデッド・ニー占拠におけるスーの主要な要求だった。[15]スーによる一〇年に及ぶ激しい抗議活動と占拠により、一九八〇年七月二三日、合衆国対スーインディアン訴訟において、合衆国最高裁判所はブラックヒルズが不法に取得されたと判断し、当初の提示額に利子を加えた約一億六〇〇万ドルの賠償金を支払うよう判決を下した。が、スーはこの判決を拒否して、ブラックヒルズの返還を要求し続けた。その金は有利子の口座に残っており、二〇一〇年には七億五七〇〇万ドル以上になっていた。スーは、この金を受け取ることは、合衆国が、彼らの最も神聖な土地を盗んだことを証明することになると考えている。ブラックヒルズの返還を求めるスーの決意は、二〇一一年に再びメディアの注目を集めた。八月二四日に放送されたPBSの「ニュースアワー」では、「スーにとって、ブラックヒルズは一三億ドルでは買えない」というタイトルの番組が放送された。レポーターは、スーの保留地が合衆国で最も住みにくい場所のひとつであることを紹介した。

西半球でここより平均寿命が短い国は少なくありません。男性は平均四八歳、女性は五二歳までしか生きられません。四〇歳以上の約半数が糖尿病を患っています。

また、経済的な問題も深刻です。失業率は常に八〇パーセントを超えています。パインリッジ保留地内のシャノン郡では、子供たちの半数が貧困状態にあり、平均所得は年間八〇〇〇ドルです。

しかし、連邦政府は一〇億ドル以上の資金を用意しています。この資金は合衆国財務省に保管されており、スーの九つの部族が回収するのを待っています。この資金は、一九八〇年の最高裁判決により、一八七七年にスーがサウスダコタ州からワイオミング州にまたがる、鉱物資源の豊富な、孤立した山脈のブラックヒルズを奪われたことに対する補償金として、一億五〇〇〇万ドルが計上されたことに由来します。唯一の問題は、スーがこの補償金を欲しがらなかったことです。なぜなら、この土地は決して売り物ではなかったからです。(16)

アメリカ大陸で最も貧しいコミュニティのひとつが一〇億ドルを拒否したことは、スーにとって土地が経済的資源としてではなく、人と場所の関係として重要であることを示している。これは、アメリカ大陸の先住民が心底に保持している回復力《レジリエンス》の特徴だ。

経済的自決

合衆国における経済発展と先住民の関係は、二〇世紀の現象ではない。企業と政府が結託して先住民の土地や資源を奪い、搾取することは、植民地化の中核的要素であり、合衆国の富と権力の基盤を形成している。一九世紀末には、先住民のコミュニティは自分たちの資源や経済状況をほとんどコントロールできず、ワシントンに信託された資金を採掘やリースのロイヤルティとして受け取るだけだった。ジョンソン政権の「貧困との戦い」の中で、ほとんどの保留地の経済開発は、経済開発庁、経済機会局、その他の政府機関からの資金や助成金によって促進された。インディアン事務局は、安価な労働力とインフラ投資を約束して、保留地に産業プランを誘致するプログラムを開始した。最大の試みは、巨大電機メーカーのフェアチャイルド社がナバホに設立した組立工場である。

一九六九年に保留地の北東部、ニューメキシコ州のシップロックという町に設立されたこの工場は、一九七五年にはニューメキシコ州で最大の産業雇用主となった。当初は一二〇〇人のナバホが働いていた。一九七四年には一〇〇〇人に減ったが、それでも従業員の九五パーセントをナバホが占めていた。その後、一九七四年から七五年にかけて、ナバホの従業員は六〇〇人にまで減少した。フェアチャイルド社のマウンテンビュー本社は、「ナバホが辞めていくのは、電子機器の組立業界ではよくあることだ」と主張する。だが、ナバホの代わりにインディアンでない人を雇っていた。実際に起きていたのは、辞職ではなく解雇だった。連邦政府は、ほとんど訓練が必要ない六カ月間の実地研修期間の賃金を補助しており、フェアチャイルド社は、その賃金を支払うべき労働者を解雇して、新たな研修生を無償で雇用していたのである。地元のナバホの活動家とフェアチャイルド社の元従業員は、アメリカインディアン運動のリーダーの協力を得て、工場への抗議行動を組織し、労働者が工場を占拠する事態に発展した。フェアチャイルド社はこの工場を廃止し、海外に移転した。デモ隊が回収した書類から、フェアチャイルド社がリース契約を破棄する口実を求めていたことが分かった。ナバホ・ネーションは、三五〇万ドルの費用をかけてフェアチャイルド社仕様の工場を建設していたのである。[17]

一九七五年に制定された「インディアンの自己決定及び教育補助に関する法律」は、条約や協定に基づく連邦政府の財政負担を継続しつつ、先住民が自らの社会的・経済的発展をコントロールすることを認めた。これを受けて、鉱物資源を持つ多くの先住民がCERT（エネルギー資源部族評議会）を設立した。CERTは、産油国の連合体であるOPEC（石油輸出国機構）に倣って、BIAがエネルギー企業に事実上譲渡してしまった鉱物資源のリースを再交渉しようとした。ミシシッピ以西の先住民の土地には、かなりの資源が眠っている。それは、合衆国の低硫黄石炭の三〇パーセント、石油の五パーセント、天然ガスの一〇パーセント、ウランの八〇パーセントなどである。CERTは、デンバーに情報と行動のセンターを設立し、メンバーに技術的、法的な支援を行うことができた。ジカリラ・アパッチ・ネーションは、自分たちの土地から採取した石油・ガスに分離税を課した。これに対して企業側が異議を唱えた結果、最高裁は、先住民にはその土地で操業する企業に課税する権利があることを認めた。

ナバホのピーター・マクドナルド議長は、CERT設立の立役者であり、初代所長だった。しかし、経済発展の基盤となる鉱山開発の構想は、生態系破壊の弊害を指摘する若いナバホの反発を受けた。ナバホ・ネーションでの石炭やウランのストリップ・マイニング（露天採鉱）もひどかったが、さらにひどいのは、ナバホの発電所（フェニックスやロサンゼルスに電力を送っていた）に供給するための石炭ガス化プラントが設立されたのに、ナバホの人々にはほとんど電力が供給されなかったことだ。ナバホの活動家であるジョン・レッドハウスは、全米インディアン若者会議のディレクターとなり、無制限の採掘に反対する闘争を何十年も率いた。その後、新しい世代が引き継いで闘争を続けている。[18]

一九八〇年代に産業が衰退した合衆国の多くの都市や州と同様に、一部の先住民は収益を得るために賭博に目を向けた。一九八六年には、州政府や連邦政府へのロビー活動や会員の利益を代表する目的で、「全国インディアン・ゲーミング協会」（NIGA）が設立された。しかし、一九八八年に合衆国議会がインディアン・ゲーミング規制法を可決し、州が賭博をある程度コントロールできるようになったため、カジノを運営する先住民は主権を放棄せざるをえなくなってしまった。現在、先住民の賭博事業は、年間二六〇億ドルの産業となっていて、三〇万人を雇用している。連邦政府に認められた五六四のネーションのうち、約半数のネーションがさまざまな規模のカジノを運営している。利益の使い道はいろいろで、ひとり当たりの支払いに充てられているところもあれば、教育や言語の習得、住宅、病院、さらにはスミソニアン協会の国立アメリカ博物館のような大規模プロジェクトへの投資に充てられているところもある。利益の大部分は、州政府や連邦政府の政治家へのロビー活動に使われている。例えば、カリフォルニア州のインディアン・ゲーミング・ロビーは、同州の刑務官組合に次ぐ規模を誇っている。(19)

逆機能の物語

主流のメディアや書籍は、先住民のコミュニティに見られる貧困や社会的逆機能を定期的に暴露し、非難している。アルコール依存症や自殺の割合は、全国平均よりもはるかに高く、貧困にあえぐ他のコミュニティよりさえ高い。ジャーナリストのクリス・ヘッジスは、合衆国の貧困や放置された劣化の事例を集めた本の中で、パインリッジ保留地について熱弁をふるっていた。(20)

しかし、このような表現は、先住民の貧困や社会的弱者を生み出している具体的な状況、つまり植民地的な状況を見逃している。ヴァイン・デロリア・ジュニアをはじめとするアメリカ先住民の活動家や学者たちが強調しているように、それは先住民の主権の抑圧と社会的状況の悪化に表れる無力感に直接的な関係がある。デロア・ジュニアは、スーの場合、誰もが特定の地域に関わる責任と儀式を担っていると説明している。彼らの場合、それはブラックヒルズにある場所を意味する。「スーの社会問題の多くは、ブラックヒルズを失ったことが原因だと言う聖職者もいるほどで、そのために彼らは任務を遂行できず、現在進行中の創造物への貢献者となることができなかったのです。その結果、人々は離れていき、苦しみ始め、仲間内で争うようになったのです」[21]。連邦政府は、条約上の権利を無視し、ブラックヒルズのような聖地の返還を拒否し続けることで、先住民のコミュニティが文化的・宗教的な教えに記された、最も重要な責任を果たすことを妨げている。言い換えれば、主権とは生き残ること――ジェノサイドではなくネーションフッド（ネーションであること）――である。民誌学者のナンシー・オストリッチ・ルーリーは、インディアンの飲酒を「世界最古の継続的な抗議デモ」と刺激的に表現した[22]。植民地化が続いた影響は、アメリカ大陸の先住民のコミュニティや、ニュージーランドのマオリ、オーストラリアのアボリジニーにも同様のパターンが見られる[23]。

連邦政府やキリスト教の宣教師が運営する保留地内と保留地外のインディアン寄宿学校で、何世代にもわたってネイティブ・アメリカンが経験したことは、今でもネイティブ・コミュニティに見られる家族や社会の逆機能の原因となっている。一八三〇年代に宣教師が、一八七五年に連邦政府が最初の学校を設立してから、一九七〇年代にほとんどの学校が閉鎖され残った学校が改革されるまで、性的虐待を含む児童虐待が何世代にもわたって行われ、生存者とその子孫にトラウマを与え続けた[24]。二〇〇二年、先住民グループの連合体が「寄宿学校治癒計画」を立ち上げ、調査とオーラル・ヒストリーを通じて、個々の犠牲者にとどまらず、あらゆるレベルで先住民の生活を崩壊させるような大規模な虐待を記録した。サン・エルクは、非常に伝統的なタオス・プエブロの子供として初めてカーライル・インディアン工業学校に入学し、一八八三年から七年間を過ごした。タオスの社会に復帰した後、彼はこう語った。

インディアンのやり方は悪いことだと言われました。文明化しなければならないと言われました。この言葉も覚えています。「白人のようになれ」という意味です。私は白人のようになりたいと思っていますが、インディアンのやり方が間違っているとは思っていませんでした。しかし、彼らは七年間、私たちに教え続けました。本には、インディアンが白人にどれだけひどいことをしたかが書かれていました。白人の町を燃やしたり、女や子供を殺したり。でも私は、白人がインディアンにそういうことをするのを見たことがあります。私たちはみんな、白人の服を着て、白人の食べ物を食べ、白人の教会に行き、白人の話をしていました。そして、しばらくすると、私たちもインディアンは悪い存在だと言うようになりました。私たちは、自分たちの仲間や、毛布や料理鍋、神聖な社会や踊りを笑ったのです。(25)

先住民の家庭では知られていなかった体罰だが、寄宿学校では日常的に行われていた。色の濃い子供ほど、より頻繁に、より激しく殴られた。子供たちは、インディアンであることが犯罪だと感じさせられていたのである。(26) 母親が寄宿学校を経験した女性が、その成り行きをこう語った。

家族の中で寄宿学校に行ったのは、おそらく母と…その兄弟姉妹が初めてだったと思います。…そして、彼女が語った話は…恐ろしかった。殴られたこともあります。幼い同級生がいました。何歳だったか分かりませんが、おそらく幼稚園か小学生でしたでしょう。パンを焼いたり、生地を切ったりする機械の掃除をさせられて手を失い、罰として冷たい地下室の床に何時間もひざまずかされていました。…母は生涯怒りを抱えて生きてきました。彼らがとても幼くして連れ去られたことは、彼女の怒りの一部であり、その後遺症が私たち家族に及んだのだと思います。(27)

ポンカの歴史家、ロジャー・バッファローヘッドは、この証言を裏付けている。

インディアンの伝統文化とはまったく異質である体罰という考えは、教育を受けて戻ってきた生徒たちの生活様式になっていた。

しかし、三〇年代から四〇年代にかけて、ほとんどのネイティブ・コミュニティでは、それまで大勢の若者が寄宿学校に通っていたため、子育てに体罰を用いる親が増加していた。したがって、直接的な関連を証明することはできないが、体罰が常態化していた寄宿学校での経験が、次の世代の先住民に影響を与えたことは確かだと思う。(28)

また、少女や少年に対する性的虐待も横行していた。ある女性はこう語っている。「その間、いろいろな先生がいましたが、中には女の子を妊娠させて辞めてしまった人もいました。…［ある先生］は、女の子の体に腕を回して愛撫したり、ときには膝の上に乗せたりしていました。…私がそこに行くと、Mは私に腕を回し、私の腕をずっと撫でていた。彼は自分の顔を私にこすりつけていました」。あるミッションスクールでは、神父が性的な誘惑をすることで有名だった。「とにかく、私は結局彼［神父］の横に行ったのですが、突然、彼は私の足を触り始めました。…私は本当に不快になってきました。彼は私のズボンの中に手を入れようとし始めたのです[29]」。修道女も性的虐待に加担していた。「ある修道女が私をスポンジで洗ってくれていたのですが、そのスポンジの使い方が少し行き過ぎていました。そこで私は、彼女の手を押し退けました。彼女は私の足を広げて、太ももの内側を革ひもで固定しました。もう、二度と彼女を止めることはできませんでした[30]」。

寄宿学校の子供たちが絶え間ない抵抗をしていたことは、多くの資料や証言が証明している。逃げ出すことが最も一般的な抵抗方法だったが、不参加や妨害行為、密かに自分たちの言語を話したり、儀式の練習をしたりすることもあった。それが彼らの生存につながっていることは確かだったが、彼らが受けたダメージはほとんど理解できない。モホークの歴史家であるタイアイアケ・アルフレッドは問いかける。「植民地主義の遺産とは何でしょうか？　確かにそれは白人による収奪、権利の剥奪、そして病気です。…しかし敵ははっきりと見えてます――寄宿学校、人種差別、土地の没収、消滅、軍艦、生活保護などです[31]」。

特に先住民の女性は、家族内でも、入植者によっても性的暴力の矢面に立たされ続けていた。保留地でのレイプの発生率は、昔から天文学的な数字になっている。植民地主義者が保留地における先住民の警察権を制限したこと——先住民の損なわれた主権と発見の教義というもうひとつの遺産——が、何をしてもお咎めなしであることを知っている性的暴力の加害者を自由にさせたのである。[32] 合衆国の植民地制度では、先住民の司法権は保留地の住民にしか適用されず、しかも軽犯罪にしか適用されないため、先住民の土地で起きた犯罪の裁判権は連邦政府や州政府にある。アメリカ先住民の女性の三人にひとりがレイプされたり、レイプ未遂の経験があり、アメリカ先住民の女性に対する性的暴行の割合は全米平均の二倍以上だ。アムネスティ・インターナショナルによる二〇〇七年の厳しい報告書が発表されてから五年間、全米女性機構（NOW）をはじめとするアメリカ先住民と女性の団体は、一九九四年の「女性に対する暴力法」（VAWA）に、保留地に住むアメリカ先住民の女性の特別な状況に対処する項目を追加するよう議会に働きかけてきた。[33] この条項が追加されたことにより、先住民の裁判所は保留地に侵入してレイプを行った、非先住民の男性を逮捕・起訴することができるようになった。二〇一二年末、共和党が多数を占める合衆国議会は、この条項が含まれていることを理由に、VAWAの再承認を拒否した。しかし、二〇一三年三月、共和党の反対を押し切って、オバマ大統領が改正法に署名し、先住民の主権を守るための小さな一歩を踏み出した。

先住民の統治

先住民のネーションは何世代にもわたって、ときには連邦政府や州政府の助けを借りながら、植民地主義の症状を治癒してきた。しかし、二〇世紀後半の強力な先住民自決運動により、これらのネーションは、彼らの願いを支える新しい国際法の起草と制定に参加し、統治によって主権を強化する活動を始めた。その結果、合衆国の先住民は、それぞれの文化を反映した新しい憲法に基づいて、現在の統治形態を再認識するようになった。未来の憲法に関するナバホの考え方は、そのような先住民の願いを表している。合衆国で最も人口が多く最大の土地を有するナバホは、他の先住民と同様に、これまで一度も憲法を制定したことがなかった。しかし、合衆国と同じような憲法を持つネーションもあり、一九三四年以前に六〇近くの先住民のネーションが憲法を制定している。その年の「インディアン再組織法」の後、さらに一三〇の国が連邦政府のガイドラインに従って憲法を作成したが、市民の参加はほとんどなかった。[34] 憲法を制定したり、改正したり、書き換えたりする動きは、二一世紀の最初の一〇年間に二つの事例で注目すべき成功を収めた。

二〇〇四年から二〇〇六年にかけて、オクラホマ州北東部に位置するオーセージ・ネーションは、新しい憲法を制定するための改革のプロセスに取り組んだ。前文には、新法の並外れた背景と内容が反映されている。

> われわれワザゼ、すなわちオーセージ人は、遠い昔に一族として形成され、オーセージ人として、われわれの知る限り何世紀にもわたってこの地球を歩き、ワコンタ（主神）の祝福を享受してきた。私たちは今、調和のとれた生活をすることを決意し、正義、公正、思いやり、子供、年長者、すべての仲間、そして自己を尊重し保護するという、私たちが神聖視する基本的な価値観に基づいて、ネーションとして、そしてオーセージ人として、再び団結するために集まった。
> 過去と現在の何世代にもわたるオーセージの指導者たちに敬意を表し、彼らの知恵と勇気に感謝す

る。古代のコミュニティの秩序が、一八八一年のオーセージ・ネーション憲法で初めて改革された現在の政府の基盤であることを認め、政府を再び再編成することで私たちの遺産を継承する。

オーセージ人によって作られたこの憲法は、すべてのオーセージ市民に他の人と同等の投票権を与え、オーセージ・ネーションの市民に責任を負う政府を形成する。

われわれオーセージ人は、何世紀にもわたってオーセージ人であり続けたことに基づき、今を生きている。そしてまだ生まれていないすべてのオーセージ人に利益をもたらす、充実して豊かなオーセージ人の生活様式を維持し、永続させるために、今、政府を強化する。(35)

同様に、二〇〇九年には、アニシナアベ（オジブエ）のホワイト・アース・ネーションが新しい憲法を採択した。ホワイト・アース・ネーションはミネソタ州の中央部に位置し、ミネソタ州にある数多くのアニシナアベの保留地のひとつで、他にもウィスコンシン州、サウスダコタ州、カナダにも保留地がある。ホワイト・アースの憲法の前文を見てみよう。

ホワイト・アース・ネーションのアニシナアベの先祖は、大陸の偉大な自由の伝統、家族やトーテムの集合体である先住民の憲法の創造者たちだ。アニシナアベは、自然の理、勇気、忠誠、ユーモア、精神的なインスピレーション、生存、相互の利他主義、そして先住民の文化的主権の物語を創造する。

われわれホワイト・アースのアニシナアベは、固有かつ本質的な主権を確保し、自由、正義、平和の伝統を促進し、共通の資源を確保し、われわれの子孫のために、先住民の統治の、不可侵の権利を確保するために、このホワイト・アースの憲法を構成し、制定し、確立する。[36]

ホワイト・アースの市民で、ベストセラー作家であり、代表的な知識人であるジェラルド・ビゼナーが、この憲法の作成に参加した。自身の造語である「サヴァイヴァンス」（生き延びること）の概念を説明しながら、それが先住民の物語に由来するものであることを強調している。「サヴァイヴァンスの慣習は、虚無と勝利の上にネイティヴの存在感を生み出す。サヴァイヴァンスとは、積極的な存在であり、不在でも、脱落でも、民族学的な忘却でもない。サヴァイヴァンスとは物語る《ナラティヴ》ことの継続であり、どんなに妥当なものでも単なる反応ではない。サヴァイヴァンスの物語《ストーリー》とは、支配の放棄、悲劇の耐え難い感情、そして犠牲者の遺産である[37]」。

発見の教義は、このような主権者の重大な行為に照らし合わせて解消されつつある。しかし、難解な植民地法やジェノサイドの歴史的トラウマは、時間が経てば消えるというものではない。先住民の自決と主権の運動は、大陸の先住民のコミュニティやネーションだけでなく、必然的に合衆国をも変えつつある。それがどのような方法で行われているかは、結論の章で述べる。

結論——合衆国の未来

アメリカインディアンのネーション、民族、土地を継続的に植民地化することで、合衆国が帝国主義的な視線を世界に向けるために必要な経済的・物質的資源を得ていることは、原則的に入植者の植民地が、自らをより完璧な多文化・多人種の民主主義国家として構築していることの中で、明白でありながら同時に、その事実は絶えず曖昧にされている。…合衆国に植民地化された主権ネーションとしてのアメリカインディアンの地位は、合衆国の存在意義を悩ませ、揺さぶり続けているのである。

——ジョディ・バード

従来の合衆国史の物語では、「インディアン戦争」は「西部」という怪しげなカテゴリーの中の下位専門分野として隔離されている。そして、合衆国のほとんどすべての人が母乳と一緒に吸収する、二〇世紀半ばには世界各地で人気を博した、西部劇、安っぽい小説、映画、テレビ番組などがある。[1]合衆国の世界支配の構造は、この時期のアメリカ大陸の軍国主義によって設計され、試されてきたものだ。この軍国主義は、それまでの一〇〇年をベースにして、総力戦における独自の革新的技術を生み出した。二一世紀が始まると、ジョージ・W・ブッシュの当選によって、合衆国の外交政策の主導権が、長い雌伏の時を過ごした国防総省と、民間のタカ派である新保守主義で主戦論者の派閥に移り、合衆国の軍国主義・帝国主義の新しい、より大胆な形態が世界の舞台で爆発することになった。その後八年間の政治的支配には、二回の大規模な軍事侵攻と、世界中で米軍特殊部隊を使った何百もの小規模な戦争が含まれており、彼らの政治的権力が衰えた後もなお続くひな形《テンプレート》を確立した。

「インジャン・カントリー」

高名な軍事アナリストのひとりが、「インディアン戦争」と、この国の輝かしい帝国主義の過去と未来との関連性を指摘した。ロバート・D・カプランは、二〇〇五年に出版した『インペリアル・グランツ』の中で、非常に成功したと思われる作戦の事例をいくつか紹介している。イエメン、コロンビア、モンゴル、フィリピンに加え、現在進行中のアフリカの角《つの》（ソマリア、ジブチ付近）、アフガニスタン、イラクでの複雑なプロジェクトも紹介していた[2]。合衆国市民とその選出議員の多くが、イラクやアフガニスタンをはじめとする、合衆国のよく知る軍事介入を終わらせるように求める一方で、カプランは、アフリカ、アジア、中東、ラテンアメリカ、太平洋地域での長期にわたる対反乱活動を歓迎し、対反乱活動と全面的かつ無制限の戦争を用いて北米での大陸支配を達成した合衆国が、これらの地域を支配するための指針を示した。

一九五二年にニューヨークで生まれたきめ細かな研究者であり、影響力のある作家のカプランは、大手の新聞や雑誌で執筆した後、民間安全保障シンクタンク「ストラトフォー」の地政学のチーフブレインを務めた。また、ワシントンDCの「新合衆国安全保障センター」のシニアフェローや、合衆国国防総省の諮問委員会である「防衛政策協議会」（DPB）のメンバーを務めるなど、権威あるポストに就いている。二〇一一年、『フォーリン・ポリシー』誌は、カプランを世界の「グローバル思想家トップ一〇〇」のひとりに選出した。『バルカンの亡霊たち』や『降伏か飢餓か』など数々のベストセラーの著者であるカプランは、立証された「合衆国流の戦争方法」を通して世界における合衆国の力をあぶり出す知識人のひとりとなった。これはイギリス植民地時代に始まった戦争方法で、軍事史家のジョン・グルニエは「無制限戦争と非正規戦」の組み合わせと呼び、「非戦闘員、村、農業資源への攻撃と破壊を受け入れ、正当化し、奨励する軍事的伝統である。…征服という目標を達成するために、衝撃的なほど暴力的な軍事行動で」と言う[3]。

カプランは、『インペリアル・グランツ』のプロローグに「インジャン・カントリー」というサブタイトルをつけて、自分の論文を要約している。

> 二一世紀に入るまでに、合衆国軍はすでに地球全体を占領していて、最も辺ぴな地域にもすぐに軍隊を送り込む準備ができていた。
>
> 国防総省は地球を五つの地域部隊に分割した。これは、一九世紀半ばに合衆国西部のインディアン・カントリーを合衆国軍が分割したのと同じである。…私が地球の遠く離れた場所で出会った兵士や海兵隊員によると、一九世紀との比較は適切だったようだ。コロンビアからフィリピン、そしてアフガニスタンやイラクの軍隊から、「インジャンの国へようこそ」という言葉が聞こえてきた。確かに、合衆国軍にとっての問題は、「イスラム」原理主義よりも、むしろ無政府状態の方だった。テロとの戦いは、まさにフロンティアを手なずけることだったのである[4]。

カプランはさらに、帝国主義を「壮大で歴史的な用語」で論じる「ニューヨークやワシントンのエリート」を嘲笑する一方で、すべての軍人は直面する特定の状況に応じて政策を解釈し、自分たちが帝国主義プロジェクトの一部であることに無関心であったり、気づかなかったりするという。この本（『インペリアル・グランツ』）は、植民地主義と帝国主義がどのように機能するかを示している。

カプランは、「合衆国が大陸の西部に帝国を持つことは必然ではなかった」と主張して、「明白なる使命」の概念に異議を唱えている。むしろ、西部の帝国は、「遠く離れた辺境の小集団」によってもたらされたと主張している。ここでカプランが指しているのは、グルニエの言う入植者の「レンジャー」が、先住民の町や畑、食糧を破壊したことである。カプランは、現代の特殊部隊に相当する入植者の自警団に比べて、合衆国陸軍の役割を軽視しているが、正規軍が入植者の対反乱活動を強力にバックアップし、平原インディアンの食料源であるバッファローを虐殺したり、入植地を継続的に襲撃して先住民の戦闘員の家族を殺害・監禁したりしたことは認めていた。(5) カプランは、今日の合衆国の軍国主義の系譜を要約している。

新世紀を迎えた平均的なアメリカ人は、奴隷制やファシズムの悪に立ち向かい打ち勝った南北戦争や第二次世界大戦の遺産に愛国心を見出していたが、多くの将校や下士官にとって、合衆国陸軍の決定的な瞬間は「インディアン」との戦いだった。

インディアンとの戦いの遺産は、南部、中西部、そして特にグレートプレーンズ（陸軍の歴史的な「中心部」を構成する広大な砂漠や草原）に広がる、数多くの軍事基地にはっきりと表れていたが、その中にはヘイズ砦、カーニー砦、レブンワース砦、ライリー砦、シル砦などの歴史的な前哨基地が点在していた。レブンワースは、オレゴン州とサンタフェ州のトレイルが分かれていた場所で、現在は陸軍の指揮幕僚大学があり、ライリーはジョージ・アームストロング・カスターの第七騎兵隊の拠点で、現在は第一歩兵師団の拠点となっている。そしてシルはジェロニモが晩年を過ごした場所で、合衆国砲兵本部がある。……

フレデリック・レミントンがブロンズや油絵具で記念に残した、インディアンに対する迅速かつ非正規な軍事行動が、規模こそ小さいものの、アメリカのナショナリズムの本質を形成したのである[6]。

カプランは主に一九世紀末の合衆国の対反乱活動の資料に依拠しているが、脚注でノースカロライナ州フェイエットビルの空挺特殊作戦博物館で学んだことを報告している。「Dデイのパラシュート降下に備えて、第一〇一空挺師団のメンバーがモヒカン刈りにして、顔に出陣化粧《ウォーペイント》を塗っていたというのは、ささやかだが興味深い事実である[7]」。これは、独立前の植民地戦争から、合衆国の独立、そして『ラスト・オブ・モヒカン』によって広まった神話にまで遡る。

カプランは、二〇〇一年九月一一日の世界貿易センターと国防総省への攻撃によって、合衆国は新しい戦争の時代に突入し、世界各地に軍事基地を設立するようになったという議論を否定している。二〇〇一年以前、合衆国陸軍の特殊作戦司令部は、一九八〇年代から「年間一七〇カ国で、ひとつの作戦に平均九人の『静かなプロ』を投入して演習を行っていた」とカプランは正しく指摘している。「合衆国の到達範囲は広く、最も辺ぴな国への関与は変幻自在だった。第二次世界大戦を戦った市民兵の徴兵制の軍隊ではなく、歴史上の他の帝国軍と同様に、兵士としての生活を楽しむプロの軍隊が存在していた」[8]。

二〇一一年一〇月一三日、合衆国下院の軍事委員会で証言したマーティン・デンプシー将軍は、次のように述べた。「私が統合参謀本部議長になったのは、米軍の衰退を監督するためではなく、この国と軍隊が、世界的な大国でなくなるような最終状態を監督するためでもない。…それは、私たちの国民としてのあるべき姿ではない」。

合法化された拷問の復活

二〇〇一年九月の同時多発テロ以降、ジョージ・W・ブッシュ政権の最初の数年間は、アフガニスタンへの報復戦争とイラク政府の転覆に伴い、拷問された身体、性的暴力を受けた身体、監禁された身体、死体などの「身体」が主要なトピックとして浮上した。米軍に抵抗するアフガニスタン人や、たまたま間が悪い時に間が悪い場所にいた人たちが拘束され、そのほとんどが一八九八年の対キューバ戦争で合衆国が確保したキューバのグアンタナモ湾の米軍基地内に急造された監獄施設に送られた。ジュネーブ条約で認められている「捕虜」の地位ではなく、西欧の戦争では知られていなかった「非合法戦闘員」の地位が与えられた。そのため、合衆国の尋問官による拷問や、民間の心理学者や医療関係者による恥知らずの監視が行われていた。

世界中から質問や非難を受けて、二〇〇三年三月、カリフォルニア大学国際法教授のジョン・C・ユーは、司法省法律顧問局の米司法長官補佐官としての休暇中に、悪名高い「拷問メモ」を書き記した。

当時、ユーが「非合法戦闘員」という呼称を擁護するために用いた判例のひとつである一八七三年の「モドック・インディアンの捕虜たち」に関する連邦最高裁判所の見解については、あまり知られていなかった。

一八七二年、キャプテン・ジャックとも呼ばれたキントプアッシュが率いるモドックの一団は、米軍に一網打尽にされ、オレゴン州の保留地の共有を強いられた後、北カリフォルニアの自分たちのネーションに戻ろうとした。五三人の反乱軍は、米軍とオレゴン州の民兵に包囲され、彼らが隅々まで知っている先祖代々の故郷である、休火山ラッセン・ピーク周辺の不毛で険しい溶岩層に避難せざるをえなかった。南北戦争で活躍したエドワード・R・S・キャンビー将軍が指揮する一〇〇〇人以上の部隊が抵抗者の捕獲を試みたが、モドックが効果的なゲリラ戦を展開したため、成功しなかった。キャンビーは南北戦争以前に、第二次セミノール戦争やメキシコ侵攻作戦などで軍人としてのキャリアを積み、南北戦争前夜にはユタ州に赴き、ナバホへの攻撃を指揮した後、ニューメキシコ州で南北戦争に参加した。そのため、キャンビーはインディアン・キラーとしての経験が豊富だった。将軍とキントプアッシュとの交渉の場で、モドックのリーダーは、降伏しか認めないと言う将軍と他の委員を殺害した。これに対して合衆国は、南北戦争で活躍した別の将軍に、一〇〇〇人以上の追加兵士を付けて援軍として送り込んだ。一八七三年四月、この部隊がモドックの拠点を攻撃し、今度は先住民の戦闘員を逃走させた。四カ月間の戦闘で、合衆国は約五〇〇万ドル（現在の約一〇〇〇万ドルに相当）の損害を被り、四〇〇人以上の兵士と将軍が命を落とした。そのために、モドックに対する全国的な反発は、復讐心に満ちたものとなった。[9] キントプアッシュと他に数人のモドックが捕虜となり、アルカトラズ島で投獄された後、絞首刑に処せられた。モドックの家族は、散りぢりになって保留地に投獄されたという。キントプアッシュの死体は防腐処理が施され、各地のサーカスで展示された。当時、陸軍太平洋軍部の司令官であったジョン・M・スコフィールド中将は、回顧録『陸軍で過ごした四六年間』の中で、モドック戦争について次のように書いている。「もし、有罪から無罪を分離することができるなら、疫病、ペスト、飢饉は、この国でもともとこの土地に住んでいた人々に対して犯した罪に対する、不当な罰にはならないだろう」と述べている。[10]

ユー検事補は、モドックの捕虜とグアンタナモの被収容者との法的な類似性を描くために、ローマ法において社会から追放され、法的保護から除外されて主権者の権力にのみ服する者を意味する「ホモ・サケル」（聖なる人間）という法的カテゴリーを用いた。[11] 誰もがホモ・サケルを殺しても殺人とはみなされない。ジョディ・バードが指摘するように、「ジョン・C・ユーの悪名高い二〇〇三年三月一四日の拷問メモが、例外状態を宣言する行政権を明確にするために、なぜ一八六五年の軍事委員会と一八七三年の『モドック・インディアンの捕虜たち』の法廷意見を引用したのか、その理由が理解できるようになった。特に、『モドック・インディアンの捕虜たち』の意見書が、インディアンの戦闘員を合衆国のホモ・サケルとして明確にマークしている場合には[12]」。その主張を裏付けるように、ユーは一八七三年の「モドック・インディアンの捕虜たち」の意見を引用した。

合衆国の兵士が戦闘中に公敵を殺害した場合、殺人罪が成立するということはあり得ない。これは、そのような状況下で行われた行為に自治体の法律が適用された場合の話である。西部の辺境にいるインディアン部族との武力衝突には、文明的な戦争の法律や習慣はすべて適用できないかもしれない。しかし、キャンビー〔陸軍大将〕とトーマス〔合衆国和平委員〕の暗殺にまつわる状況は、彼らの殺害を文明的な戦争の法律に違反すると同様に、野蛮人の法律にも違反するものであり、それに関与したインディアンたちは、彼らの行為の卑劣さと裏切りを十分に理解していたのである。[13]

バードは、この考え方によれば、「インディアン」と定義される者は合法的に殺され、米軍兵士に対して犯した犯罪の責任も問われることになると指摘している。「その結果、アメリカインディアン・ネーションの市民は、この瞬間に、合衆国の主権論の中で、無国籍のテロリスト戦闘員の起源となった[14]」。

強化された軍事化

チャゴス諸島は、アフリカとインドネシアの中間に位置するインド洋上に浮かぶ六〇以上の小さなサンゴ礁の島々で、最も近い大陸であるインドから一〇〇〇マイル南に位置している。一九六八年から一九七三年にかけて、植民地管理者である合衆国とイギリスが、この島々の先住民であるチャゴス人を強制的に追放した。追い出された二〇〇〇人の人々のほとんどは、一〇〇〇マイル以上離れたモーリシャスやセーシェルにたどり着き、そこで貧困で見捨てられた生活を強いられた。この追放の目的は、チャゴス諸島のひとつであるディエゴ・ガルシア島に米軍の大規模な基地を建設することだった。世界的な安全保障の名の下に、故郷から丸め込まれて連れ去られただけでは十分に残酷ではないかのように、チャゴス諸島の人々は強制送還される前に、ペットの犬をイギリスの諜報員や米軍が密閉された小屋に入れられ、毒ガスで殺され、燃やされるのを見なければならなかった。デイビッド・ヴァインは、この悲劇を記録した中でこう書いている。

ディエゴ・ガルシアの基地は、世界で最も秘密かつ強力な米軍施設のひとつとなっている。そしてアフガニスタンとイラクへの侵攻（二回）に貢献し、イラン、中国、ロシア、そしてアフリカ南部から東南アジアまでの国々を脅かす著名なテロリスト容疑者のためのCIA秘密拘置所を擁して、数千人の米軍関係者と数十億ドルの殺傷兵器の本拠地となっている。[15]

米軍が追い出した先住民は、チャゴス人だけではない。米軍は、ベトナム戦争中から戦後にかけて、軍事基地建設のために戦略的に必要とされる場所から、先住民を強制的に追放することを繰り返してきた。

南太平洋のビキニ環礁やプエルトリコのビエケス島の人々がよく知られているが、グリーンランドのトゥーレ島のイヌイットや、何千人もの沖縄県民やミクロネシアの先住民もいた。一九七〇年代に行われたミクロネシア人の過酷な強制送還の際には、マスコミも注目していた。ヘンリー・キッシンジャー国務長官は、ある記者の質問に答えて、ミクロネシア人について次のように述べた。「そこには九万人しかいない。誰がそんなことを気にするんだ」[16]。これは、許されてきたジェノサイドの発言である。

二一世紀に入ってから、合衆国は世界各地で九〇〇以上の軍事基地を運営している。その内訳は、ドイツ二八七、日本一三〇、韓国一〇六、イタリア八九、イギリス諸島五七、ポルトガル二一、トルコ一九である。またアルバ、オーストラリア、ジブチ、エジプト、イスラエル、シンガポール、タイ、キルギス、クウェート、カタール、バーレーン、アラブ首長国連邦、クレタ、シチリア、アイスランド、ルーマニア、ブルガリア、ホンジュラス、コロンビア、キューバ（グアンタナモ湾）など、約一五〇カ国にある基地や施設に加え、最近ではイラクやアフガニスタンにも基地が増設されている[17]。

アニシナアベの活動家で作家のウィノナ・ラデュークは、著書『インディアン・カントリーの軍事化』の中で、アメリカ先住民に対する軍隊の継続的な悪影響を分析し、先住民の経済、土地、未来、そして人々、特に先住民の戦闘退役軍人とその家族にもたらされた結果を考察している。ニューメキシコ州の先住民の領土には核兵器の貯蔵庫があり、ネバダ州のショショーニとパイユートの領土は、数十年にわたる地上および地下での核実験によって傷ついている。また、ナバホやニューメキシコ州のプエブロでは、数十年にわたってウランの採掘が行われ、水質汚染や健康被害が発生している。「軍隊が世界とアメリカ先住民に与えた影響には驚かされる」とラデュークは書いていた。「その影響は広範囲に及んでいる[18]」。

合衆国の外交政策と軍事を専門とする政治学者のシンシア・エンローは、世界貿易センターと国防総省への攻撃以来、合衆国の文化がさらに軍事化されていると観察していた。彼女はこの傾向をフェミニストの視点から分析している。

軍国主義化は…個人レベルで起こっています。息子を持つ女性は、彼女が良い母親になるためには、軍の新兵募集係に息子を勧誘させて、息子がソファから離れるようにするのが一番だと説得されます。

たとえしぶしぶでも、息子を行かせるようにと説得されると、彼女は軍国主義者になってしまうのです。特殊部隊の兵士ほどではありませんが、同じように軍国主義になっているのです。フットボールシーズンの開幕を告げるジェット爆撃機が、フットボールスタジアムの上空を通過したことに興奮し、それを見るためにスタジアムにいることを喜ぶ人も、軍国主義化されています。つまり、軍国主義とは、「軍が国家の最も重要な部分だと思うか？」という質問だけではないのです（もちろんそれも重要ですが）。また、「社会問題を解決するためには、集団的な暴力の行使が最も効果的であると思うか？」という質問だけではありません。これも軍国主義の一部ではありますが、それは合衆国の日常的な文化でもあるのです。[19]

しかし、ジョン・グルニエが指摘するように、軍国主義の文化的側面は新しいものではなく、イギリス植民地時代から三世紀以上にわたる容赦ない征服と民族浄化の戦争を経た、深い歴史的ルーツを持つものだ。

軍事的な実用性だけでなく、アメリカ人は「アメリカ人のアイデンティティ」を構築するために、戦争の第一の方法を利用することを発見した。…ロバート・ロジャーズやダニエル・ブーンのような「実在の」人物や、ジェームズ・フェニモア・クーパーの作品に登場するナサニエル・バンポのような架空の人物による、辺境の「開拓」（征服ではない）というロマンティックな神話の永続的な魅力は、D・H・ローレンスが「本質的な白人アメリカ人の神話」と呼んだものを示している。[20]

憲法修正第二条を神聖視して、合衆国の民間人が天文学的な数の銃器を所有していることも、軍国主義文化と複雑に関係している。日常生活や文化全般が、軍国主義の強化によって損なわれている。これは学術界、特に社会科学の分野にも当てはまり、心理学者や人類学者が軍の顧問として採用されている。人類学者のデビッド・H・プライスは、『兵器化する人類学』という名著の中で、「人類学は常に戦争の狭間で活動してきた」と述べている。人類学はヨーロッパや合衆国の植民地戦争の中で生まれた。プライスはエンローと同様、二一世紀初頭に軍事化が加速していると見ている。「今日の人類学やその他の社会科学の兵器化は、長い間待ち望まれていたものであり、九・一一以降のアメリカにおける恐怖の風潮と伝統的な学術資金の削減が結びついた、学問と学会全体の軍事化のための完璧な、嵐のような条件を提供した」[21]。

映画監督のオリバー・ストーンと歴史家のピーター・クズニックは、ケーブルテレビで一〇回にわたって放送されたドキュメンタリーシリーズと、七〇〇ページに及ぶ関連書籍『知られざる合衆国の歴史』の中で、次のように問いかけている。「なぜ合衆国は世界のあらゆる地域に軍事基地を持ち、その数は一〇〇〇を超えると言われているのか？　なぜ合衆国は、他の国の軍事費の合計と同じ金額を軍事費に費やしているのか？　どの国も差し迫った脅威を与えていないにもかかわらず、なぜ合衆国は何千もの核兵器を保有し、その多くが即時警戒態勢にあるのか？」[22]。これらは重要な質問だ。ストーンとクズニックは、状況を非難しているが、質問には答えていない。著者たちは、第二次世界大戦後、合衆国が世界唯一の超大国に発展したことは、建国者の当初の意図や二〇世紀半ば以前の歴史的発展から大きく逸脱していると考えている。彼らは、ジョン・クインシー・アダムズ大統領が独立記念日に行った演説を引用して、イギリスの植民地主義を非難し、合衆国は「破壊すべき怪物を求めて海外に出ることはない」と主張している。だが、ストーンとクズニックは、当時の合衆国が、建国以来、一九世紀を通じてそうであったように、先住民の農民を侵略し、服従させ、植民地化し、彼らの土地から追い出していたことには触れていない。合衆国が帝国主義国家として発展した根本的な理由を無視することで、現在の海外帝国が、建国時に合衆国が選択した針路の論理的な結果であることに気づいていないのである。

北アメリカは犯罪の現場

ジョディ・バードは、「新世界の物語はホラーであり、合衆国の物語は犯罪である」と書いている。彼女は、合衆国が入植者国家としての起源を持ち、大陸を占領するという明確な意図を持っていたことから始める必要があると主張している。これらの起源には、ジェノサイドの歴史的な種が含まれている。合衆国の真の歴史は、先住民に（そして先住民とともに）何が起こったのか、そして今も起こっているのかに焦点を当てなければならない[23]。過去の植民地主義的な行為だけでなく、「アメリカのネーション、民族、土地をいまだに植民地化している」ことが、合衆国が「帝国主義的な視線を世界に向け」、「本質的には入植者の植民地が、多文化、多人種の民主主義国家としてこれまで以上に完璧な国家建設を行う」ことを可能にしているのである。ここでバードは、ラコタの学者であるエリザベス・クック＝リンの言葉を引用し、「インディアン戦争」と「イラク戦争」の関連性を説いている。

合衆国が世界に対して政治的啓蒙活動の中心となるという現在の使命は、インディアン戦争から始まり、この国の歴史的意図の危険な挑発となっている。リトル・ビッグホーン事件とバグダッドでの「蜂起」との歴史的関連性は、脱植民地化というフィクションが実現し、期待された植民地ストーリーの脱構築が実現するのであれば、合衆国の政治的対話の一部にならなければならない。(24)

「無罪への競争」とは、支配と抑圧の構造に対して個人が共犯関係にないと仮定したときに起こるものだ。(25) この概念は、どこかの国に新しく移住してきた人や、その子供たちが理解できるという前提を表している。彼らは、自分の国の過去に起こったことに対して責任を負うことはできないと思っている。また、すでに市民権を得ている者も、たとえ奴隷所有者やインディアン殺しの子孫、アンドリュー・ジャクソンの子孫であっても、罪には問われない。しかし、過去と折り合いをつけていない入植者社会では、入植に伴う歴史的トラウマが、移民や最近の移民の子供など、そのときどきに生きている世代の思い込みや行動に影響を与えている。

合衆国における入植者植民地主義の遺産は、終わりのない侵略戦争と占領、社会サービスや質の高い公教育ではなく、戦争機械、軍事基地、人員に費やされた数兆円の支出、世界の半分以上の国よりも大きな資源と資金を持ちながら税金をわずかしか払わず、合衆国市民にほとんど仕事を与えない企業の総利益、制度を変えようとする活動家たちへの世代を超えた弾圧、貧しい人々、特に奴隷にされたアフリカ人の子孫の投獄などに見ることができる。慎重に教え込まれた個人主義が、一方では個人の失敗に対する自責の念を生み、他方では、めったに結果が出ないにもかかわらず成功の可能性を求めて行われる食うか食われるかの冷酷な競争を称揚する。そして自殺、薬物乱用、アルコール依存、女性や子供に対する性的暴力、ホームレス、退学、銃乱射などの高い割合が見られるようになる。

これらは深く悩んでいる社会の症状であり、他にも多くの症状があるが、それは新しいものではない。一九五〇年代から一九七〇年代にかけて起きた大規模で影響力のある公民権運動、学生運動、労働運動、女性運動は、経済における構造的な不平等や、二世紀以上にわたる奴隷制度や、先住民に対する残虐な虐殺戦争の歴史的影響を明らかにした。一九七〇年代の大規模な平和運動に見られるように、合衆国社会は一時期、過去の残虐行為について真実を追求し、侵略的な戦争の終結と貧困の解消を要求するプロセスに傾いた。そして「貧困との戦い」、アファーマティブ・アクション、スクールバス、刑務所改革、女性の平等と生殖権、芸術や人文科学の振興、公共メディア、インディアン自決法など、さまざまな取り組みが行われた[26]。

入植者植民地主義を永続させる無罪への競争は、マイケル・ハートとアントニオ・ネグリの仕事で人気を博した一九九〇年代の社会運動理論でより洗練されたバージョンとして発展し始めた。三部作の第三巻である『コモンウェルス』は、中世ヨーロッパのコモンズの概念を、現代の社会運動の願望として復活させようとする二一世紀初頭の学術的流行の中で書かれた数ある書籍のひとつである[27]。コモンズに関するほとんどの著作では、「すべての土地を共有する」という呼びかけに関連して、先住民の運命についてはほとんど言及されていない。例えば、カナダの学者であり活動家でもあるナンディタ・シャーマとシンシア・ライトの二人は、先住民の土地の主張や主権を言葉を濁さずにはっきりと否定し、それらを外国人嫌いのエリート主義であるとしている。彼らは先住民の主張を「世界中の抑圧から生じるグローバルなディアスポラに照らして逆行する人種差別」と見なしている。[28]

クリーの学者であるロレイン・ル・カンプは、このような北米における先住民の抹殺を「テラヌリズム」と呼んだが、これは発見の教義のもとで、空地とされた土地を「テラ・ヌリウス」（無主の地）と呼んだことに由来する。[29] 一種の無過失の歴史観だ。国境も国家もない、すべての人のための漠然としたコモンズという解放された未来の理論から、理論家たちは、植民地主義の国家からの解放のために闘っている先住民のネーションの現在と存在を消し去ってしまう。それによって、脱植民地化、国民性、主権を求める先住民のレトリックやプログラムは、このプロジェクトによれば、無効で無益なものとなってしまうのである。[30] 先住民の視点から見ると、ジョディ・バードが書いているように、「先住民の管理の変革を提唱したり、先住民から強制的に奪った土地に居住する可能性のある多くの人々に、先住民を組み込むことを提唱するような、先住民のための、そして先住民としてのコモンズの概念は、最初期に行われ、そして今でも繰り返されている歴史的プロセスのジェノサイドと植民地主義の意図を断ち切るものではない」。[31]

ボディー・パーツ

合衆国の公的支配を求めるもうひとつの側面は、科学の名のもとに現れている。一九九〇年に「アメリカ先住民の墓の保護と遺物の返還に関する法律」（NAGPRA）が成立したにもかかわらず、一部の研究者は、科学の名のもとに、スミソニアン博物館やその他の博物館、大学、州の歴史協会、国立公園局、倉庫、骨董品店などに保管されている二〇〇万人もの先住民の遺体や埋葬品を公開しないよう、徹底的に争ってきた。一九九〇年代まで、考古学者や人類物理学者は、「科学的」実験のために遺体を必要としていると主張していたが、そのほとんどが無造作に箱に入れられて保管されていた[32]。

そうすることで、彼らは「ネイティブ・アメリカン」の定義や、請求者の主権の権利にも異議を唱える。さらには、親の遺骨を故郷へ送還しようとするアメリカ先住民を、反科学的だと非難することもある[33]。しかし、人類学者フランツ・ボアスが一九一一年に、こうした研究の前提となっていた人種的な優劣の理論を否定して以来、先住民の体の一部を実際に調べることはほとんど行われていない。一九一一年にイギリス人が、北カリフォルニアのヤヒの最後のひとりとしたイシが一九一六年に亡くなったとき、イシと彼の文化を研究していたカリフォルニア大学バークレー校の人類学者アーサー・クローバーは、イシの希望に沿って、先住民の伝統的な埋葬を行い、解剖はしないと主張した。科学の大義名分について聞かれたクローバーはこう答えている。「もし科学の利益について語ることがあれば、科学は地獄に落ちればいいと言ってくれ。…それに、科学的価値が物質的に関与しているとは思えない。誰も研究しようとしないインディアンの骨格が何百とあるのだから[34]」。

クローバーの姿勢とは裏腹に、イシの脳は摘出・保存され、ワシントンのスミソニアン博物館に送られた。人類学者のエリック・デイビスが言うように、遺体に科学的な価値はない。むしろ崇拝物になってしまったのだ。それは「価値の目印となるもので、その力は、それがもともと参照されていた指示対象の不明瞭さにとりわけ由来する。インディアンのアイデンティティ、そしてその物質的な形態であるネイティブの死体は、非常に長い間、すでに土地を征服した者が土地を所有していることを示す崇拝物として、ますます強力に機能してきた、というのが私の主張です[35]」。

一九九〇年代に起きた「ケネウィック人」現象は、病理学的なデイビス文献について多くのことを明らかにした。一九九六年、ワシントン州ケネウィック近郊のウマティラ・ネーションの伝統的な土地の川岸で、ほぼ完全な骨格と頭蓋骨が発見された。郡の検視官は、その骨が少なくとも九〇〇〇年前のものであり、したがってネイティブ・アメリカンであると判断した。NAGPRAに基づけば、遺骨はウマティラ当局に引き渡されるはずだった。しかし、地元の考古学者であるジェームス・C・チャタターズに遺骨の調査が依頼された。数週間後、チャタターズは記者会見を開き、遺骨は「コーカソイド」であり、そこには語るべき物語があると宣言したのである。それまで、この発見はあまり注目されていなかったが、チャタターズの主張によって、「ヨーロッパ人がアメリカに侵入した――紀元前二万年」(『ディスカバー』)、「ネイティブ・アメリカンより先に誰かがここにいた?」(『ニューヨーカー』)、『インディアン以前のアメリカ」(『ユナイテッド・ステーツ・ニューズ&ワールド・レポート』)、「最初のアメリカ人を探せ」(『ナショナル・ジオグラフィック』)などの見出しが世間を賑わせた。この考古学者は、インチキな前提から次のような一連の論理的な結論を導き出していた。遺骨は古代のものであり、骨格や頭蓋骨は現存する先住民のものとは似ていないと言われている。現代のヨーロッパ人のものに近いかもしれない。したがってヨーロッパ人が「最初のアメリカ人」だろう。合衆国考古学協会は、このような主張を否定し、過去にさかのぼって人種の特徴を決定するという、今では信用されていない「科学」を糾弾した。しかし、この主張は人々の心に残り、メディアの偏見にもなった。

この論争は、明らかに科学の問題ではなく、先住民の古代性、主権、権利の主張と入植者の腹立たしさの問題だった。チャタターズは、CBDの番組『シックスティー・ミニッツ』のインタビューに答えて、このことを明らかにした。「部族がケネウィック人のさらなる実験に反対するのは、主に恐怖心に基づいていています。もし誰かが自分たちよりも前にここにいたとしたら、主権ネーションとしての地位や、それに付随するすべてのもの――条約上の権利や利益をもたらすカジノなどが…危険にさらされるのではないかという恐怖心です」。白人至上主義のグループであるアサトゥル民俗会合も同様の評価をしている。「ケネウィック人はわれわれの親だ。…ネイティブ・アメリカンのグループはこの考えに強く反発しており、「最初のアメリカ人」としての地位が覆されれば、失うものが大きいと考えている。われわれは、われわれの遺産を隠そうとする人々に、それをさせてはならない[36]」。

チャターズは、ケネウィック人が「たくさんの物語を持っている」と主張する。「このような人たちと一緒に仕事をすると、共感が生まれ、まるで他の人を親密に知っているような気分になる[37]」。エリック・デイビスは、科学者の遺体との一体感を「病的な腹話術」と呼び、ウマティラ・ネーションとの紛争でチャターズの味方をした判事でさえ、遺体は「彼らが読むことのできる本であり、紙の代わりに骨に書かれた歴史であり、岩や氷の層や木の年輪を観察することで地域の歴史を『読む』ことができるのと同じだ」と述べていることを指摘している[38]。今から四五年前、考古学者のロバート・シルバーバーグが、アングロサクソン系アメリカ人にとっての「失われた部族」の魅力について書いている。「アメリカの中西部で失われた先史時代の民族という夢は、深い満足感を与えてくれた。消えたものが巨人、白人、イスラエル人、デンマーク人、トルテック人、あるいはユダヤ系トルテック人の大バイキングだったなら、なおさらである[39]」。もし、インディアン以外の何ものでもないとなれば、それは、大陸が盗まれ、ジェノサイドが行われ、真正性を求めるが決してそれを見つけられない入植者たちが、真実を疑い、それを恐れながら、偽りとともにこの国に生きていることを、アングロサクソン入植者の子孫に思い出させる証拠となるからである。

幽霊や悪魔から隠れるために

合衆国のジェノサイドの歴史を象徴するものとして、また同時に一般的な潜在意識の知識を示すものとして、北カリフォルニアのサンタクララ（シリコン）バレーにある観光施設「ウィンチェスター・ミステリー・ハウス」がある。サンフランシスコの南五〇マイル、北はオレゴン、南はサンディエゴから出現する広告板では、それはゴーストハウスと謳われている。ウィリアム・ワート・ウィンチェスターの未亡人であるサラ・L・ウィンチェスターは、幽霊を避けるためにこのビクトリア調の邸宅を建てたが、彼女の家に幽霊が入ってきたという記録はない。一八八四年から一九二二年に亡くなるまでのウィンチェスター夫人の計画は成功したと言えるかもしれない。彼女は、シッティング・ブル殺害とウンデッド・ニー虐殺のきっかけとなった一八九〇年のゴースト・ダンスが広く知られるようになったことをよく知っていたのだろう。踊り子たちはダンスをすれば死んだ兵士たちが戻ってくると信じていた。

ウィンチェスター夫人が、亡き夫の父親が一八六六年に発明して製造したウィンチェスター・リピーティング・ライフルで殺された人々の亡霊から身を守る必要性を感じたのは理にかなっている。ウィンチェスター夫人は、夫の家族がライフル銃の販売で築いた財産を相続した。しかし、このライフルを購入したのは合衆国陸軍省だった。陸軍省がライフルを大量に購入した最大の理由は、インディアンを殺すためである。このライフルは、南北戦争後、合衆国陸軍が平原のインディアンと戦うために特別に設計された技術革新の成果だった。

ウィンチェスター・ハウスは、見学するすべての人を驚かせる。階数はジグザグ状だがともかく五階ある。各部屋は、一九世紀後半のヴィクトリア朝様式で装飾されていて、それ自体は普通に見える。しかし、応接室からベッドルーム、キッチン、クローゼット、そしてフロアからフロアへの移動には、見た目以上にかかる。数多くの階段が行き止まりになっていて、秘密のトラップドア（落とし戸）が実際の階段を隠している。クローゼットの扉は壁に面しており、家具がクローゼットの扉になっている。巨大な本棚は隣の部屋への入り口になっていた。未亡人が亡くなったとき、この家の一部は未完成だった。未亡人は亡くなるまで、毎日夜明けから日暮れまで建築作業員を雇い、部屋や仕掛けを増やしていたそうだ。この未亡人の家を訪れた人は、明らかに精神的に参っている人の恐怖や苦悩を示す証拠を目の当たりにして、驚き、そして悲しくなるだろう。しかし、ここにはもうひとつの可能性がある。それは、合衆国社会を支えている足場のようなもの、つまりアメリカ大陸に住むひとりひとりの心の中にあるプログラムのようなものを感じさせる可能性だ。

ウィンチェスター夫人は、一般の人よりも真実を認識し、その結果を恐れていたのかもしれない。それにもかかわらず、国家や世界の「安全保障」の名のもとに、世界中で敵を見つけたり、作り出したり、すでに世界最大の軍事力を拡大したり、精巧な軍事基地のグローバルネットワークを増やし続けている今日の合衆国は、常に幽霊を阻止しようとしているウィンチェスター夫人に似ていないだろうか？　多くの人が抱いている罪悪感は、リチャード・スロトキンの『暴力による再生』のタイトルのように、別の方法で、より大きなスケールで埋められ表現されている。

では、合衆国社会はどのようにして過去との折り合いをつけることができるのだろう？　どうやって責任を認めることができるのか？　先住民の歴史家である故ジャック・フォーブスは、「生きている人間は、自分の祖先がしたことに責任はないが、その過去の産物である自分の住む社会には責任がある」と常に強調していた。この責任を負うことが生存と解放の手段となる。世界のすべての人、すべてのものが、合衆国の支配と介入によって、ほとんどの場合、負の影響を受けていた。多くの場合、直接的な軍事手段や代理人を通じて暴力的に行われている。これは緊急の問題だ。歴史家であり教師でもあるファン・ゴメス＝キニョネスは、「アメリカインディアンの祖先や遺産は、幼稚園から高校までのカリキュラムや、大学での研究や大学院での発表に不可欠なものであるべきだ。……アメリカの歴史と文化は、教育カリキュラムに完全に統合されるべきである」と書いていた。ゴメス＝キニョネスは、合衆国における知性の指標を「先住民指数」と名付けている。[40]

先住民は、帝国後の生活の可能性を提供している。その可能性とは、植民地主義の罪を消し去ることでも、植民地化された土地の人々を個人として含めるという名目で消滅させることでもない。そのプロセスは、合衆国が先住民と交わした条約を尊重すること、ブラックヒルズをはじめとする連邦政府が所有するほとんどの公園や土地、盗まれた聖なる品々や身体の一部を含むすべての聖地を復元すること、そして先住民のネーション再建と拡大のために十分な賠償金を支払うことから当然始まる。その過程で、大陸は物理的にも心理的にも根本的に再構成される。このような未来を実現するためには、大規模な教育プログラムが必要であり、入植者の子孫、奴隷にされたアフリカ人、植民地化されたメキシコ人、そして移民の人々の全面的な支援と積極的な参加が必要である。

アコマの詩人、シモン・オルティスは次のように書いている。

未来は喪失と荒廃に傷つくことはないだろう。
たとえ記憶がそれに傷つくにしても。
目は優しく、深みをまし、このネーションの骨は
革命の後に修復されるだろう。(41)

著者ノート

歴史学の修士号と博士号を取得した学生として、私は教授から学んだことや、何千ものテキストから学んだことに感謝している。しかし、この本で紹介されている視点は、それらの教授や研究から得たものではない。アカデミーの外から得たものだ。

私の母は、ミズーリ州ジョプリンで生まれたインディアンの一人でチェロキーだと思われる。四歳のときに母を結核で亡くし、アルコール依存症のアイルランド人の父を持ったために、母は孤児となり、弟と一緒に放置されて、しばしばホームレスとして育った。父親の転勤先であるオクラホマ州ハラーの路上で当局にひろわれ、里親のもとに預けられたが、そこで虐待を受けたり、召使いになることを期待されたり、家出をしたりした。一六歳のとき、彼女は私の父と出会い、結婚した。父はスコットランド系アイルランド人の入植者の血を引く一八歳の青年だった。高校を中退し、オーセージ・ネーションの広大な牛牧場でカウボーイとして働いていた。私は彼らの四人の子供の末っ子だった。オクラホマ州カナディアン郡の小作人（シェアクロッパー）一家だったので、山小屋を転々とした。私が育ったのは先住民のコミュニティの中である。そこは一九世紀後半に入植者に割り当てられて開放された、サウス・シャイアンとアラパホ・ネーションの条約による旧領土で、先住民の農村社会の中にあった。近くにはコンチョに連邦のインディアン寄宿学校がある。オクラホマ州では、黒人、白人、インディアンの町、教会、学校が厳格に分離されていて、私は先住民との交流がほとんどなかった。母は、自分がインディアンの一人であることを恥じていた。彼女はアルコール依存症で亡くなった。

一九六〇年代のカリフォルニアで、私は公民権運動、反アパルトヘイト運動、反ベトナム戦争運動、女性解放運動などに参加し、最終的にはレッドパワーと呼ばれる汎インディアン運動にも参加した。一九七〇年、私はタスカローラの伝統主義者であるマッド・ベア・アンダーソンに誘われ、先住民の問題に取り組むことになった。彼は、たとえ断片的であっても先住民の伝統を受け入れるべきだと主張した。最初は躊躇していたが、一九七三年のウンデッド・ニー包囲事件の後、私は地元、国内、そして国際的に、アメリカインディアン運動や国際インディアン条約評議会で活動を始めた。また、ウンデッド・ニー事件の被告を含む裁判の臨時証人を務めるようになり、ラコタ・スーの長老や活動家たちと議論するようになった。このような歴史的な変動のあった時期に、サンフランシスコを拠点としていた私は、一九七四年に歴史学の博士号を取得し、その後、新しいネイティブ・アメリカン研究プログラムで教鞭をとることになった。私の学位論文は、ニューメキシコ州の土地所有権の歴史に関するものだった。そして一九七八年から一九八一年にかけては、ニューメキシコ大学のネイティブ・アメリカン研究の客員ディレクターを務めた。ニューメキシコ大学では、全インディアン・プエブロ評議会、メスカレロ・アパッチ・ネーション、ナバホ・ネーション、DNA（ピープルズ・リーガル・サービシーズ）、そして先住民の学生、教員、コミュニティと協力して、研究機関や経済開発のためのセミナー研修プログラムを開発した。

私はこの本と六年間向き合ってきた。物語の軸が定まるまで、何度も書き直した。このReVisioning American Historyシリーズの執筆を依頼されたとき、私は補助線を与えられた。それは、知的に厳密でありながら、比較的簡潔で、多くの読者を惹きつけるように書かれていることだった。この野心的なプロジェクトに同意した後で、私は重大な不安を感じた。先住民が経験した合衆国の歴史とはいえ、二世紀にわたるさまざまな経験をどうやって正当に表現すればいいのか？　また、アメリカ先住民の歴史についてはほとんど知らず、合衆国史については意識的、無意識的に決まった物語を持っているであろう一般の読者に、理解してもらうにはどうしたらよいのか？　このプロジェクトの本質的な重要性を確信した私は、北米先住民の学者、小説家、詩人の本や論文、未発表の論文、スピーチ、証言など、実に素晴らしい作品群を読んだり、再読したりした。

私は、以下のような標準的な区分けとは対照的に、先住民の経験をたどるような、合衆国史の新しい時代区分が必要だと気づくようになった。植民地時代、革命時代、ジャクソン時代、南北戦争と再建時代、産業革命と金ピカ時代、海外帝国主義、進歩主義、第一次世界大戦、大恐慌、ニューディール、第二次世界大戦、冷戦、ベトナム戦争、そして現代の数十年。私は、先住民の経験をよりよく反映させるためにこの時代区分を変更したが、それは必要なほど急激な変更ではなかった。これは、現在のアメリカ先住民の研究でよく議論されている問題だ。また、人種や人種差別が重要でないからではなく、先住民は人種や民族としてではなく、異なる民族（何百ものネーション）として植民地化され、領土を奪われたことを強調するために、人種のレトリックを脇に置くことにした。「植民地化」「収奪」「入植者植民地主義」「ジェノサイド」……これらの言葉は、米国の歴史の核心に触れるものであり、米国という国の存在意義の根源に関わるものである。

ジェノサイド（集団殺害）という言葉は、かつて合衆国の学界や政界では受け入れられなかったが、その証拠が出てきたことで広く世間に認められるようになった。しかし、その言葉には「消滅」という前提がつきまとう。そこで私は、この本の中で、先住民の生存の現実と意義を明確にすることが重要だと考えた。先住民の生存は、何世紀にもわたって受け継がれてきた抵抗とストーリーテリングによるものであり、この生存は受動的なものではなく動的なものであることを示そうとした。どんな手段であれ、ジェノサイドを生き延びることは抵抗である。合衆国の歴史をより正確に理解するためには、インディアン以外の人々もこのことを知る必要がある。

この本が、歴史、先住民の経験の現在の現実、そして米国そのものの意味と未来についての対話のきっかけとなることを願っている。

用語についての注意点。本文中では、「Indigenous」「Indian」「Native」という言葉を使い分けている。北米の先住民は、全体的に「Indian」を中傷とは考えていない。もちろん、先住民のネーションは皆、Diné（ナバホ）、Haude-nosaunee（イロコイ）、Tsalagi（チェロキー）、Anishinaabe（オジブウェイ、チペワ）など、それぞれの言語によるネーション名を使うことを望んでいる。また、「Sioux」（スー）や「Navajo」（ナバホ）など、より親しみやすい呼び方と正しい呼び方を組み合わせている。引用されている資料を除いて、私は「tribe」（部族）という言葉を使わない。代わりに、「Community」「people」「nation」などを使う。また、アメリカとその国民だけを指すときには、「America」や「American」を使わないようにしている。このような露骨な帝国主義的用語は、同じアメリカ人である西半球の他の地域の人々を困らせる。私は、国を指す場合は名詞としての「United States」と形容詞としての「US」を、国民を指す場合は「US Americans」を使用している。

謝辞

私はこの本を、一九七〇年代に大学でのネイティブ・アメリカン研究プログラムと奨学金制度の発展を先導してくれた三人の先住民活動家、故ヴァイン・デロリア・ジュニア、ジャック・フォーブス、ハワード・アダムスに捧げました。

私の恩師であり、多くの人にインスピレーションを与えたヴァイン・デロリア・ジュニア（一九三三―二〇〇五）は、グレート・スー・ネーションのヤンクトン・ダコタで、アメリカ先住民の歴史を脱植民地化するための枠組みや基盤として、先住民の主権が必要であることを私に印象づけました。主権とは政治的なものだけでなく、生存の問題であり、聖地や遺跡を否定することはジェノサイドの一形態であると彼は主張しました。ヴァインとの出会いは、一九七三年の包囲事件後、ウンデッド・ニーの法的弁護団に私をスカウトしてくれたことがきっかけでした。一九七四年にネブラスカ州リンカーンで開かれた歴史的な連邦裁判所の公聴会で、私は専門家の証人を務めました。ヴァインと弁護士チームは、一八六八年のスーと合衆国の条約を利用して、連邦裁判所で裁かれているウンデッド・ニーの被告に対するスーの管轄権を証明しました。さらにヴァインは、二週間にわたる公聴会で証言したスーの長老やその他の人々の証言を編集して出版し、スーとその主権を求める闘いの継続について口述歴史《オーラル・ヒストリー》を構成するよう私を説得してくれました。一九七七年に出版された *The Great Sioux Nation: An Oral History of the Sioux Nation and Its Struggle for Sovereignty* には、ヴァインが序文を書いています。この本は、二〇一三年に新装版が出版されました。ヴァインは、私が出会ったときにはすでにベストセラー作家であり、その後も何十冊もの影響力のある本や記事を出版しています。彼は、カリフォルニア大学ロサンゼルス校、アリゾナ大学、コロラド大学に初期のネイティブ・アメリカン研究プログラムを設立しました。

一九七四年にジャック・フォーブス（一九三四―二〇一一）に会う前から、一九六〇年に出版された彼の著書 *Apaches, Navajos, and Spaniards* は、ニューメキシコ州の土地保有権の歴史に関する私の論文の中心的テーマでした。ポウハタン・レナペとレナペの血を引くジャックは、活動家・歴史家であり、私が歴史学の博士号を取得した後も、その道を歩むように促してくれました。ジャックは、カリフォルニア大学デービス校でネイティブ・アメリカン研究学科とその博士課程を設立し、D‐Q大学を共同設立しました。私は、ネイティブ・アメリカン研究プログラムの開発を一緒に行うだけでなく、彼とともにピットリバー（カリフォルニア州）・ネーションの土地闘争や、ネバダ州バトルマウンテンのウェスタン・ショショーン・ネーションの研究を行いました。

私は、アフリカとアメリカにおける植民地主義と帝国主義の研究をし、民族解放運動を支援しながら、政治的に、そして知的に成長してきましたが、一九七五年にハワード・アダムス（一九二一―二〇〇一）と出会って、同胞を見つけることができました。ハワードは、サスカチュワン州の田舎に住むメティスの政治指導者で、マルクス主義者であり、ジャック・フォーブスに誘われてカリフォルニア大学デービス校のネイティブ・アメリカン研究の教授になりました。ハワードは、私が出会った学者の中で、私と同じように貧しい環境で育った最初の人物であり、そのことについてたがいに多くの会話を交わしました。一九七五年に発表されたメティスと、その偉大な指導者ルイ・リエルの悲痛でエレガントな回想録 *Prison of Grass: Canada from a Native Point of View* は、私の心を揺さぶるものでした。今や古典となった彼の回顧録は、私自身の研究と執筆のテンプレートとなっています。

私が本書でまとめようとした先住民の歴史的経験と視点に基づいた米国史の包括的な物語は、何世代にもわたる先住民の知識人、歴史家、作家、詩人、映画制作者、音楽家、芸術家たちの研究、分析、視点なしには実現しなかったでしょう。彼らは、単独で、あるいは集団で、何世紀にもわたって行われてきたジェノサイドとジェノサイド政策の痕跡を覆い隠してきた、オリジナルの物語と政治の脱植民地化に貢献しています。それによって、先住民の主権、自決、民族解放に貢献しているのです。

本書は、ジェラルド・ビゼナーとジーン・デニソンとの先住民の憲法制定に関する対話から、環境保護主義とナバホ・ネーションについてはアンドリュー・カーリーから、全人類、特に先住民にとっての気候変動の大惨事についてはワジヤタウィンから、先住民のアイデンティティについては、ニック・エステス、ダフネ・テイラー＝ガルシア、グロリア・チャコン、マイケル・トルヒーヨから、歴史の時代区分と先住民の資料の使用についてはスーザン・ミラーから、口述歴史についてはエリザベス・キャッスルから大きな恩恵を受けました。そしてレイチェル・ジャクソンとはオクラホマ州における入植者と先住民の関係について、一〇年以上にわたって継続的に議論してきました。

ビーコン・プレスの優秀な編集者であるガヤトリ・パトナイクに感謝したいと思います。ガヤトリはビーコンのアーティストや作家にとって夢のような存在で、厳しいけれど常に正しい、実践的な編集者です。また、ビーコンのアシスタント・エディターであるレイチェル・マークスの丁寧で知的な仕事にも助けられました。

私は、この本がビーコン・プレスのReVisioning American Historyシリーズの他の本とならんで位置づけられることに感謝しており、それについてはハワード・ジンに敬意を表しています。

特にスティーブン・ベイカー、スティーブン・ハイアット、スーザン・ミラー、アイリーン・「チョッキー」・コティエ、ルーク・ヤング、ワジヤタタウィン、マーティン・レガシックなど、草稿の一部または全部を読んで、重要な提案や必要なサポートをしてくださった方々に感謝しています。もちろん、本文中の誤りや解釈については、私だけが責任を負うものです。

原注

序――この国

（エピグラフ）Willie Johns, "A Seminole Perspective on Ponce de León and Florida History," *Forum Magazine* (Florida Humanities Council), Fall 2012, http:// indiancountrytodaymedianetwork.com/2013/04/08/seminole-perspective- ponce-de-leon-and-florida-history-148672 (accessed September 24, 2013).

（1）ウディー・ガスリーのもっともポピュラーな歌。「この国はあなたの国／この国は私の国／カリフォルニアから／ニューヨークの島まで／レッドウッドの森から／メキシコ湾の水流まで／この国はあなたと私のために創られた」。

（2）ヘンリー・クロウ・ドッグ、一九七四年のスー族条約公聴会での証言（Dunbar- Ortiz, Great Sioux Nation, 54）。

（3）Chang, *Color of the Land*, 7.

（4）Wolfe, "Settler Colonialism," 387.

（5）Watson, *Buying America from the Indians* と Robertson, *Conquest by Law* を見よ。各教皇の大勅書のリストと説明については The Doctrine of Discovery, http://www.doctrineofdiscovery.org (accessed November 5, 2013) を見よ。

（6）Williams, *The American Indian in Western Legal Thought*, 59.

（7）Stewart, *Names on the Land*, 169–73, 233, 302.

（8）Sheehan, "Indian-White Relations in Early America," 267–96.

（9）Killsback, "Indigenous Perceptions of Time," 131.

（10）Turner, *the Frontier in American History*, 127.

（11）"Convention on the Prevention and Punishment of the Crime of Genocide, Paris, 9 December 1948," Audiovisual Library of International Law, http://untreaty.un.org/cod/avl/ha/cppcg/cppcg.html (accessed December 6, 2012). Kunz, "United Nations Convention on Genocide." も見よ。

（12）O'Brien, *Firsting and Lasting*.

（13）Lazarus, *BlackHills/WhiteJustice*, 39. Marszalek, *Sherman*, 379 に引用されている。

（14）Wolfe, "Settler Colonialism," 393.

（15）18 U.S.C.§1151 (2001).

（16）Echo-Hawk, *In the Courts of the Conqueror*, 77–78.

（17）"Tribes," US Department of the Interior website, http://www.doi.gov/tribes/index.cfm (accessed September 24, 2013); "Indian Reservation," New World Encyclopedia, http://www.newworldencyclopedia.org/entry /Indian_reservation (accessed September 24, 2013). Frantz, *Indian Reservations in the United States* も見よ。

1　トウモロコシを追う

（エピグラフ）Mann, *1491*, 252.

（1）Ibid., 264.

（2）Dobyns, *Native American Historical Demography*, 1; Dobyns, "Estimating Aboriginal American Population," と "Reply," 440–44. Thornton, *American Indian Holocaust and Survival* も見よ。

（3）Vogel, *American Indian Medicine*, 253-55 に引用されている。ヴォーゲルの古典的なテキストは、シャーマニズムから医薬品、衛生学、外科学、歯科学に至るまで、先住民の医療（特定の病気や疾患に適用）のあらゆる側面を網羅している。

（4） Acuña, *Occupied America*, 1–19.

（5） DiPeso, “Casas Grandes and the Gran Chichimeca,” 50; Snow, “Prehistoric Southwestern Turquoise Industry,” 33. ディペソは、北側の地域を「グラン・チチメカ」と呼んでいる。これは、先植民地時代のメソアメリカーナが使っていた言葉で、初期のスペイン人探検家が採用した。南部では、植民地時代にアステカの故郷であった地域を「アズラン」と呼んでいた。

（6） DiPeso, “Casas Grandes and the Gran Chichimeca,” 52; Snow, “Prehistoric Southwestern Turquoise Industry,” 35, 38, 43–44, 47.

（7） Cox, *The Red Land to the South*, 8–12.

（8） 植民地時代以前の南西部については Crown and Judge, *Chaco & Hohokam* を見よ。

（9） Ortiz, Roots of Resistance, 18–30. Forbes, *Apache, Navaho, and Spaniard*; Carter, *Indian Alliances and the Spanish in the Southwest* も見よ。

（10） Davidson, “Black Carib Habitats in Central America.”

（11） Mann, *1491*, 254–57.

（12） 以下の資料は Denevan, “The Pristine Myth” に基づいている。

（13） イロコイ連邦が合衆国憲法の制定者に与えた影響については、Johansen, *The Forgotten Founders* を見よ

（14） ニューヨーク州立大学バッファロー校の教授であるライオンズは、次のように述べている。アメリカの植民地の人々が、ハウデノサウニー（「ロングハウスの人々」の意。イロコイ連邦）の制度を利用してアメリカ政府を設立したとき、精神世界を含めることを怠ったため、今日のアメリカ政府を悩ませる問題が始まったのであると。

（15） Miller, *Coacoochee's Bones*, 1–12.

（16） 1. Mann, *1491*, 332.

（17） Thomas Morton, ibid., 250 に引用されている。

（18） Ibid., 251–52.

（19） David Wade Chambers, “Native American Road Systems and Trails,” Udemy, http://www.udemy.com/lectures/unit-4-native-american-road-systems-and-trails-76573 (accessed September 24, 2013). 主要道路の位置をグラフィックで表示している。

（20） Starr, *History of the Cherokee Indians and Their Legends and Folk Lore*.

（21） Conley, *Cherokee Nation*, Cox, *The Red Land to the South*, 8 で引用。

2 征服の文化

（エピグラフ） Marx, *Capital*, 823; http://www.marxists.org/archive/marx /works/1867-c1/ch31.htm.

（1） Spicer, *Cycles of Conquest*, 283–85.

（2） Linebaugh, *The Magna Carta Manifesto*, 26–27.

（3） このように、過去の植民地時代の慣習や制度を深く掘り下げた二つの優れた歴史的作品は、今でも他に類を見ない。イベリア半島とムーア人については、Kamen, *Spanish Inquisition* を見よ。イングランドのアイルランド植民地化とアメリカの一三の植民地については、Jennings, *Invasion of America* を見よ。

（4） Kingston-Mann, “Return of Pierre Proudhon.”

（5） Federici, *Caliban and the Witch*, 184.

(6) Ibid., 171–72, 179–80.
(7) Ibid., 237.
(8) Roth, Conversos, *Inquisition, and the Expulsion of the Jews from Spain*, 229.
(9) Sánchez-Albornoz, *España, un enigma histórico*, 677.
(10) Stannard, *American Holocaust*, 246. 反対意見としては Anderson, *Ethnic Cleansing and The Indian* がある。
(11) Jennings, *Invasion of America*, 168.
(12) Curtis, *Apes and Angels* を見よ。
(13) Calloway, review of *The Americas That Might Have Been*, 196.
(14) Keen, “White Legend Revisited,” 353.
(15) Denevan, “Pristine Myth,” 4–5.
(16) Dobyns, *Their Number Become Thinned*, 2. Dobyns, *Native American Historical Demography*; Dobyns, “Estimating Aboriginal American Population,” 295–416, と “Reply,” 440–44 も見よ。
(17) Borah, “America as Model,” 381.
(18) Cook, *Conflict between the California Indian and White Civilization*.
(19) Wilcox, *Pueblo Revolt and the Mythology of Conquest*, 11.

3 契約のカルト

(1) Mann, *1491*, 323.
(2) Rostlund, *Myth of a Natural Prairie Belt in Alabama*, 409.
(3) Mann, *1491*, 252.
(4) Denevan, “Pristine Myth,” 369–85.
(5) Faragher, Buhle, Czitrom, and Armitage, *Out of Many*, 1–24. テキストのタイトルがその意図を反映している。第1章のタイトルは「村の大陸、一五〇〇年まで」。
(6) Jennings, *Invasion of America*, 15.
(7) わかりやすい比較検討については、Gump, “Civil Wars in South Dakota and South Africa,”” 427–44 を見よ。現代のイスラエル国家は、古代の起源である契約に頼ることで、例外主義的なイデオロギーを用いていて、入植地主義的な性質を認めようとしない。Donald Harman Akenson, *God's Peoples: Covenant and Land in South Africa, Israel, and Ulster* (Montreal: McGill-Queen's University Press, 1991), 151–82, 227–62, 311–48.
(8) Akenson, *God's Peoples*, 9.
(9) Jacobson, *The Story of Stories*, 10.
(10) Akenson, *God's Peoples*, 30–31, 73–74.
(11) Ibid., 112.
(12) Miller, *Errand in the Wilderness*; Jennings, *Invasion of America*; Vowell, *Wordy Shipmates* を見よ。
(13) Phillips, *Cousins' Wars*, 177–90.
(14) Akensen, *God's Peoples*, 118.
(15) Griffin, *People with No Name* を見よ。
(16) 歴代大統領には Andrew Jackson, 1829–37; James K. Polk, 1845–49; James Buchanan, 1856–61; Andrew Johnson, 1865–69; Ulysses S. Grant, 1869–77; Chester A. Arthur, 1881–85; Grover Cleveland, 1885–89 and 1893–97; Benjamin Harrison, 1889–93; William McKinley, 1897–1901; Theodore Roosevelt, 1901–9; Woodrow Wilson, 1913–21; Harry S. Truman, 1949–53; Richard M. Nixon, 1969–74; Jimmy Carter, 1977–81; George H. W. Bush, 1989–93; Bill Clinton, 1993–2001; George W. Bush, 2001–2009; Barack Obama, 2009–.
(17) スコットランド系アイルランド人のファミリー・ヒスト

リーについては、James Webb, *Born Fighting* を見よ。ウェッブは、米国海兵隊に誇りを持って所属し、レーガン政権で海軍長官となり、その後、バージニア州の民主党上院議員になった。米国は偉大で強力な国であり、その地位はスコットランド系アイルランド人の入植者に負うところが大きいと、ウェッブは推測している。

(18) Degler, *Out of Our Past*, 51.

4 血塗られた足跡

(エピグラフ) John Grenier, *The First Way of War*, 5, 10. グルニエは空軍将校で、米国空軍士官学校の歴史学の准教授である。

(1) LaDuke, *Militarization of Indian Country*, xv–xvii.

(2) "Enemy Territory as 'Indian Country,'" *Blue Corn Comics*, April 19, 2003, http://www.bluecorncomics.com/indctry.htm. O'Brien, *American Indian Tribal Governments*, 205–6 を見よ。「インディアン・カントリー」として認められるためには、通常、その土地がインディアン保留地内にあるか、連邦信託地（技術的には連邦政府が所有しているが、部族または部族のメンバーのために信託されている土地）であることが必要。ほとんどの場合、インディアン・カントリーの種類は以下の通り。

1 保留地（18 USC 1151(a)）。歴史的に、インディアン保留地は、特定の部族が米国と条約を締結した際に作られた（この条約には、部族のメンバーが法の執行、教育、健康管理の恩恵を受け、狩猟・漁業の権利を保持するための条項が含まれていることが多い）。部族は通常、伝統的な土地を米国政府に譲渡するが、部族の目的のために土地の一部を「取っておいた」。これらの「取っておいた」土地が「保留地」として知られるようになった。その後、大統領令や議会の制定により、多くの「保留地」が作られた。18 USC 1151(a)で定義されているように、「インディアン・カントリー」は私有地や通行権（例えば、公的にアクセスできる道路）の対象となる土地を含む、保留地内のすべての土地から構成される。しかし、いくつかの保留地は、連邦裁判所の判決やその後の議会の制定などにより、「消滅」または無効とされている。

2 非公式保留地。保留地が消滅した場合、または保留地の法的存在が明確でない場合、インディアン使用のために確保された残りの信託地は依然としてインディアン・カントリーである（Oklahoma Tax Commission v. Chickasaw Nation, 515 US 450 and Oklahoma Tax Com- mission v. Sac & Fox Nation, 508 US 114）。

3 「依存的インディアン共同体」（18 USC 1151(b)）。US v. Sandoval (231 US 28) ではニューメキシコ州のプエブロ部族地が、US v. McGowan (302 US 535) ではネバダ州のインディアン植民地も「インディアン・カントリー」であると判断している。これらの判決の結果は、後に18 USC 1151(b)で「依存的インディアン共同体」として成文化された。裁判所は、「依存的インディアン共同体」とは、連邦政府の監督下にあり、インディアンの使用のために確保された土地であると解釈しており、Alaska v. Native Village of Venetie (522 US 520) がその例である。

4 アロットメント（割り当て地）（18 USC 1151(c)）。一八八七年から一九三四年まで、連邦政府は、部族信託地の一部の区画を特定のインディアン個人、または特定のインディアン家族に割り当て、または譲渡するプログラムを実施した（ただし、それ以上の譲渡は連邦政府により一時的に制限された）。また、これらの割り当て地の一部は、後に私有地に転換された。

しかし、一九三四年の議会制定により割り当て計画が凍結された時、多くの区画はまだ制限または信託の状態だった。

5 特別な指定議会は、上記のカテゴリーに該当しない土地であっても、管轄権上、特定の土地をインディアンのネーションであると特別に指定することができる。この例として、ニューメキシコ州サンタフェのSanta Fe Indian School in Santa Fe, New Mexico (Public Law 106–568, section 824(c)) (O'Brien) がある。

"What Is Indian Country?," Indian Country Criminal Jurisdiction, http:// tribaljurisdiction.tripod.com/id7.html (accessed September 25, 2013).

（3） Grenier, *First Way of War*, 5, 10. また Kaplan, "Prologue: Injun Country," in *Imperial Grunts*, 3–16 と Cohen, *Conquered into Liberty* も見よ。

（4） Grenier, *First Way of War*, 1.

（5） Bailyn, *Barbarous Years*.

（6） Grenier, *First Way of War*, 4–5, 7.

（7） Ibid., 21.

（8） Samuel G. Drake, *Biography and History of the Indians of North America* (Boston, 1841), Nabokov, *Native American Testimony*, 72 より引用。

（9） ポウハタン族の抵抗におけるポカホンタスの役割については、Townsend, *Pocahontas and the Powhatan Dilemma* を見よ。

（10） 『エンカルタ世界英語辞典』では、「extirpate」という動詞は、「好ましくないものとされるものを完全に取り除く、殺す、破壊する」あるいは「外科的に何かを取り除く」と定義されている。

（11） Grenier, *First Way of War*, 22–26.

（12） Ibid., 34.

（13） この問題についての見事な検証は、Allen, *Invention of the White Race* を見よ。

（14） Zinn, *People's History of the United States*, 39–42; Washburn, Governor and the Rebel.

（15） Foner, *Give Me Liberty!*, 100.

（16） Quoted in Vowell, *Wordy Shipmates*, 31.

（17） Grenier, *First Way of War*, 26–27.

（18） Ibid., 27.

（19） Ibid., 27–28.

（20） Zinn, *People's History of the United States*, 15 で引用。

（21） 「フィリップ王」とは、ワンパノアグ族のリーダー、メタコムのことをイギリス人がそう呼んでいた。

（22） 植民地主義による先住民の案内人、情報提供者、戦闘員の徴集は、二〇世紀にも同様のものがあった。例えば、連邦政府が資金を提供したオグララ・ネーションの保護者たち（GOONs）は、一九七〇年代初頭、パインリッジ・スー保留地において先住民の準軍事組織として機能し、老齢者や病人を含むアメリカインディアン運動を支持する者を攻撃し殺害した。

（23） Grenier, *First Way of War*, 29–34, 36–37, 39.

（24） Taylor, *American Colonies*, 290.

（25） Grenier, *First Way of War*, 39–41.

（26） Ibid., 42–43.

（27） Ibid., 52.

（28） Ibid., 55–57.

（29） Ibid., 58, 60–61.

（30） Szabo, *The Seven Years War in Europe* と Anderson, *War That Made America* も見よ。

(31) Grenier, *First Way of War*, 66, 77.
(32) Ibid., 115–17.
(33) Amherst quoted in Calloway, *Scratch of a Pen*, 73.
(34) Grenier, *First Way of War*, 144 で引用。
(35) bid., 41.
(36) Ibid., 141–43.
(37) *The Colonial and State Records of North Carolina* 5 (Chapel Hill: University of North Carolina). Nabokov, *Native American Testimony*, 41–42 で引用。
(38) Calloway, *Scratch of a Pen*, 168–69.
(39) Grenier, *First Way of War*, 148.
(40) ハリウッドの「カウボーイ&インディアン」映画に関する詳細な研究については、Slotkin, *Gunfighter Nation* を見よ。
(41) Dunmore quoted in Grenier, *First Way of War*, 150.
(42) Jennings, "The Indians' Revolution," 337–38.
(43) 先住民の抵抗における精神的指導者の重要な役割については、Dowd, *Spirited Resistance* を見よ。
(44) Grenier, *First Way of War*, 153–54.
(45) Richter, *Facing East from Indian Country*, 223.
(46) Grenier, *First Way of War*, 161.
(47) Richter, *Facing East from Indian Country*, 222–23.
(48) Grenier, *First Way of War*, 152.
(49) Calloway, *American Revolution in Indian Country*, 197–98.
(50) Ibid., 197.
(51) Grenier, *First Way of War*, 51–53.
(52) Ibid., 17–18.
(53) Ibid., 59–63.
(54) Drinnon, *Facing West*, 331 で引用されたワシントンとサリバン。
(55) Grenier, *First Way of War*, 163, 166–68.

5 ネーションの誕生

(エピグラフ) King, *Why We Can't Wait*, 41–42. Harper and Row, 1964.
(1) Richter, *Facing East From Indian Country*, 223–24.
(2) Bogus, "Hidden History of the Second Amendment" と Hadden, *Slave Patrols* を見よ。
(3) Grenier, *First Way of War*, 170–72.
(4) Anderson and Cayton, *Dominion of War*, 104–59.
(5) Grenier, *First Way of War*, 193–95.
(6) Ibid., 195–97.
(7) Ibid., 198–200.
(8) Calloway, *Shawnees and the War for America*, 102–3.
(9) Grenier, *First Way of War*, 201-2; Richter, *Facing East from Indian Country*, 224-25.
(10) Calloway, *Shawnees and the War for America*, 137. Edmunds, *Tecumseh and the Quest for American Indian Leadership* と Dowd, *Spirited Resistance* を見よ。
(11) Grenier, *First Way of War*, 206.
(12) Ibid., 206–7.
(13) Ibid., 207–8.
(14) Richter, *Facing East from Indian Country*, 231 で引用。
(15) Grenier, *First Way of War*, 209–10, 213.
(16) Ibid., 172.
(17) Ibid., 174–75.
(18) Remini, *Andrew Jackson and His Indian Wars*, 32.

（19）Grenier, *First Way of War*, 176–77.
（20）Ibid., 181, 184.
（21）Ibid., 181-87.
（22）Ibid., 187-92.
（23）Ibid., 192-93.
（24）Ibid., 205.
（25）Ibid., 221-22.

6　モヒカンの最後とアンドリュー・ジャクソンの白い共和国

（エピグラフ）Fanon, *Wretched of the Earth*, 33.
（1）Tucker and Hendrickson, *Empire of Liberty* を見よ。
（2）Wilentz, *Rise of American Democracy*, 109–11; Dowd, *Spirited Resistance*, 163–64.
（3）Anderson and Cayton, *Dominion of War* を見よ。
（4）Phillips, *Cousins' Wars*, 3 で引用。
（5）Debra Goldman, ed., "And That's the Way It Was . . . 150 Years Ago This Month," *Archaeological Society of Southern Florida Newsletter* 12, no. 6 (June 1987), http://www.archaeologicalsocietyofsouthernflorida.org /archives/News1986-1990/Vol12No06June1987.pdf.
（6）Grenier, *First Way of War*, 214–15.
（7）Remini, *Life of Andrew Jackson*, 62–69.
（8）Grenier, *First Way of War*, 216–17.
（9）Brinkley, *Unfinished Nation*, 85; Takaki, *Iron Cages*, 96.
（10）Takaki, *Different Mirror*, 85–86.
（11）Brinkley, *Unfinished Nation*, 84. ポピュリストの帝国をつくろうとしたジャクソンの構想については、Anderson and Cayton, *Dominion of War*, 207–46 を見よ。
（12）Grenier, *First Way of War*, 204.
（13）Ibid., 205.
（14）Ibid., 218–20.
（15）Ibid., 215. Saunt, *New Order of Things*, 236–41 も見よ。
（16）Miller, *Coacoochee's Bones*, xi.
（17）Rogin, *Fathers and Children*, 129 で引用。
（18）Slotkin, *Fatal Environment*, 81–106.
（19）二〇世紀、一九三二年から四三年にかけて、恐慌と戦争の暗黒の時代に、ローラ・インガルス・ワイルダーは『大草原の小さな家』シリーズ（彼女の死後に四冊が追加出版された）で、女性を中心に神話を更新、統合していった。
（20）Reynolds, *Waking Giant*, 236–41.
（21）Jennings, *Invasion of America*, 327–28.
（22）Stegner, *Where the Bluebird Sings to the Lemonade Springs*, 71–72.
（23）D. H. Lawrence, Slotkin, *Regeneration through Violence*, 466 で引用。
（24）Dimock, *Empire for Liberty*, 9.
（25）Slotkin, *Regeneration through Violence*, 394–95.
（26）米国の歴史家たちは、ジャクソン民主主義をジャクソンの八年間の大統領職（一八二八―三六）だけでなく、一八二四年から一八五二年までのほぼ三〇年間に及ぶと見ている。ジャクソン民主主義の時代に関する書籍や論文、アンドリュー・ジャクソンの生涯に関する伝記は何十冊も出版されている。歴史家のロバート・V・レミニはジャクソン研究の第一人者で、複数の著書があるが、『アンドリュー・ジャクソンの生涯』（二〇一〇）は、これまでの著作を短くまとめたものである。レミニの賞賛に満ちた描写とは一線を画す修正主義的な見解としては、マイケル・ポール・ロギンの『父と子——アンドリュー・ジャクソンとアメリカン・インディアンの隷属』（一九七五）がある。二一世紀の著作としては、ブランズ『アンドリュー・ジャクソン』、ミーチャム『アメリカの獅子』、レイノルズ『目覚める巨人』、ウィレンツ『アンドリュー・ジャクソン』などがある。

(27) Mankiller and Wallis, Mankiller, 51.

(28) Rogin, *Fathers and Children*, 3–4.

(29) Stannard, *American Holocaust*, 122.

(30) Ibid., 122–23.

(31) Prucha, *American Indian Treaties*, 184.

(32) *People's History of the United States*, 129–30 で引用。

(33) Ibid., 138.

(34) Mooney, *Historical Sketch of the Cherokee*, 124.

(35) Tocqueville, *Democracy in America*, 372–73.

(36) Rogin, *Fathers and Children*, 3–4.

(37) "Barack Obama's Inaugural Address," transcript, *New York Times*, January 20, 2009.

(38) "Obama Tells Al Arabiya Peace Talks Should Resume," *Al Arabiya News*, January 27, 2009, http://www.alarabiya.net/articles/2009/01/27/65087.html.

7 海から輝ける海へ

(1) Kenner, *History of New Mexico–Plains Indian Relations*, 83 に引用されたフォード。Thompson, *Recollections of Mexico*, 72.

(2) McDougall, *Promised Land, Crusader State*, 11 に引用されたホイットマン。ホイットマンは、米墨戦争中、自らが編集していた新聞『ブルックリン・デイリー・イーグル』紙上で、このような見解を数多く述べている。この戦争の知的、詩的、メディア的、大衆的人気についての詳細な研究については、Johannsen, *To the Halls of the Montezumas*. Reynolds, *Walt Whitman's America* も見よ。

(3) Reynolds, *John Brown Abolitionist*, 449 に引用されたホイットマン。

(4) Horsman, *Race and Manifest Destiny*, 185.

(5) Zacks, *Pirate Coast* と Boot, *Savage Wars of Peace*, 3–29 を見よ。

(6) Blackhawk, *Violence over the Land*, 145–75.

(7) Pike, *Expeditions of Zebulon Montgomery Pike*. パイクの編集者であるクーズは、遠征隊がスペイン領に迷い込み、彼が逮捕されたことを「一般的な計画の中の特殊な事故」（499）と位置づけている。Owsley and Smith, *Filibusters and Expansionists* も見よ。

(8) Unrau, *Indians, Alcohol, and the Roads to Taos and Santa Fe* を見よ。

(9) Pike, *Expeditions*, 499; Blackhawk, *Violence over the Land*, 117.

(10) Weber, *Taos Trappers* を見よ。

(11) Dunbar-Ortiz, *Roots of Resistance*, 80. Hall, *Laws of Mexico*

(12) Sides, *Blood and Thunder*, 92–101; Chaffin, *Pathfinder*, 33–35 を見よ。

(13) Holton, *Unruly Americans and the Origins of the Constitution*, 14.

(14) Lamar, *Far Southwest*, 7–10.

(15) Vlasich, *Pueblo Indian Agriculture* を見よ。

(16) Sando and Agoyo, *Po'Pay*; Wilcox, *Pueblo Revolt and the Mythology of Conquest*; Dunbar-Ortiz, *Roots of Resistance*, 31–45;

Carter, *Indian Alliances and the Spanish in the Southwest* を見よ。

(17) Anderson, *Conquest of Texas*, 4, 18–29. "4th Largest Tribe in US? Mexicans Who Call Themselves American Indian," *Indian Country Today*, August 5, 2013, http://indiancountrytodaymedianetwork.com (accessed September 27, 2013) も見よ。

(18) Anderson, *Conquest of Texas*, 18–29. メキシコから独立を果たしたテキサス州の魅力的で、歴史的に正確なフィクションについては、Russell, *Escape from Texas* を見よ。

(19) Anderson, *Conquest of Texas* を見よ。テキサスレンジャーの二〇世紀における、反乱を鎮圧する役割の継続については、Johnson, *Revolution in Texas*; Harris and Sadler, *Texas Rangers and the Mexican Revolution* を見よ。

(20) Tinker, *Missionary Conquest*, 42.

(21) カリフォルニア・インディアンの抵抗の記録については、Jackson and Castillo, *Indians, Franciscans, and Spanish Colonization*, 73–86 を見よ。

(22) Murguía, *Medicine of Memory*, 40–41.

(23) Heizer, *Destruction of California Indians* を見よ。Cook, *Population of the California Indians* も見よ。

(24) Johannsen, *To the Halls of the Montezumas* を見よ。

(25) Kiser, *Dragoons in Apacheland* を見よ。

8 「インディアン・カントリー」

(エピグラフ) Ortiz, *from Sand Creek*, 20.

(1) "Selected Statistics on Slavery in the United States," *Causes of the Civil War*, http://www.civilwarcauses.org/stat.htm (accessed December 10, 2013).

(2) Chang, *Color of the Land*, 36.

(3) Confer, *Cherokee Nation in the Civil War*; Spencer, *American Civil War in the Indian Territory*; McLoughlin, *After the Trail of Tears* を見よ。

(4) Katz, *Black Indians*; Duvall, Jacob, and Murray, *Secret History of the Cherokees* を見よ。

(5) Wilson and Schommer, *Remember This!*; Wilson, *In the Footsteps of Our Ancestors*; Anderson, *Kinsmen of Another Kind*, 261–81; Anderson, *Little Crow* を見よ。

(6) Charles Eastman, *Indian Boyhood* (1902). Nabokov, *Native American Testimony*, 22 に引用。

(7) West, *Contested Plains*, 300–301.

(8) Ortiz, *from Sand Creek*, 41.

(9) Kelman, *Misplaced Massacre* を見よ。

(10) A. N. Ellis, "Reflections of an Interview with Cochise," Kansas State Historical Society 13 (1913–14). Nabokov, *Native American Testimony*, 177 に引用。

(11) Utley, *Indian Frontier of the American West*, 82. Carleton, *Prairie Logbooks*, 3–152 も見よ。

(12) *Condition of the Indian Tribes*, Senate Report no. 156, 39th Cong., 2nd sess. (Washington, DC: Government Printing Office, 1867). Nabokov, *Native American Testimony*, 197–98 に引用。

(13) Denetdale, *Long Walk*; Denetdale, *Reclaiming Diné History* を見よ。

(14) Gates, *History of Public Land Law Development* を見よ。

(15) 土地法とコロニー形成の関係のブースター版については、Hyman, *American Singularity* を見よ。

(16) White, "It's Your Misfortune and None of My Own," 139.

(17) Westphall, *Public Domain in New Mexico*, 43.

(18) White, *Railroaded* を見よ。

(19) これは両当事者が署名し、米国議会が批准し、米国大統領が公布した条約の総数だ。米国と先住民族の間で交渉され、大統領が署名した条約の多くは、議会で批准されなかったか、批准されても公布されなかった。カリフォルニア先住民族の条約が最も多い。関係する先住民族が正当と見なす条約は、実際には六〇〇前後もある。Deloria, *Behind the Trail of Broken Treaties*; Deloria and DeMallie, *Documents of American Indian Diplomacy*; Johansen, *Enduring Legacies* を見よ。

(20) 16 Stat. 566, Rev. Stat. Sec. 2079; 25 U.S. Code Sec. 71 を見よ。

(21) Hanson, *Memory and Vision*, 211.

(22) Marriott and Rachlin, *American Indian Mythology*. Nabokov, *Native American Testimony*, 174–75 に引用。

(23) Parish, *Charles Ilfeld Company*, 35.

(24) Sherman to Grant, May 28, 1867. Fellman, *Citizen Sherman*, 264 に引用。

(25) Sherman to Herbert A. Preston, April 17, 1873. Marszalek, *Sherman*, 379 に引用。

(26) Utley, *Cavalier in Buckskin*, 57–103 を見よ。

(27) Hahn, *Nation under Our Feet* を見よ。

(28) Enloe, *Ethnic Soldiers* を見よ。

(29) Stanford L. Davis, "Buffalo Soldiers & Indian Wars," Buffalosoldier.net, http://www.buffalosoldier.net/index.htm (accessed September 30, 2013).

(30) Jace Weaver, "A Lantern to See By," 315. Enloe, *Ethnic Soldiers* も見よ。

(31) Bob Marley, "Buffalo Soldier," by Bob Marley and Noel G. Williams, re- corded 1980, on *Confrontation*, Island Records, 90085-1, 1983.

(32) Wolfe, "Settler Colonialism and the Elimination of the Native." を見よ。

(33) Sandoz, *Cheyenne Autumn*.

(34) Williams, *Empire as a Way of Life* を見よ。

(35) Child, *Boarding School Seasons*. Christine Lesiak, director, "In the White Man's Image," *The American Experience*, season four, episode twelve (PBS, 1992) も見よ。

(36) Deloria, *Custer Died for Your Sins*.

(37) Deloria, *Speaking of Indians*. Nabokov, *Native American Testimony*, 253–55 に引用。

(38) Brown, *Bury My Heart at Wounded Knee*; Coleman, *Voices of Wounded Knee* を見よ。

(39) L. F. Baum, "Editorials on the Sioux Nation," University of Warwick English and Comparative Literary Studies website, http://www2.warwick .ac.uk/fac/arts/english/currentstudents/undergraduate/modules/fulllist /second/en213/term1/l_frank_baum.pdf.

(40) Vizenor, *Native Liberty*, 143–44 に引用。

(41) Utley, "The Ordeal of Plenty Horses," 16 に引用。

(42) Deloria, *Indians in Unexpected Places*, 28.

(43) Ibid., 35–36.

(44) *New Directions in Indian Purpose*. Nabokov, *Native American Testimony*, 421 に引用。

(45) Chang, *Color of the Land* を見よ。オクラホマ州先住民の割り当て地（ネーションや個人の）を処分する際に、割り当てを利用した広範な汚職が生じていたが、それに関する詳細な証拠については，Debo, *And Still the Waters Run* を見よ。

(46) Deloria, *Speaking of Indians*. Nabokov, *Native American Testimony*, 249 に引用。

(47) Stone, “Report on the Court of Private Land Claims.”

(48) “United States v. Sandoval,” 28. Dunbar-Ortiz, *Roots of Resistance*, 114–18 も見よ。

9 アメリカの勝利主義と平時の植民地主義

(エピグラフ1) Theodore Roosevelt, “The Expansion of the White Races,” address at the Methodist Episcopal Church, Washington, DC, January 18, 1909, in “Two Essays by Theodore Roosevelt,” *Modern American Poetry*, English Department, University of Illinois, http://www.english.illinois.edu/maps/poets/a_f/espada/roosevelt.htm (accessed December 10, 2013), Roosevelt, *American Problems*. より。*The Works of Theodore Roosevelt*, memorial ed., *North American Review* 15 (1890) も見よ。

(エピグラフ2) Dunbar-Ortiz, *The Great Sioux Nation*, 167 に引用された Henry Crow Dog, “So That They Will Go, Your Honor, Judge.”

(1) Williams, *Empire as a Way of Life*, 73–76, 102–10. マーシャル諸島は一九八六年に完全な主権を獲得。

(2) Kinzer, *Overthrow* を見よ。

(3) 写真や資料については，Arnaldo Dumindin, *Philippine-American War*, 1899–1902, http://philippineamericanwar.webs.com (ac- cessed October 1, 2013) を見よ。

(4) Kaplan, *Imperial Grunts*, 138. 初期アメリカ帝国主義の海外進出については Immerman, *Empire for Liberty*; Zacks, *Pirate Coast* を見よ。

(5) *Condition of the Indian Tribes*. Nabokov, *Native American Testimony*, 194–95 に引用。

(6) Silbey, *War of Frontier and Empire*, 211.

(7) Williams, “United States Indian Policy and the Debate over Philippine Annexation.”

(8) Kuzmarov, *Modernizing Repression* を見よ

(9) Womack and Dunbar-Ortiz, “Dreams of Revolution: Oklahoma, 1917” を見よ。

(10) Eisenhower, *Intervention!* を見よ。

(11) Miner, *Corporation and the Indian*, xi.

(12) Ibid., xiv.

(13) Ibid., 10.

(14) Ibid., 19.

(15) “Address of Robert Spott,” *Commonwealth* 21, no. 3 (1926). Nabokov, *Native American Testimony*, 315–16 に引用。

(16) Ifill, *On the Courthouse Lawn* を見よ。

(17) McGerr, *Fierce Discontent*, 305.

(18) Philip, *John Collier's Crusade for Indian Reform*; Kelly, *Assault on Assimilation* を見よ。

(19) Blackman, *Oklahoma's Indian New Deal*.

(20) Aberle, *Peyote Religion Among the Navaho*, 53.

(21) Lamphere, *To Run After Them* を見よ。

(22) Navajo Community College, *Navajo Livestock Reduction*, 47.

(23) Drinnon, *Keeper of Concentration Camps* を見よ。日系アメリカ人の強制収容所の中には，先住民の保留地に作られたものもある。

（24） Myer が ibid., 235 で引用。
（25） Cobb, *Native Activism in Cold War America* を見よ。
（26） House Concurrent Resolution 108, 1953, Digital History, http://www .digitalhistory.uh.edu/disp_textbook.cfm?smtid=3&psid=726 (accessed October 1, 2013). Getches, Wilkinson, and Williams, *Cases and Materials on Federal Indian Law*; Wilkinson, *Blood Struggle*. 連邦政府のインディアン政策の調査については O'Brien, *American Indian Tribal Governments*, 84–85 も見よ。
（27） Zinn, *People's History of the United States*, 420–28 を見よ。
（28） Kinzer, Overthrow, 111–47.

10　ゴースト・ダンスの予言「ネーションがやってくる」

（エピグラフ1）"Sioux Ghost Dance Song Lyrics," documented and translated by James Mooney in 1894, *Ghost Dance*, http://www.ghostdance.com/songs/ songs-lyricssioux.html (accessed December 10, 2013).
（エピグラフ2）Zinn, People's History of the United States, 525 に引用。
（1） Slotkin, *Gunfighter Nation*, 1–2.
（2） Ibid., 3.
（3） "Blue Lake," *Taos Pueblo*, http://www.taospueblo.com/blue-lake (accessed October 2, 2013).
（4） サンタフェ野生動物保護協会会長、ジェームス・E・スニードの声明より。"Taos Indians——Blue Lake," in "Hearings before the Subcommittee on Indian Affairs of the Committee on Interior and Insular Affairs, U.S. Senate, 91st Congress, 2nd Session (September 19– 20, 1968)," in *Primitive Law——United States Congressional Documents*, vol. 9, pt. 1 (Washington, DC: Government Printing Office, 1968), 216.
（5） ブルーレイクの返還に反対する議員たちの主張については、"Pueblo de Taos Indians Cultural and Ceremonial Shrine Protection Act of 1970," Proceedings and Debates of the 91st Congress, 2nd Session (December 2, 1970), *Congressional Record* 116, pt. 29, 39, 587, 589–90, 594. Nielson, "American Indian Land Claims," 324 を見よ。この小委員会の上院議員たちは、一九六三年に結成された「アリアンサ・フェデラル・デ・メルセデス」（後に「アリアンサ・フェデラル・デ・プエブロス・リブレス」と改名）に懸念を抱いていた。この団体は、土地付与入植と共有地の喪失について再考するよう連邦政府に圧力をかけていた。団体は、植民地主義が資源を奪い、ニューメキシコ北部のコミュニティを過疎化させ、人々を貧困に陥れたと主張した。アリアンサは、多くの貧しい土地付与継承者から成り、テキサス生まれのメキシコ人、レイエス・ロペス・ティヘリーナを主な支持者としていた。一九六七年六月、州兵は戦車、ヘリコプター、歩兵をリオ・アリバ郡に派遣し、ティエラ・アマリャの「裁判所襲撃」に参加した、農耕民族のメキシコ人反乱兵を捜索することになった。
　この事件と政府の対応は、一時的にニューメキシコ州北部に国内外の注目を集め、六〇年以上前に法廷で解決された土地付与の問題が、再び生きた問題として取り上げられることになった。

　連邦裁判所では、スペインとメキシコの土地付与に関する訴訟がいくつか起こされていて、一九五二年に最高裁に提訴されたものは審理が行われなかった。Martínez v. Rivera, 196 Fed. 2nd 192 (Circuit Court of Appeals, 10th Circuit, April 16, 1952).

一八四八年に米国がニューメキシコを占領した後、ほとんどの土地を奪われたヒスパニック系土地交付者の一世紀以上に及ぶ闘争を経て、二〇〇一年に米国会計検査院（GAO）はニューメキシコの土地交付に関する調査を開始した。GAOは二〇〇四年に最終報告書を出したが、まだ何のアクションも起こしていない。US General Accounting Office, *Treaty of Guadalupe Hidalgo*.

（6） Cobb, *Native American Activism in Cold War America*, 58–61. 今も盛んなNIYCの全歴史については、Shreve, *Red Power Rising* を見よ。

（7） Zinn, *People's History of the United States*, 516–17 に引用。

（8） Cobb, *Native American Activism in Cold War America*, 157.

（9） Mantler, *Power of the Poor*.

（10） Smith and Warrior, *Like a Hurricane*, 28–29.

（11） Ibid., 29–30.

（12） アメリカインディアン運動の創設については、ibid., 114–15, a と Waterman and Bancroft, We Are Still Here を見よ。

（13） Smith and Warrior, *Like a Hurricane*, 111.

（14） "Trail of Broken Treaties 20-Point Position Paper," *American Indian Movement*, http://www.aimovement.org/ggc/trailofbrokentreaties.html (accessed December 10, 2013).

（15） Robert A. Trennert, *Alternative to Extinction: Federal Indian Policy and the Beginnings of the Reservation System, 1846–51* (Philadelphia: Temple University Press, 1975), 166.

（16） 一九七五年一月三日に、議会が設立したアメリカインディアン政策検討委員会の公聴会において、スタンディングロック・スー族政府議長パット・マクラフリンが行った証言（Fort Yates, ND [May 8, 1976]）を参照。

（17） Philip, *John Collier's Crusade for Indian Reform* を見よ。

（18） King は Dunbar-Ortiz, *The Great Sioux Nation*, 156 で引用されている。

（19） アメリカン・インディアンと保留地制度に関連した新植民地主義の明晰な議論については、Jorgensen, *Sun Dance Religion*, 89–146 を見よ。

（20） 保留地から都市や国境の町へ、そしてまた保留地へというように、継続的な移動があるため、常にインディアン人口の半分が保留地を離れていることになる。しかし、一般に、移住は永続的なものではなく、永続的な移住というよりは移動労働に似ている。この結論は、私の個人的な観察と、サンフランシスコ湾岸地域とロサンゼルスにおける先住民の未発表の調査に基づいている。

（21） アメリカインディアン運動は一九七四年六月に会議を開き、国際インディアン条約評議会（IITC）を設立し、一九七七年二月に国連経済社会理事会（ECOSOC）の協議資格を得た。一九七七年三月にブエノスアイレスで開催された国連砂漠化会議に参加し、一九七七年八月、一九七八年二月と八月に国連人権委員会でプレゼンテーションを行った。また、一九七七年九月にスイス・ジュネーブの国連本部で開催された「米州先住民族に関する非政府組織（NGO）会議」の組織化を主導し、一九七八年五月にスイス・バーゼルで開催された「人種差別に関する世界会議」に参加、「先住民族に関する国連ワーキンググループ」「先住民問題国連常設フォーラム」「先住民族の権利に関する国連二〇〇七宣言」の設立に参加した。Echo-Hawk, *In The Light of Justice*; Deloria, *Behind the Trail of Broken Treaties* も参照。

（22） Herr, *Dispatches*, 45.

(23) Zinn, *People's History of the United States*, 521.

(24) Ellen Knickmeyer, "Troops Have Pre-Combat Meal, War Dance," Associated Press, March 19, 2003, http://www.myplainview.com/ article_9c595368-42db-50b3-9647-a8d4486bff28.html.

(25) Grenier, *First Way of War*, 223–24.

11　発見の教義

（エピグラフ）McNickle, *The Surrounded*, 49. Epigraph 2: Vizenor, "Constitutional Consent," 11.

(1) 筆者もその場に居合わせた。

(2) Watson, *Buying America from the Indians*; and Robertson, *Conquest by Law* を見よ。

(3) Miller, "International Law of Colonialism." Deloria, *Of Utmost Good Faith*, 6–39; Newcomb, *Pagans in the Promised Land* を見よ。

(4) Eleventh Session, United Nations Permanent Forum on Indigenous Issues, http://social.un.org/index/IndigenousPeoples/UNPFIISessions/Eleventh. aspx (accessed October 3, 2013).

(5) "International: Quakers Repudiate the Doctrine of Discovery," August 17, 2012, Indigenous Peoples Issues and Resources, http://indigenouspeoples issues.com/ (accessed October 3, 2013). "The Doctrine of Discovery," http://www.doctrineofdiscovery.org/ (accessed October 3, 2013) を見よ。

(6) "The Doctrine of Discovery: 2012 Responsive Resolution," Unitarian Uni- versalist Association of Congregations, http://www.uua.org/statements/ statements/209123.shtml (accessed October 3, 2013).

(7) Vincent Warren, "Government Calls Native American Resistance of 1800s 'Much Like Modern-Day Al-Qaeda,'" *Truth-out*, April 11, 2011, http:// truth-out.org/news/item/330-government-calls-native-american-resis tance-of-1800s-much-like-modernday-alqaeda (accessed October 3, 2013).

(8) Sharon H. Venne, "What Is the Meaning of Sovereignty," Indigenous Women's Network, June 18, 2007, http://indigenouswomen.org/ (accessed November 11, 2013).

(9) Sanchez, *Treaty Council News*, 12.

(10) Dunbar-Ortiz, *Indians of the Americas*; Dunbar-Ortiz, *Roots of Resistance*, chapter 7, "Land, Indigenousness, Identity, and Self-Determination" を見よ。

(11) Killsback, "Indigenous Perceptions of Time," 150–51.

(12) UN Commission on Human Rights, Sub-commission on Prevention of Discrimination and Protection of Minorities, 51st sess., *Human Rights of In- digenous Peoples: Study on Treaties, Agreements and Other Constructive Arrangements between States and Indigenous Populations: Final Report*, by Miguel Alfonso Martínez, special rapporteur, June 22, 1999, UN Document E/CN.4/Sub.2/1999/20. *Report of the Working Group on Indigenous Populations on Its Seventeenth Session, 26–30 July 1999*, UN Document E/CN.4/Sub.2/1999/20, August 12, 1999 を見よ。

(13) Rob Capriccioso, "Cobell Concludes with the Rich Getting Richer," *Indian Country Today*, June 27, 2011, http://indiancountrytodaymedianet- work.com/ (accessed October 3, 2013). "Indian Trust Settlement" (the *Cobell v. Salazar* settlement website), http://www.indiantrust.com/ (accessed October 3, 2013); Jodi Rave, "Milestone in Cobell Indian Trust Case," *High*

Country News, July 25, 2011, http://www.hcn.org/ issues/43.12/milestone-in-cobell-indian-trust-case (accessed October 3, 2013) も見よ。

(14) Wilkinson, "Afterword," 468–69.

(15) 不法占拠されたブラックヒルズに国定公園としてラシュモア山が設立された経緯については、Larner, *Mount Rushmore*; Taliaferro, *Great White Fathers* を見よ。アメリカインディアン運動の歴史については、Smith and Warrior, *Like a Hurricane*; Wittstock and Bancroft, *We Are Still Here* を見よ。AIM-WEST, http://aimwest.info/ (ac- cessed October 3, 2013) も。国際インディアン条約評議会については、Dunbar-Ortiz, *Indians of the Americas*; Dunbar-Ortiz, *Blood on the Border*; and the IITC website, http://www.treatycouncil.org/ (accessed October 3, 2013) を見よ。

(16) "For Great Sioux Nation, Black Hills Can't Be Bought for $1.3 Billion," PBS *NewsHour*, August 24, 2011, video and transcript at http://www .pbs.org/newshour/bb/social_issues/july-dec11/blackhills_08-24.html (accessed October 3, 2013).

(17) Dunbar-Ortiz, *Economic Development in American Indian Reservations* を見よ。

(18) Harvard Project on American Indian Economic Development, *State of the Native Nations* を見よ。

(19) Light and Rand, *Indian Gaming and Tribal Sovereignty* を見よ。

(20) Hedges, *Days of Destruction, Days of Revolt*, 1–58.

(21) Vine Deloria Jr. speaking in PBS *Frontline* documentary *In the Spirit of Crazy Horse* (1990).

(22) Lurie, "World's Oldest On-Going Protest Demonstration."

(23) 貧困と階級に関する分析は、植民地主義 の特殊な影響を排除することなく行うことができ る。アリョーシャ・ゴールドスタインはそれを、『貧しさの共有』の中の「内部境界について――植民地的差異と低開発の場所」と題する章で見事に証明している。この章では、先住民のネーションとプエルトリコを、資本主義に加えて、主権的地位と植民地主義の集合的な経験との関連で扱っている。Goldstein, *Poverty in Common*, 77–110.

(24) 証言の優れた要約については、Smith, "Forever Changed," 57–82 を見よ。

(25) Embree, *Indians of the Americas*. Nabokov, *Native American Testimony*, 222 に引用。

(26) McBeth, *Ethnic Identity and the Boarding School Experience*, 105 を見よ。Broker, *Night Flying Woman*, 93–94 も。

(27) Yvonne Leif, *All Things Considered*, National Public Radio, October 14, 1991.

(28) Roger Buffalohead, *All Things Considered*, National Public Radio, October 14, 1991.

(29) Haig-Brown, *Resistance and Renewal*, 75.

(30) Knockwood, *Out of the Depths*, 138.

(31) Alfred, *Peace, Power, and Righteousness*, xii.

(32) Smith, "Native American Feminism, Sovereignty and Social Change," 132; Smith, *Conquest*. Erdrich *The Round House* も見よ。ノースダコタ出身のアニシナベ族であるエルドリッチは、二〇一二年の全米図書賞（フィクション部門）を受賞した本書で、極度の性暴力が許される保留地の状況について書いている。

(33) Amnesty International USA, *Maze of Injustice*.

(34) Wilkins, "Sovereignty, Democracy, Constitution," 7.
(35) Dennison, *Colonial Entanglement*, 197.
(36) Vizenor and Doerfler, *White Earth Nation*, 63.
(37) Ibid., 11.

結論——合衆国の未来

（エピグラフ）Byrd, *Transit of Empire*, 122–23.
（1） 権威のある研究としては、Slotkin, *Gunfighter Nation* を見よ。
（2） Kaplan, *Imperial Grunts*.
（3） Grenier, *First Way of War*, 10.
（4） Kaplan, *Imperial Grunts*, 3–5.
（5） Ibid., 6.
（6） Ibid., 8, 10.
（7） Ibid., 10.
（8） Ibid., 7–8.
（9） Hoxie, *Encyclopedia of North American Indians*, 319.
(10) Byrd, *Transit of Empire*, 226–28.
(11) Agamben, *Homo Sacer*.
(12) Byrd, *Transit of Empire*, 226–27.
(13) *The Modoc Indian Prisoners*, 14 Op. Att'y Gen. 252 (1873). John C. Yoo, *Memorandum for William J. Haynes II, General Counsel of the Department of Defense,* March 14, 2003, p. 7 に引用。Byrd, *Transit of Empire*, 227 に引用。
(14) Byrd, *Transit of Empire*, 227.
(15) Vine, *Island of Shame*, 2.
(16) Kissinger, ibid., 15 に引用。
(17) Ibid., 15–16.
(18) LaDuke, *Militarization of Indian Country*, xvi.
(19) インタビュー。Cynthia Enloe, "Militarization, Feminism, and the International Politics of Banana Boats," *Theory Talk*, no. 48, May 22, 2012, http://www.theory-talks.org/2012/05/theory-talk-48.html (accessed Octo- ber 4, 2013). Enloe, *Bananas, Beaches and Bases* も見よ。
(20) 20. Grenier, *First Way of War*, 222.
(21) Price, *Weaponizing Anthropology*, 1, 11.
(22) Stone and Kuznick, *Untold History of the United States*, xii; *The Untold History of the United States*, TV series, Showtime, 2012. 国民健康保険の欠如という問題とは別に興味深いのは、米国社会で実際に国民健康保険があるのは、民間保険会社が参入していない、退役軍人とアメリカ先住民の二つの分野だけだということだ。
(23) Byrd, *Transit of Empire*, xii–xiv.
(24) Ibid., 123; Cook-Lynn, *New Indians, Old Wars*, 204.
(25) Razack, *Dark Threats and White Knights*, 10.
(26) 先住民族の自己決定に関する、イニシアチブの限界については Forbes, *Native Americans and Nixon* を見よ。
(27) Hardt and Negri, *Commonwealth.* その三部作のうち、最初の二巻は *Empire* (2000) と *Multitude* (2005). 「コモンズ」を提唱する作家としては、最も有名なのが Linebaugh, *Magna Carta Manifesto,* 加えて Midnight Notes Collective や the Retort Collective に関わる理論家たちを挙げることができる。
(28) Sharma and Wright, "Decolonizing Resistance, Challenging Colonial States."
(29) Lorraine Le Camp, unpublished paper, 1998, Bonita Lawrence and Enakshi Dua, *Social Justice* 32, no. 4 (2005): 132

に引用。
（30） Cook-Lynn, *Why I Can't Read Wallace Stegner and Other Essays*, 88.
（31） Byrd, *Transit of Empire*, 205.
（32） Johansen, *Debating Democracy*, 275.
（33） McKeown, *In the Smaller Scope of Conscience* を見よ。
（34） Thomas, *Skull Wars*, 88.
（35） Erik Davis, "Bodies Politic: Fetishization, Identity, and the Indigenous Dead," unpublished paper, 2010.
（36） Asutru Folk Assembly の声明。Downey, *Riddle of the Bones*, xxii に引用。
（37） 37. Ibid., 11.
（38） Davis, "Bodies Politic."
（39） Silverberg, *Mound Builders of Ancient America*, 57.
（40） Gómez-Quiñones, *Indigenous Quotient*, 13.
（41） Ortiz, *from Sand Creek*, 86.

推薦図書

Susan A. Miller と James Riding In が編集した，ネイティブの歴史家たちの集大成が *Historians Write Back: Decolonizing American Indian History* (Lubbock: Texas Tech University Press, 2011) である。寄稿者は，Donna L. Akers (Choctaw), Myla Vicenti Carpio (Jicarilla Apache/Laguna/Isleta), Elizabeth Cook-Lynn (Crow Creek Sioux), Steven J. Crum (Shoshone-Paiute), Vine Deloria Jr. (Yankton Nakota), Jennifer Nez Denetdale (Diné), Lomayumtewa Ishii (Hopi), Matthew Jones (Kiowa/Otoe-Missouria), Susan A. Miller (Seminole), James Riding In (Pawnee), Leanne Betasamosake Simpson (Michi Saagnik Nishnaabeg), Winona Wheeler (Cree), and Waziyatatawin Angela Wilson (Dakota)。

Joanne Barker, *Native Acts: Law, Recognition, and Cultural Authenticity* (Durham: Duke University Press, 2011).
Joanne Barker, ed., *Sovereignty Matters: Locations of Contestation and Possibility in Indigenous Struggles for Self-Determination* (Lincoln: University of Nebraska Press, 2005).
Ned Blackhawk, *Violence over the Land: Indians and Empires in the Early American West* (Cambridge, MA: Harvard University Press, 2006).
Jodi A. Byrd, *The Transit of Empire: Indigenous Critiques of Colonialism* (Minneapolis: University of Minnesota Press, 2011).
Duane Champagne, *Notes from the Center of Turtle Island* (Lanham, MD: Altamira Press, 2010).

David A. Chang, *The Color of the Land: Race, Nation, and the Politics of Landownership in Oklahoma, 1832–1929* (Chapel Hill: University of North Carolina Press, 2010).

Daniel M. Cobb, *Native Activism in Cold War America: The Struggle for Sovereignty* (Lawrence: University of Kansas Press, 2008).

Elizabeth Cook-Lynn, *A Separate Country: Postcoloniality and American Indian Nations* (Lubbock: Texas Tech University Press, 2012).

Jeff Corntassel and Richard C. Witmer, *Forced Federalism: Contemporary Challenges to Indigenous Nationhood* (Norman: University of Oklahoma Press, 2008).

James H. Cox, *The Red Land to the South: American Indian Writers and Indigenous Mexico* (Minneapolis: University of Minnesota Press, 2012).

Philip J. Deloria, *Indians in Unexpected Places* (Lawrence: University of Kansas Press, 2004)

Philip J. Deloria, *Playing Indian* (New Haven, CT: Yale University Press, 1998).

Vine Deloria Jr., *Custer Died for Your Sins: An Indian Manifesto*, newed. (Norman: University of Oklahoma Press, 1988). First published 1969.

Vine Deloria Jr. and Clifford M. Lytle, *The Nations Within: The Past and Future of American Indian Sovereignty* (Austin: University of Texas Press, 1998).

Jennifer Nez Denetdale, *Reclaiming Diné History: The Legacies of Navajo Chief Manuelito and Juanita* (Tucson: University of Arizona Press, 2007).

Jean Dennison, *Colonial Entanglement: Constituting a Twenty-First-Century Osage Nation* (Chapel Hill: University of North Carolina Press, 2012).

Roxanne Dunbar-Ortiz, *Roots of Resistance: A History of Land Tenure in New Mexico* (Norman: University of Oklahoma Press, 2007). First published 1980.

Roxanne Dunbar-Ortiz, ed., *The Great Sioux Nation: An Oral History of the Sioux Nation and Its Struggle for Sovereignty* (Lincoln: University of Nebraska Press, 2013). First published 1977.

Walter R. Echo-Hawk, *In the Courts of the Conqueror: The 10 Worst Indian Law Cases Ever Decided* (Golden, CO: Fulcrum, 2010).

Walter R. Echo-Hawk, *In the Light of Justice: The Rise of Human Rights in Native America and the UN Declaration on the Rights of Indigenous Peoples* (Golden, CO: Fulcrum, 2013).

Jack Forbes, *Columbus and Other Cannibals* (New York: Autonomedia, 1992).

Eva Marie Garroutte, *Real Indians: Identity and the Survival of Native America* (Berkeley: University of California Press, 2003).

Juan Gómez-Quiñones, *Indigenous Quotient: Stalking Words; American Indian Heritage as Future* (San Antonio, TX: Aztlán Libre Press, 2012).

Sandy Grande, *Red Pedagogy: Native American Social and Political Thought* (Lanham, MD: Rowman & Littlefield, 2004).

Lisbeth Haas, *Saints and Citizens: Indigenous Histories of Colonial Missions and Mexican California* (Berkeley: University of California Press, 2013).

William L. Iggiagruk Hensley, *Fifty Miles from Tomorrow: A Mem- oir of Alaska and the Real People* (New York: Picador, 2010).

Linda Hogan, *The Woman Who Watches Over the World: A Native Memoir* (New York: W. W. Norton, 2002).

Robert H. Jackson and Edward Castillo, *Indians, Franciscans, and Spanish Colonization: The Impact of the Mission System on California Indians* (Albuquerque: University of New Mexico Press, 1995).

V. G. Kiernan, *America, the New Imperialism: From White Settlement to World Hegemony* (London: Verso, 2005). First published 1978.

Winona LaDuke with Sean Cruz, *The Militarization of Indian Country,* 2nd ed. (Minneapolis: Honor the Earth, 2012).

Brendan C. Lindsay, *Murder State: California's Native American Genocide, 1846–1873* (Lincoln: University of Nebraska Press, 2012).

Wilma Mankiller and Michael Wallis, *Mankiller: A Chief and Her People* (New York: St. Martin's, 1993).

Devon Abbott Mihesuah and Angela Cavender Wilson, eds., *Indigenizing the Academy: Transforming Scholarship and Empowering Communities* (Lincoln: University of Nebraska Press, 2004).

Peter Nabokov, *Native American Testimony: A Chronicle of Indian-White Relations from Prophecy to the Present, 1492–2000*, revised ed. (New York: Penguin, 1999).

Peter Nabokov, *Where the Lightning Strikes: The Lives of American Indian Sacred Places* (New York: Penguin, 2006).

Jean M. O'Brien, *Firsting and Lasting: Writing Indians Out of Existence in New England* (Minneapolis: University of Minnesota Press, 2010).

Sharon O'Brien, *American Indian Tribal Governments* (Norman: University of Oklahoma Press, 1989).

Louis Owens, *Mixedblood Messages: Literature, Film, Family, Place* (Norman: University of Oklahoma Press, 1998).

Theda Perdue and Michael D. Green, *North American Indians: A Very Short Introduction* (New York: Oxford University Press, 2010).

Jacki Thompson Rand, *Kiowa Humanity and the Invasion of the State* (Lincoln: University of Nebraska Press, 2008).

Bradley G. Shreve, *Red Power Rising: The National Indian Youth Council and the Origins of Native Activism* (Norman: Universi-tyof Oklahoma Press, 2011).

Andrea Smith, *Conquest: Sexual Violence and American Indian Genocide* (Boston: South End Press, 2005).

Paul Chaat Smith, *Everything You Know about Indians Is Wrong* (Minneapolis: University of Minnesota Press. 2009).

Paul Chaat Smith and Robert Allen Warrior, *Like a Hurricane: The Indian Movement from Alcatraz to Wounded Knee* (New York: New Press, 1996).

David E. Stannard, *American Holocaust: The Conquest of the New World* (New York: Oxford University Press, 1992).

David Hurst Thomas, *Skull Wars: Kennewick Man, Archaeology, and the Battle for Native American Identity* (New York: Basic Books, 2000).

Russell Thornton, *American Indian Holocaust and Survival: A Population History Since 1492* (Norman: University of Oklahoma

Press, 1990).
Originally published 1987.

Veronica E. Velarde Tiller, ed., *Tiller's Guide to Indian Country: Economic Profiles of American Indian Resources* (Albuquerque: BowArrow, 2006).

Haunani-Kay Trask, *From a Native Daughter: Colonialism and Sovereignty in Hawai'i* (Honolulu: University of Hawai'i Press, 1999).

Anton Treuer, *Everything You Wanted to Know About Indians But Were Afraid to Ask* (St. Paul: Borealis Books, 2012).

David Treuer, *Rez Life: An Indian's Journey through Reservation Life* (New York: Atlantic Monthly Press, 2012).

Gerald Vizenor, *Native Liberty: Natural Reason and Cultural Survivance* (Lincoln: University of Nebraska Press, 2009).

Gerald Vizenor and Jill Doerfler, *The White Earth Nation: Ratification of a Native Democratic Constitution* (Lincoln: University of Nebraska Press, 2012).

Robert Warrior, *Tribal Secrets: Recovering American Indian Intellectual Traditions* (Minneapolis: University of Minnesota Press, 1994).

Michael V. Wilcox, *The Pueblo Revolt and the Mythology of Conquest: An Indigenous Archaeology of Contact* (Berkeley: University of California Press, 2009).

Waziyatatawin Angela Wilson and Michael Yellow Bird, eds., *For Indigenous Eyes Only: A Decolonization Handbook* (Santa Fe, NM: School of American Research Press, 2005).

Laura Waterman Wittstock and Dick Bancroft, *We Are Still Here: A Photographic History of the American Indian Movement* (St. Paul: Minnesota Historical Society Press, 2013).

定期刊行物

American Indian Culture and Research Journal
American Indian Quarterly Journal
Decolonization: Indigeneity, Education & Society
Indian Country Today
Journal of Genocide Research
Native American and Indigenous Studies Journal
Red Ink
Settler Colonial Studies Journal
Wicazo Sa Review Journal

訳者あとがき

本書は Roxanne Dunbar-Ortiz, *An Indigenous Peoples' History of the United States* (Beacon Press, 2015) の全訳である。

著者のロクサーヌ・ダンバー＝オルティスは一九三八年にテキサス州のサン・アントニオで生まれた。母親は自分のことをチェロキーのインディアンだと信じていたという。父親はスコットランド系アイルランド人入植者の血を引く青年で、牛牧場のカウボーイをしていた。著者は先住民のコミュニティの中で育ったと書いている。インディアンであることを恥じた母親は、アルコール依存症を病んで亡くなった。

ダンバー＝オルティスは、サンフランシスコ州立大学で歴史学を専攻して一九六三年に卒業。六〇年代は、公民権運動、反アパルトヘイト運動、反ベトナム戦争運動、女性解放運動などに参加した。七〇年代には様々なアメリカインディアン運動に関わり、最終的には汎インディアン運動に身を投じた。一九七四年にカリフォルニア大学で歴史学の博士号を取得すると、新たなネイティブ・アメリカンの研究プログラムを掲げて教壇に立った。

この本は「改訂アメリカの歴史シリーズ」（全五巻）の第三巻。序文で著者は、本書のテーマについて次のように述べている。「先住民の視点から合衆国の歴史を書くには、あたりまえだと思われている国の物語を再考する必要がある。この物語が間違っていたり、欠陥があるのは、事実や日付やディテールではなく、物語そのものにおいてなのである。私たちが教えられてきた神話には、入植者による植民地主義とジェノサイド（集団殺害）を当然とする受諾が内在している。この神話が続いているのは、言論の自由がないからでも、情報が不足しているからでもなく、むしろ、脚本化された起源の物語の核心に異議を申し立てて、それを問いただす動機が欠如しているからだ。合衆国の歴史の現実を認めることが、社会を変えることにどのようにしてつながるのか、それが、本書の追求する中心的な問いである」。

使用した用語について、「著者ノート」で彼女は、引用の資料を除いて「トライブ（部族）」という言葉は使用せず、代わりに「コミュニティ」「ピープル」「ネーション」を使ったと述べている。また、アメリカとその国民を指す場合は、「アメリカ」や「アメリカ人」は使わない――このような露骨な帝国主義的用語は、同じアメリカ人であるアメリカ大陸の人々を困惑させるから――で、「合衆国」や「アメリカ合衆国人（米国人）」を使用したと言う。訳者も著者の指示に従った。

U-NEXTで現在配信中の映画『殺戮の星に生まれて』（*Exterminate All the BRUTES*）は、ハイチの監督ラウル・ペックのドキュメンタリーだが、この映画では三つの作品が下敷きにされている。そのうちの一つがロクサーヌ・ダンバー＝オルティスの本書だ。映画の冒頭では次のようなナレーションが入る。「人類の歴史という物語は三つの言葉に凝縮される――文明化、植民地化、殲滅。この三つは西欧世界の歴史に根づき、アメリカ史の礎となっている。そこで語られるのは決まって勝者の話だ。だが、あえて私はその逆を行こう」。

＊

本書の翻訳を勧めて下さったのは青土社の篠原一平さんだ。篠原さんには本作りの段階でさらにお世話になった。ゲラを英文とつき合わせて読み、適確な赤字を入れていただいた。すばらしい本を作って下さったことに、改めて感謝の意を表したい。

二〇二二年一一月

森夏樹

索引

た行

な行

は行

ま行

先住民とアメリカ合衆国の近現代史

2022 年 11 月 25 日　第一刷印刷
2022 年 12 月 10 日　第一刷発行

著　者　ロクサーヌ・ダンバー＝オルティス
訳　者　森夏樹

発行者　清水一人
発行所　青土社

〒 101-0051　東京都千代田区神田神保町 1-29　市瀬ビル
［電話］03-3291-9831（編集）　03-3294-7829（営業）
［振替］00190-7-192955

印刷・製本　ディグ

ISBN978-4-7917-7502-6　Printed in Japan